新／闻／传／播／学／丛／书

▪主编▪李珮▪

戈公振
新闻思想研究

蔡　斐／著

中国传媒大学出版社
·北京·

编　委　会

总　序

西南政法大学新闻传播学院是重庆市第一所经教育部正式批准建设的新闻学院，筹建于1994年，1995年开始面向全国招生。

学院在办学之初提出了“主新辅法”的培养模式，形成新闻学和法学相结合的独特学科交叉优势，并整合了法学、哲学、文学、管理学等学科资源，形成“媒介视野、法律正义、社会责任”三者并重的办学特色。

学院2010年更名为“全球新闻与传播学院”，这是学院保持发展法制新闻特色办学15年之后的一次理性拓展，力求充分整合国际国内优势资源，培养具有全球视野的新闻与传播人才。

2015年是学院成立二十周年，为总结我院办学经验，醇化学术氛围，提升学术影响力，从2014年起，我院陆续向社会呈献西南政法大学“新闻传播学系列丛书”。

第一套丛书共11部作品，已经于2014年5月由法律出版社出版。这11部作品分别为：《新闻侵害人格权研究》（蒙晓阳著）、《中国电视娱乐文化批评》（李林容著）、《法律的电视虚构生产——中国当代法律题材电视剧研究》（陈笑春著）、《1903年：上海苏报案与清末司法转型》（蔡斐著）、《中国出版物版权输出竞争策略研究》（裴永刚著）、《媒体是信任危机的帮凶吗?》（郭晓科著）、《关于“家”的想象与叙述：20世纪90年代以来家庭伦理电视剧的叙事文化研究》（贺艳著）、《三峡工程纪实影像传播史》（郑微波著）、《重庆都市报发展史》（赵文丹著）、《关注热点：特定议题新闻报道研究》（陈丽丹著）、《地理影响与文化表征——重庆电视纪录片研究》（周松著）。

这11部作品分别代表了我院教师，尤其是青年教师在新闻与法治研究、国际新闻研究、影视与新媒体研究、政治传播研究等四个研究方向的代表性成果，也是我院新生代学术实力的一次整体亮相。

即将面世的这套丛书共15本，是我院面向社会推出的第二套丛书。该套丛书的作者主要以我院的青年博士为主，也是我院青年教师在新闻与法治研究、国际新闻研究、影视与新媒体研究、政治传播研究等四个研究方向所取得的最新成果。

李珮等人的《网络环境下突发事件传播与管理研究》，旨在通过对我国网络环境下突发事件案例的剖解、反思，以及引入政治经济学、社会心理学等学科的研究方法，从系统论视角出发，勾勒突发事件在网络环境下的“异化”以及不同诉求传播主体间的博弈、妥协与共谋。根据网络环境下突发性事件发展的新形势，提出“网络舆情事件”的概念，并据此指出相应管理制度的缺失和法制建设的盲区。在此基础上，深度思辨突发事件政府应急管理陷入的误区，并尝试在“中国特色”框架之下给出网络环境下加强突发事件管理的对策建议。

陈笑春的《影视作品里的中国法治进程》，主要以法治题材的电影电视作品探讨了虚构的影视作品对于现实法治进程的再现及其社会语境。该书以法治题材影视作品发展的滥觞、发轫、兴起、多元和转型这五个时期为分野，每一个部分中选取了具有典型意义的影视作品进行具体分析。影视作品对个体生活的再现，令法治领域与其他社会领域之间的关系在微观故事中变得具体而多样，诠释了法治内涵的现实性和丰富性。

贺艳的《媒介表征与城市形象：以重庆为例》以重庆为研究个案，从较为宽泛的媒介界定出发，试图探讨以下问题：在文学作品、报纸、电视、电影、网络等多种媒介所传播的内容之中，重庆呈现为怎样的形象？重庆的这些形象又是怎样被建构的？媒介所呈现的重庆形象还存在着哪些问题？

蔡斐的《戈公振新闻思想研究》，以中国新闻传播史奠基人戈公振先生为研究对象，以历史的眼光和翔实的史料剖析了戈公振新闻本位、新闻法制、新闻教育、自由主义、新闻编辑、媒体经管等新闻思想的各个维度，全面展示了戈公振新闻思想的丰富内涵和时代特征。

谷李的 *Intellectual Constellations*（1980—2008），提出文学、电影文本和文化经济政策及其讨论、批评作为知识分子聚集并集中表达和建构自身与世界关系的场域。通过对上世纪 80 年代初到 21 世纪初的个案分析，该书勾勒出一种可称之为后社会主义情感结构的现象的一些侧面。

杨婷的 *Effects of SNS Uses on International Students' Socialization*：*Focusing on Chinese Students In Korea*，研究了在韩中国留学生的社会化状况。分成两个阶段，第一阶段为定量研究阶段，通过自填式问卷调查，对社会化结果（包括学习动机、社会融入程度等六个变量）以及社交媒体的使用对于各个变量产生的影响进行了调查；在第二个阶段，运用深层访问法，分三个阶段（期盼阶段、遭遇阶段、习得与改变阶段）对被访者的社会化状况进行了分析。

刘娟的《疫病防治与健康传播：重庆的天花灭绝实践（1891—1952）》，在挖掘大量民国时期原始材料的基础上，从阶级基础、社会组织、文化建构及行为模式等方面，以 19 世纪以来天花防治为背景，截取重庆开埠直至宣告天花灭绝为时间切片（1891—1952），描述牛痘接种的信息从传播到扩散，最终改变民众防疫行为的过程。本研究的价值在于以历史的视角拓展了“创新扩散理论”在健康传播中的运用，认为阶级基础是重庆乃至新中国成立后迅速扑灭以天花为代表的烈性传染病的重要原因，以期为当下疫病防控提供本土经验。

屈永刚的《儒家政治正当性观念发展研究——从孔子到董仲舒》，以西汉初期之前儒家政治正当性观念为研究对象，以孔、孟、荀正当性观念为基点，上溯殷周时期，下及西汉初期（以董仲舒为代表），对西汉初期以前儒家政治正当性观念的渊源和发展作出了系统的梳理。

刘大明的《宋代新闻传播与政治文化研究》，主要介绍了宋代在新闻传播、政治文化等诸领域获得的前所未有的发展，重点阐述了宋代邸报的新闻活动、宋代出版传播活动和宋代文人谈兵论战及其兵学文化繁荣等系列议题。

申可君博士所著的《城市社区居民参与机制研究》，试图通过分析居民参与要素的新特点，构建一套有效促进居民参与社区建设的六个二级参与机制，并剖析该机制的形成、分类及其影响因素。同时，提出推动居民参与机制运行的保障条件，以期能助力基层政府摆脱长久以来居民参与不足的困境。

廖宇翃的《大众传媒对城乡统筹发展的作用研究》从经济学、管理学和传播学相结合的新角度研究了城乡二元结构和城乡统筹发展的问题，通过实证研究发现了知识和信息在城乡之间的不均衡分布是城乡差异的基本原因，提出了缩小城乡差异的新途径是改变知识和信息在城乡之间的供需失衡状态。

刘必华的《转型社会中的大众传媒与公共利益》提出当代中国社会转型的复杂性与矛盾冲突的尖锐性，要求建立以公共利益为基本取向的传媒体系。该书从体制、话语与实践三个层面考察了中国传媒服务于公共利益的表现，并从传媒治理、职业道德和受众参与等方面提出了建议。

任正安的《走出现代的尴尬——边缘民族传统文化与现代传播的土家族样本》观察了在新传播环境下西部少数民族地区社会沟通与媒介使用现状与变迁，将文化传播和媒介教育相结合，以少数民族媒介素养教育为出发点，探讨如何更好地在少数民族集中的西南地区提升媒介教育，进而提高其媒介素养，传播本民族文化，以对传受双方及其与社会文化环境的多元互动的高度重视探索传播效果的有效提升。

徐金的《解码与编码——广告创意实务》旨在运用符号学和结构学视角对经典广告进行分解，寻找出独特可行的广告创作思路，总结出广告思维及创作规律，并通过广告创作实例展示广告创意及创作方法的运用。

这套丛书集中体现了西南政法大学新闻传播学的传承和创新，也是我院新生代学术实力的再一次整体亮相。

甲戌年间建经纬，荏苒岁月二十载。
日钟两江之灵秀，月沐法府之鸿光。
法治新闻创特色，全球视野开新章。
心系天下得清誉，五湖九州望徜徉。

我们真诚地期待着学术界对我院新闻传播学系列丛书提出宝贵的意见和建议。

是为序。

李珮

2015 年 12 月于毓秀园

目　录

第一章 绪　论

大凡被称之为历史的东西，往往都需要一定时间的沉淀。那么，需要多长时间呢？历史并没有给出一个明确的定数。不过时间有其自然规则，时过境迁之后，过去难以言说的种种很容易被重新审视与评价；同时，随着时间流逝孕育而成的冷静与沉思，呈现出更多元的观照，为后人端详历史提供了更多的视角。

戈公振，是活跃于近代中国新闻学术界和实务界的新闻大家。长久以来，或许因为对《中国报学史》敬慕的缘故，他一直被推崇为中国新闻史学的奠基宗师，但鲜有人愿意正视戈公振先生完整的新闻思想，戈公振的新闻思想也因此披蒙上了一层神秘的面纱，未能全面地呈现在研究者的视线中。悲观一点说，如若再不加以爬罗剔抉、归纳反思，戈公振的新闻思想甚至可能被遗忘在历史的长河之中。

随着史学观念的推陈出新和研究方法日益趋于多元，时代正给予我们一个解构戈公振新闻思想，并且研读其在中国新闻学继受和变迁过程中究竟占何地位的契机，这也是后代学人不可推卸的学术义务。

一、研究动机：弥补中国新闻学研究的罅漏

翻开任何一本中国新闻史的著作，如同翻开一部简编的历史花名册，它把已经逝去的新闻名人的生平与著作一一登录在案，并按照时代的要求和作者的好恶，一个个论功行赏。这种简单的笔调，可以较为清晰地梳理出历史顺序，方便读者归纳和记忆。

于是，在各类著作中，戈公振通常会被描述为如下形象：戈公振（1890—1935），名绍发，字春霆，号公振，江苏东台人。我国近代著名新闻学家。1913 年进入上海有正书局工作，初任校对、助编，后升任编辑直至总编。之后，戈公振在上海《时报》工作了 15 年，也曾在上海《申报》短暂工作。自 1925 年起，他先后在上海国民大学、南方大学、复旦大学等院校报学系任教。戈公振于 1927 年和 1933 年两度出国考察国外新闻事业，足迹遍及英、法、德、意、日、苏联等国，1935 年 10 月在沪病逝。戈公振的专著有《中国报学史》《新闻学》《从东北到庶联》，译著有《新闻学撮要》，并编辑出版有《中国图案集》。其中，《中国报学史》第一次全面系统地论述了中国新闻事业发展的历史，代表着近代中国报刊史学术研究的最高水平，是公认的中国新闻史研究的奠基之作。该书自 1927

年初版后，曾多次重印，并被译成日文在日本出版，在国内外都有重大影响。

透过厚重的历史，以上几百字的简介只能算是最粗浅地勾勒出了戈公振的历史背影，我们要穿越百年时空，在故纸堆中探寻人物的历史原貌，特别是要发掘戈公振的新闻思想及其在中国新闻学历史脉络上的意义，就不得不对戈公振进行一番从头到脚的"全身扫描"。

1913年冬，23岁的戈公振只身前往上海，进入狄楚青所创办的有正书局图画部当学徒，翌年，被调至《时报》馆工作。从此，学徒工出身的戈公振正式迈入上海新闻界，开始了他的报界生涯。

戈公振在《时报》馆前后工作达15年之久。从校对、助理编辑、编辑，一直到被提拔为总编辑，并代理狄楚青主持报馆事务。在《时报》馆，他对《时报》的革新作出了重要贡献，先后创办了许多副刊，其中最突出的是1920年6月9日首创的《图画时报》，开我国报纸增辟现代画刊之先河。他编译的《新闻学撮要》和专著《中国报学史》，也是在这个时期完成的。其间，他还积极从事新闻学和新闻教育的研究。他发起组织和主持的"上海新闻记者联合会"和"上海报学社"在当时的新闻界影响很大。同时，他先后在上海南方、国民、大夏、复旦等大学院校讲授新闻学，成为中国新闻学早期的骨干教师，为新闻界培养了不少人才。这段时间，是戈公振成长的关键时期。新闻实务界从基层到顶层的全面锻炼，给了他综合了解中国报业体系框架的机会，让他在新闻实务的各个岗位，如采访、写作、评论、编辑、管理等，都有丰富的所得。同时，当时上海的《申报》《时报》《新闻报》三家中国顶尖报纸的激烈竞争，使戈公振有了全局性的眼光，产生了对中国报业整体性的兴趣与担忧。他的思考，不再局限在一报一版，而是"中国性"的，这种思考，也延伸到了他对中国报业过去与未来的发散性探索中。于是，借助中国早期新闻学的从教机会，戈公振不辞辛苦，编写出《中国报学史》，书中既有史料梳理，又有学理总结，使他成为中国新闻学历史上标杆式的人物。

1927年1月29日，戈公振辞去《时报》馆的工作，自费出国进行了为期两年的世界新闻事业考察工作，这是他第一次出国考察。这次考察，他的足迹遍及英、法、德、意、美、日等国。他还受国际联盟邀请，出席了在日内瓦举行的国际新闻专家会议和其他一些国际性会议。国际考察开阔了戈公振的视野，也进一步使他产生了变革中国新闻事业的种种想法。仔细研读戈公振的论述，一个重要的标志就是"世界的眼光、中国的问题"，他能够从世界新闻学发展的高度和前沿，来观察和思考中国新闻事业该怎么做，这是民国期间罕有的全球眼光。并且，这种世界与中国结合的思想不是务虚的，是和中国新闻实践紧密联系起来的。

1928年底，戈公振回国后应《申报》总经理史量才之聘，次年到《申报》工作，并在《申报》的改革中发挥了重要作用。"九一八"事变和"一·二八"淞沪战争爆发前后，他将自己出国考察带回的国外的先进技术和方法，应用到了《申报》的改革中：1929年5月，创办了"申报图书资料参考部"；1930年5月，创办了《申报图画周刊》。另外，他全身心地投入到了抗日救亡运动的洪流中：他经常与杜重远、胡愈之、邹韬奋等人聚会，讨论抗日救国和社会主义的重大理论问题；他还积极参加抗日救亡运动，募捐集资，办报撰文，座谈演讲，热情支援东北抗日义勇军和上海十九路军的正义斗争。可以说，爱国主义一直是流淌在戈公振先生血液中的重要因子。他的新闻思想，不只是一种纯粹学科式的总结与反思，而是时时刻刻充满着爱国主义，充满着对中国新闻事业的忧虑和激情。

1932年4月18日，国联李顿调查团到达上海。戈公振以记者身份参加中国代表团，随同李顿调查团赴上海闸北战区、东北北大营等地调查日军侵华真相。同年 9 月又随团前往日内瓦，参加国联讨论有关日本侵略中国问题的特别会议。至此，他离开了《申报》。

1933 年 3 月 1 日，中苏恢复邦交，戈公振随复交使团前往莫斯科，这是他第二次出国考察。他在苏联前后近三年，行程四万多公里，参观了莫斯科、列宁格勒（今圣彼得堡）等城市，以及乌克兰、高加索、乌拉尔和中亚细亚等地，撰写了不少有关苏联社会主义建设和人民群众生产生活的通讯报道，向中国人民展示了苏联第二个五年计划建设时期的巨大成就。他还为中国电影代表团和梅兰芳剧团赴苏进行文化交流活动做了大量工作。邹韬奋先生收集整理出版的《从东北到庶联》一书，详细介绍了戈公振在这一时期的活动情况。这段时间，是戈公振个人思想的猛烈进步时期，其思想显示出向社会主义思想转变的种种特征。

1935 年秋，戈公振应邹韬奋、胡愈之电邀回国，准备重新创办《生活日报》。不幸的是，抵沪一周后，他便于 10 月 22 日突然病逝，留下了“我是中国人”的不朽名句。

“戈公振是中国新闻事业史上一位不可多得的全才。”这是戈公振先生一百周年诞辰时，当代新闻学泰斗方汉奇先生对戈公振的评价。他认为：“（戈公振）在新闻的编辑采访、通讯评论写作、报业经营管理以及新闻教育、新闻学研究等方面，都作出过十分卓越的贡献。他的一生，是一个杰出的新闻记者、新闻教育工作者、新闻学者的一生。”① “像戈公振这样在新闻战线的各个领域都作出过杰出贡献的多面手和全才，在中国新闻史上是非常罕见的。也许只有邵飘萍稍稍能与之比肩，此外再也找不出第二个人来了。”②

的确，戈公振是一位优秀的新闻记者和编辑，是一位有着丰富理论和实践经验的报业经营管理专家，同时也是一位学识渊博的新闻学者和新闻教育家。他从一名学徒工成长为举世瞩目的新闻巨擘，这在旧中国的报人生涯中是少见的。他所走过的路，是引人注目的。

他首创的《图画时报》，使我国报纸的画刊从“石印时代”迈入“铜版时代”，掀开了中国画报史上新的一页。

他是我国第一批到大学讲台公开讲授新闻学的拓荒者，是我国早期杰出的新闻教育启蒙者，也是国际上较早提出国民媒介教育的倡导者。

他撰写的《中国报学史》是我国第一部全面而系统地叙述中国报刊发展史的专著，是近代中国新闻学著作中唯一有外文译本的一本书。

他是第一个确立将“报刊史”作为一门学问来研究的新闻专家。他为新闻学的分支学科——报刊史划定的研究对象和研究范围，为报刊史乃至整个新闻史的研究打开了思路，拓宽了新闻学的研究领域。

他是以中国新闻学者身份在国际讲坛上演讲的第一人，他在国际新闻专家会议上发表的演讲《新闻电费率与新闻检查法》轰动全场。

他亲手创建的“申报图书资料参考部”，以及一整套《申报》剪报室的资料积累和科学管理制度，是我国最早的，也是近代中国所有报馆中唯一完备的资料及管理制度。

他发起组织和主持的“上海报学社”是近代中国规模最大、存在时间最久的新闻学术团体组织，在当时的新闻界、学术界及至文化界都起到了引领作用。

---

① 《江苏文史资料》编辑部：《戈公振纪念文集》，《江苏文史资料》1991 年，第 2 页。

② 江苏省新闻工作者协会、盐城市新闻工作者协会、东台市人民政府：《戈公振诞辰一百周年纪念文集》，1991，第 123 页。

他是我国新闻界对西方新闻事业做过全面考察的第一人。在戈公振的两次出国考察中，他最大的特点是：看外国，想中国。在旅途中，每至一处，戈公振都留心观察，只要对中国有利的东西，无一不产生浓厚的兴趣。上至英、美等国大报馆的先进设施，下至德国的街头卖报亭、日本的街头新闻图片和展览橱窗，戈公振大多主张引进国内，用来发展我国新闻事业。

他是近代中国全面掌握世界新闻学研究现状（日文、德文、英文著作）的第一人，加上他在上海《时报》和《申报》的工作实践经验，戈公振特别擅长以西方成熟的新闻理论来研究中国报业的现实问题，并在比较中展开研究，在报纸与社会文化的广泛联系中进行分析。因此，他那时闪现于论说中的大量创见，成为中西新闻思想交流和中国新闻观念演进的“桥梁”。

这些琳琅满目的专业主义标签，加上戈公振所处的时代背景，使他的新闻思想与爱国主义的时代特征相互交融，呈现出五四时期新闻界知识分子特有的精神世界。因此，这些闪光点都不应该在中国新闻学的研究中缺席，都不应当在中国新闻史的研究中遗漏，这也是诱发本书研究的最主要动机。

二、研究方法：复杂地看待戈公振新闻思想

戈公振新闻思想的研究，并不是可以一言以蔽之的话题。王蒙先生在《我的处世哲学》中的观点令人回味：“凡把复杂的问题说得和小葱拌豆腐一清二白者，皆不可信；凡把解决复杂的问题说得如同探囊取物，易如反掌者，皆不可信。”确实，单纯研究戈公振个人也好，研究人物思想史也罢，远远没有想象得那么简单。

进行此类课题研究，很容易停留于对戈公振新闻活动的论述进行罗列、介绍、诠释和说明，这样做并无不可，也是相对容易的。但其弊端是难以深入理解特殊时代背景之下戈公振新闻思想的精髓，也无法体现课题研究应有的学理品格。当然，这并不是否认对人的新闻思想的化简和提纯，这项工作有着无可厚非的积极意义，但要如实且全面准确地认识戈公振新闻思想的生成与发展，及其在时代舞台上的价值，本书更倾向于采取一种多重视角的综合维度对戈公振新闻思想进行考察。

（一）历史与现实

对新闻思想的研究来说，许多学者的分析与研究在历史与现实之间是分隔的。要么对新闻思想的考察纠缠于过往，缺乏对新闻思想现实的当然关照，缺乏对新闻活动现实的经验指导与教训；要么在对新闻思想的分析中，显现出一种对其发展历史置之不理的态度，更对可能从历史中得到的若干借鉴持一种轻蔑的、傲慢的、不屑一顾的态度。因此，对戈公振新闻思想的思考必须在历史与现实的层面同时进行，并体现出其前后传承、绵延相续的内在逻辑和现实联系。

（二）平面与立体

对新闻思想的梳理方法来说，不少学者总是愿意以一种先验式的固定分析框架（即以新闻活动及其运作为核心）来把握新闻思想。这种方法虽然可以直接并且便捷地提炼出结论，但基本上是一种平面把握，对新闻思想的“起、承、转、合”没有立体把握，不关注

新闻思想存在的各种条件和因素，对这些条件和因素的合力作用发挥的积极影响或消极影响研究不够。所以，对戈公振新闻思想的思考必须以一种立体的观点来审读，从彼此依赖、彼此制约的双重互控关系中梳理出戈公振新闻思想的来龙去脉。

（三）进化与建构

自然界的演化进路大抵有两种：一是瓜熟蒂落般的自然进化，一是剪枝嫁接般的人为建构。同样，各种中国新闻学思想的演化过程也体现出以上两种进路，特别是在戈公振所处的那个中西方文化相互交流和影响的时代，在文化涵化的作用下，要清晰地辨别和厘清戈公振新闻思想中的外部引进与内部生成，或者那些杂糅着东西方结晶的观点，恐怕不是一件用简单的“东化”“西化”就能解答的事情。“五四时期的新闻学者，从外部汲取了足够的有关新闻学的信息，以我为主，俯视一切，充满自信地进行着创造。”① 戈公振作为五四时期新闻人群体的旗手，自然也不例外。

（四）理论与实践

理论的诞生，大部分要归功于学者的努力。他们之所以能够铺陈理论，也是他们和普通人的区别之处：俗一点说叫能够透过现象看本质，雅一点说叫能从表面的、具体的、直接的感性认识飞跃到本质的、抽象的、间接的理性认识，这种认识依靠的是主体的思维能力对感性材料的抽象与概括、分析与综合。但是，理论只是在逻辑上或者是在理想状态下的可能情形，实践关注的则是真实的可操作性及其运转方式。因此，分析戈公振新闻思想，虽然不必苛求理论阐释与实践运作的统一，但必须要正视二者之间的差异，不能想当然地将二者等同视之。同时，必须充分厘清戈公振新闻思想与戈公振新闻实践之间的关系，没有戈公振长期的新闻实践活动，恐怕他很难会有思想上的诸多建树。

（五）时间与空间

时间与空间是新闻思想生成和发展得以成为可能的两个结构性维度。就时间而言，戈公振的新闻活动主要是在五四运动前后，却先后经历了改良主义、自由主义、社会主义等几个思潮迸发的阶段。就空间而言，戈公振的新闻足迹不仅遍及新闻事业刚起步的中华大地，更是遍及新闻事业早已成熟的西方诸国。进一步讲，如若将戈公振新闻思想置于中国近代以来的历史时间，以及与世界新闻事业交互的传播历程中，那么在时间与空间上，要在波澜壮阔的历史潮流中透视戈公振新闻思想，研究者的态度和立场恐怕都要推倒重来。

（六）聚焦与背景

毫无疑问，要研究戈公振新闻思想，我们必然要把焦距定位在戈公振个人身上，不过背景的问题始终需要注意。以往的思想史研究总是很少去想象和推测那些直接的而且真正有效的思想土壤和背景，只是把那些遥远的、可能影响某些思想的政治大事理所当然地认为是思想者的“大背景”，全然不顾人物与背景之间的距离有多远。于是，直接背景的虚化和间接背景的凸显，使人物思想被提升到了形而上的精神层面，甚至蜕变成虚无缥缈的空中楼阁，这种脱节在本书的研究中必须坚决摒弃。

---

① 陈力丹：《五四时期的中国新闻学》，《新闻战线》1989 年第 6 期。

（七）目的与工具

本书的写作目的，前文已经有所交代，即试图弥补中国新闻学研究的缺漏。不过，犹如补锅匠补锅一样，要填补细小的砂眼，各式工具一个都不能少，只是打块补丁肯定是不行的。本书强调的是，新闻活动作为人类的一项实践活动，实实在在地发生在动态的、互相联系的世界中。要关照新闻思想，必须从同时代，乃至所处时代前后的社会史、文化史、政治史等诸多方面加以考察，用多种“工具”来达到“补锅”的目的。

（八）复杂与简单

如果说以上分析都是从外延的角度来说明考察戈公振新闻思想的复杂之处，其内涵的复杂之处更不能忽略。戈公振之所以能够在同时代的新闻人中引人注目，并能够载入新闻史的史册，充分说明他的新闻思想是一个有机整体，有点、有线、有面，纵横交错，相映生辉。同时，也说明这种新闻思想的生成与发展涉及戈公振生活和工作的各个方面及其社会活动的各个领域。一句话，这种新闻思想是复杂的，简单从某一个角度、某一个方面来看待戈公振新闻思想是不全面的，所以，对戈公振新闻思想进行化简与提纯并不妥当。换言之，这种做法也是本书的，抑或是治学的一个先天性缺陷和不足。

历史与现实、平面与立体、进化与建构、理论与实践、时间与空间、聚焦与背景、目的与工具、复杂与简单这八个视角，是唯物辩证法的核心。它们之间相互依存且相互对立，既统一又斗争，而正是这一矛盾规律，揭示了事物联系的根本内容和发展的动力。

三、文献回顾：从四大症候到学界新兴热点

戈公振先生虽然在中国新闻史的研究上理应且必须占得一席之地，但关于戈公振新闻思想的相关论述及研究却不尽如人意。以 2006 年为界，戈公振新闻思想大体呈现出两个特征。

根据前期文献资料的收集和比较，2006 年之前戈公振新闻思想的相关论述研究呈现出“同、浅、旧、偏”的四大症候。仔细解读下来，这其中既有新闻史学治学过程中存在的普遍性问题，也有在本书之中凸显的个别性问题。

1. 同——相同

有关戈公振新闻思想的研究，学者多习惯采用《中国新闻事业通史》上的表述。这类问题多出现在诸多以《中国新闻事业史》《中国新闻传播史》命名的教科书之中，譬如某书对戈公振的解释如下：戈公振（1890—1935），中国记者，新闻学家。名绍发，字春霆，号公振，江苏东台人。1914 年起进入上海《时报》工作，从校对、助理编辑到总编辑。戈公振对研究中国新闻史有浓厚的兴趣，他所著的《中国报学史》第一次全面地、系统地论述了中国新闻事业发展的历史。出版后，被公认为中国新闻史研究的奠基之作。曾多次重印、再版，并出有日文版。

以上表述显然采用了一种拿来主义的手法。第一，于 1992、1994、1996 分别出版的第一、第二、第三卷《中国新闻事业通史》，是中国新闻史研究 70 年来的丰富积累，开拓了中国新闻史研究的新篇章。作为中国新闻史研究的重大成果，《中国新闻事业通史》篇幅宏大、内容厚实、材料翔实、考证严密，具有不容置疑的权威性。第二，《中国新闻事业通史》的主持人方汉奇先生作为如今新闻学界的前辈学人，与戈公振并称“中国新闻史

学上的两座高峰”，他在新闻史学上的贡献，学界至今无人能及。并且，方先生对戈公振先生尊敬有佳，曾谦虚地说：“戈公振是高峰，我只是个小丘陵。他是奠基人，我只是做了一点后续的工作。一个学科需要有历史的传承，我只是历史长河中起传承作用的一个小链条。”① 于是，《中国新闻事业通史》的权威性加上方汉奇先生的肯定赞扬，由此两点，许多书籍便不由自主地直接或间接采用了出自《中国新闻事业通史》的表述。当然，还有一点，当今的新闻史学者的学术成果往往偏爱以皇皇巨著形式出现的宏大史学叙述，对于如同戈公振这样微观的历史人物则缺乏细致的考证。因此，对戈公振这样处于研究“细枝末节”上的人物的介绍来番引用也就情有可原，不足为奇。

2. 浅——肤浅

有关戈公振新闻思想的研究停留在叙述其生平和对新闻史学研究的贡献两个维度。在一定层面上，“浅”的问题实际上是由“同”的毛病所引发的，正是因为如出一辙地采用了《中国新闻事业通史》中的表述，所以历史学通史研究的病灶也原模原样地植入到了对戈公振新闻思想的研究之中。

一方面，《中国新闻事业通史》采用的是“宏大叙述”的编撰体例，在时间跨度上，从先秦两汉的古代新闻传播活动一直延伸到当代新闻事业，前后共 2,200 余年。所以，不可能在戈公振这样一个仅仅在新闻界工作 20 多年的人物身上进行细致入微的全面考察。加之在传统新闻史学研究中，学者通常将历史事件当成研究的主要方面，忽略甚至漠视人作为事件的行为主体在历史发展中的作用，因此，对个人新闻思想的研究只是一笔带过，不费更多笔墨。另一方面，由于在戈公振的诸多作品中，尤以《中国报学史》的影响效应最大、最广、最久，甚至有学者提出“中国至戈公振才有新闻史”。很多人是因为知道《中国报学史》，才知道戈公振，而不是因为戈公振，才了解《中国报学史》。所以在关于戈公振新闻思想的研究上，后人往往只是将视线对准《中国报学史》，《中国新闻事业通史》必然也因此着力突出《中国报学史》的历史地位，戈公振其他的新闻思想则沦为“陪衬”和“龙套”。调侃一点说的话，戈公振是因为《中国报学史》才在历史上占据一席之地的，却也是因《中国报学史》而遮住了其人及其思想的原貌和全貌，真不知道这是戈公振先生的过错还是后人的过错。

3. 旧——陈旧

有关戈公振新闻思想的研究集中在 20 世纪 90 年代，特别是江苏省及东台市主编的各类文史资料和纪念文集上，代表性的如《纪念戈公振诞辰九十五周年专辑（东台文史资料第三辑）》《戈公振纪念文集（江苏文史资料第四十四集）》《戈公振诞辰一百周年纪念文集》《戈公振年谱》，这些资料整理和收录了众多富有价值的史料和论文，具有地方史价值和新闻史价值。

其中，学界对戈公振新闻思想比较有影响的研究，大抵来源于三个渠道：一是以方汉奇、宁树藩、王凤超等老一辈新闻史学家为代表进行的考证和研究。比如杨瑾琤、方汉奇、宁树藩、王凤超四人发表在《新闻研究资料》（1985 年 10 月）的《〈中国报学史〉史实订误》，一共考证出戈公振原著中 200 多处错误，对《中国报学史》的史料错误进行了全面纠正。② 再如方汉奇先生在研究过程中，对戈公振提出的报纸起源“汉朝说”进行了

① 吴晓晶：《方汉奇：冷门做出热学问》，《光明日报》，2006 年 2 月 25 日。

② 实际上早在 1928 年 5 月 28 日，史学家张荫麟就以“素痴”的笔名在《大公报·文学副刊》上发表了《评戈公振〈中国报学史〉》一文，指出书中的“资料之待补者”“疏谬之待正者”若干。

批判，并以进奏院状为凭证，提出中国报纸开始出现于唐朝的观点。同时，对戈公振引用周密《癸辛杂识》中的“邸报既行”来作为元朝曾经发行邸报的证据提出质疑，认为元朝是唯一没有封建官报的朝代。二是陈力丹、黄旦、单波等新一代新闻学者的研究。陈力丹先生的《五四时期的中国新闻学》和黄旦先生的《“五四”前后新闻思想的再认识》虽然将研究对象确立为“五四”前后的新闻学（思想），却不约而同地以确凿的史料论证了戈公振新闻思想在“五四”前后新闻学（思想）中的重要地位。同时，单波先生在《20世纪中国新闻学与传播学：应用新闻学卷》中对戈公振的研究不仅相对系统，而且视角独特，透视深刻。三是《中国新闻学术史》《自由的历险：中国自由主义新闻思想史》《戈公振的媒介经营管理观及其现实价值》《戈公振国民媒介教育思想及其现实意义》《戈公振的新闻美学实践》等论述中的相关部分，是2006年之前对戈公振新闻思想为数不多的研究。

4. 偏——片面

有关戈公振新闻思想的研究未能系统化，相关研究要么只是研究其新闻思想的某一方面的内容，要么只是从特定视角对戈公振新闻思想进行单向审视。

从研究角度来说，尽管视角相对单一，或者研究对象相对局部，这些“片面”的研究无意之中拓展了戈公振新闻思想研究的领域，加深了对戈公振新闻思想研究的厚度。相对而言，将此归纳为“片面”的症候实在是有点欲加之罪的意思。从研究的时间来看，这些所谓“片面”的研究大多出现在21世纪初，如前文提到的《中国新闻学术史》《自由的历险：中国自由主义新闻思想史》等书籍，《戈公振的媒介经营管理观及其现实价值》《戈公振国民媒介教育思想及其现实意义》《戈公振的新闻美学实践》等文章。其中，李秀云在《中国新闻学术史》中，将戈公振作为报刊活动家在中国近代新闻学研究的代表来审视，张育仁的《自由的历险：中国自由主义新闻思想史》则是从自由主义的角度来剖析戈公振的思想流变，这些研究的高度都是全新的。而靖鸣、刘锐的《戈公振的媒介经营管理观及其现实价值》，靖鸣、袁志红的《戈公振国民媒介教育思想及其现实意义》和陈新明先生的《戈公振的新闻美学实践》，更是把研究的触角延伸到前人没有涉足的领域，以敢为人先的无畏勇气开垦出一片新的天地，大大丰富了戈公振新闻思想的内涵，这也对本书章节结构的取舍与确立具有借鉴意义。

2007年之后，随着新史料的应用、研究方法的多元、研究视野的开阔，戈公振新闻思想的相关研究出现了新动向，也成为学界的新兴热点，每年都会有不少有影响力的代表性论述诞生。

蔡斐的《戈公振自由主义思想剖析》考察了戈公振先生以言论自由为主要标志的自由主义思想，认为其自由主义有功利主义的夙求越位、色彩浓厚的理想成分、民本主义成分显目等特征，其背后有着“立足新闻本位的忧思”和“双重文化背景的影响”两个维度的深层动因，并在当代仍然有可反思的现实价值。

蔡斐的《世界的眼光 中国的问题——重读戈公振先生〈新闻学〉》主要关注戈公振先生的《新闻学》一书。作者综合考察后认为，该书尽管在篇幅、体例、影响等方面不如《中国报学史》，但全书流露出对世界新闻业的熟稔程度，对国内新闻业的关切心情，对新闻理论的驾驭能力，以及对新闻实务的探索热情，是一本不应该被遗忘的著作。

王明亮、刘佩的《戈公振参与两次国际间新闻会议故事重探》对戈公振1927年和1933年分别参加了日内瓦报界专家会议及马德里国际新闻会议的史实进行了梳理。文章揭示了此前新闻史著述中多语焉不详的一些历史细节，认为戈公振的参会虽然有偶然因素，在涉及中国核心利益的问题上，也没有取得列强的实质性让步，但却是中国新闻界第一次正式参与国际新闻界游戏规则的制定，发出了中国的声音，其积极为中国争取新闻话语权的姿态具有开创性意义。

李开军的《戈公振〈中国报学史〉分期观点探源》一文通过详细考证认为，《中国报学史》一书中主张的中国报刊发展经历了官报独占时期、外报创始时期、民报勃兴时期和报纸营业时期的观点，来自他在《时报》的同事汪英宾的硕士论文 *The Rise of the Native Press in China*。而汪氏的这一分期观点，则来自他对包括 *The Journalism of China* 在内的至少五种英文文献对中国报刊发展历史的观察和理解的整合。

齐辉的《民国初年中国报人对世界报业的认知与思考——以戈公振世界报业考察活动为中心探讨》细致探讨了 1927—1928 年戈公振自费出国考察的活动，指出戈公振通过此次考察活动，搜集了大量新闻史资料，实地感受到世界新闻发展的潮流，并对中外报业进行了深入思考，是近代国人考察世界报业的一次壮举。他准确把握了世界新闻发展的潮流，提出了“中国急需一个代表通讯社”“世界报纸的三大趋势”等判断，为中国的新闻学发展提供了异域借鉴。

高海波的《论戈公振的传播思想》一文，以《中国报学史》所使用的“交通”一词为中心，对戈公振的传播思想进行了探讨。认为该词一方面源于中国本土观念，另一方面又吸收了卡尔·毕歇尔、藤原勘治等人的新闻学说。在此基础上，戈公振提出报刊是人类思想交通之媒介的观点，并据此分析了中国新闻史上官报、民报和外报之间的传播关系。戈公振的传播论述，是传播概念中国化的最早尝试之一。

宋三平、张振亭的《论戈公振与上海〈时报〉“专刊”》主要关注戈公振与《时报》“专刊”的紧密联系。戈公振不仅策划各种专刊的创办、发展，还亲任《图画周刊》的主编。他认为风靡一时的报纸专刊只是为形势所迫，虽然代替了杂志的部分功能，但是其自身有不可化解的内在矛盾；理想的报纸专刊应该以文艺为基础，贴近读者的常识与日常生活。这些专刊是我国最早创办系列专题周刊的报纸，在整个报界具有里程碑式的意义。

赵昊的《戈公振国外新闻图片研究》，以《良友》画报为中心，系统考察了第 22 期至第 111 期的相关图像，论述了《良友》对戈公振国外行踪的图片报道，通过国际联盟情况、苏俄情况、艺术情况三部分，阐述了戈先生从国外寄给《良友》的图片，并在此基础上解析了戈公振的国外新闻图片所产生的积极影响。

刘敏的硕士论文《戈公振与报纸“图画周刊”研究》主要以《时报图画周刊》《申报图画周刊》为研究对象，通过对内容、版面、运作模式的分析，来研究戈公振有关报纸“图画周刊”的认识、理念和思想，并追溯了戈公振重视“图画周刊”的渊源和思想来源。研究认为，戈公振重视“图画周刊”，是其新闻形象化、报刊大众化等新闻思想的直接表现，与其职业经历有关，也是其出国考察并学习借鉴国外有关报刊经验的结果。

吴翔是近年来着力研究戈公振问题的学者，先后发表了《戈公振〈中国报学史〉的八个版本》《戈公振：近代新闻法制研究第一人》《戈公振在何时当总编辑——从戈公振〈时报〉新闻活动的考订看民国报人转型》《戈公振的家庭“悲剧”及婚恋生平补考——兼谈港台民国报人回忆录中的“戈公振绯闻”》等文章，对戈公振的生平、新闻法制思想、著述成果等展开了非常有价值的研究。

朱兆龙先生汇编的《戈公振时评》一书，对戈公振先生在上海《时报》任职期间写作和发表的时评共 1,791 篇进行整理汇编，认为这些时评作为戈公振投身于新闻事业的高起点作品，是展现辛亥革命之后中国社会的历史画卷，是20世纪初上海社会民生多艰的奔走呼号，是社会动荡时期呼吁和平安定、渴望谋求发展的先进策论，同时也是五四运动和新文化运动前后创新报纸言论的优秀代表。

四、章节架构：以思想的不同维度为横截面

英国数学家、哲学家怀特海曾为自然科学提供了一条准则：寻找简单并怀疑之。美国人类学家格尔茨则为社会科学提供了另一条准则：寻找复杂并使之有序化。①

寻找复杂并使之有序化是理论提升的主要方向。循着这样的路径，本书主要以戈公振新闻思想的不同维度为切割点，来有序勾勒戈公振的学术思想。

第二章主要探讨了戈公振新闻观的基本观点，兼谈学界对戈公振与陆定一观点分歧的学术批判。《中国报学史》第一章第二节《报纸之定义》是戈公振新闻观的主要呈现窗口。全篇只有1万多字，提及的英文、法文、德文和日文参考书籍和文件却有13种，是戈公振融会贯通中外新闻学理论之后的专门总结。1943年，陆定一在《解放日报》发表了《我们对于新闻学的基本观点》一文，对戈公振的相关观点作出了批判。围绕这一理论分歧，中国新闻学术界展开了前后达60年的讨论，分歧的本质也更加清晰。梳理这段历史，既能还原戈公振新闻观的基本观点，也能摆正其在历史上的正确位置。

第三章主要探讨了戈公振新闻史学思想的若干问题，包括新闻史研究的主体性地位、中国新闻史的研究范式、中国新闻史的分期问题、中国报纸的起源等。其中，新闻史研究的主体性地位、中国新闻史的研究范式方面一直是近些年新闻史研究重点关注的问题，特别是学界对主体性地位的强调，存在着一种"回到戈公振"的冲动。戈公振开创的中国新闻事业史范式虽然有点"落后"于时代，但对中国新闻史研究的开创来说，却是奠基性的。

第四章主要探讨了戈公振的新闻实务思想。作为一名长期从事新闻实践工作的报人，戈公振对新闻实务的多个岗位有着丰富的实践经验和独特的认识。第四章主要探讨了他的新闻摄影画报观、国际宣传观、新闻采写与编辑观、媒介发展观。通过对这四个方面的归纳，我们可以总结出戈公振新闻实务思想的特色：既立足中国实际，又面向外部世界，既重视新闻事业的宏观维度，也注意新闻采写的细枝末节，更有着一种新闻事业"大众化""形象化""合作化"的探索，并且这种思想主张中国的报业对外能够成为中国国家利益的代表，对内能够成为监督政府、指导社会的武器。

第五章主要探讨了戈公振的媒体经管思想，并从经济独立、报纸特色、广告经营、报纸发行、组织架构、新闻人才等诸角度展开论述。随着报业结构的优化与分工，戈公振在报业实践中不断转型，成为兼通言论、采编、副刊、经营的全能型总编辑。这种总编辑不是"总主笔"，而是负责媒体经营管理的"经理型"总编辑。戈公振在这方面取得了巨大成绩，也提炼出自己多方面的观点，胡政之称赞戈公振"长于内勤"（管理）。

第六章主要探讨了戈公振的新闻法制思想，并从宪法层面追求言论自由、刑法层面反对报业迫害、民法层面关注新闻所有三个方面来展开论述。戈公振的一生，是追求自由的一生，他反对政府动辄以法律为借口对报业进行戕害。同时，他对于新闻所有权的相关探

① 〔美〕克利福德·格尔茨：《文化的解释》，韩莉译，译林出版社1999年版，第43—44页。

讨，是国内较早提出的有关新闻著作权的研究。可惜是的，由于英年早逝，戈公振对关于新闻法制的诸多问题都没有来得及进一步探讨和研究。

第七章主要探讨了戈公振的新闻教育思想。戈公振是中国早期新闻学的开拓者，从报坛到讲台，他最大的贡献就是开创了中国新闻史研究之先河，让新闻史成为中国新闻学教育的基础课程。在第一次国外考察中，专业新闻学教育是戈公振的考察重点。在综合比较了世界范围内的新闻学教育模式之后，戈公振提出了自己对新闻教育的见解。难能可贵的是，戈公振是世界上最早提出国民媒介素养教育的专家之一，进行媒介素养教育是非常具有远见卓识的一项规划，至今仍有现实价值。

第八章主要探讨了戈公振的新闻时评。戈公振在《时报》期间主持“时评三”栏目长达数年，文章多达 1,791 篇，文章篇幅虽然不长，却能针砭时弊、关怀民生。恰逢东台学人朱兆龙先生整理汇编《戈公振时评》，我们仔细观察戈公振“五四”前后的新闻时评可以发现，一种救国情怀和民生意识仿佛在字里行间中时刻流淌。此外，从这些时评还能管窥戈公振的报纸舆论观，大大有别于此前传统儒家义理推崇的“清议”，也有别于王韬以来的诸多政论文章，体现了五四运动前后新式新闻学人的报刊思想。

第九章主要探讨了戈公振的自由主义思想。五四时期的新闻学人，在经历了民国初年的政治动乱后，对自由充满了无限的向往和浪漫的憧憬，戈公振也不例外。他的自由主义思想有着功利主义的夙求越位、色彩浓厚的理想成分、民本主义成分显著等特征，其背后有着“立足新闻本位的忧思”和“双重文化背景的影响”两个维度的深层动因，并在当代仍然具有可反思的现实价值。

第十章主要以戈公振为代表探讨了五四时期的新闻本位思想。作为中国新闻学创立的主要标志，“五四”新闻学人在新闻本位思想上有着高度的一致性，他们将脱离政治视为新闻本位思想产生的驱动力，将刊载新闻视为新闻本位思想的第一要务，将服务社会视为新闻本位思想的目标理念，将经济独立视为新闻本位思想的职业基础，将言论自由视为新闻本位思想的外在环境。这种要求，将新闻学回归到了学科建设本身。

第十一章主要探讨了戈公振的《新闻学》一书。该书是商务印书馆“万有文库”丛书之一，是浅显易懂的新闻学入门书籍，也是《中国报学史》之外戈公振新闻思想的集中体现。此书最引人注目的地方就是书中将中西方文化之间融会贯通。全书六章之中，除第二章《中国现代化报纸的进化》是专门论述中国报业的，其余各章都是关于世界新闻学发展的背景论述，只是有的着力点在世界新闻学共同发展的规律上，有的落脚点在中国新闻学的现实问题上而已，这也是戈公振“看外国、想中国”思想的直接体现。

附录部分收录了戈公振所著《报纸与电信》《影戏和新闻事业》《国际宣传之重要》《画报的责任与前途》《记者与体育》《休息》《智识阶级的责任》《新闻教育之目的》《复旦大学新闻学会成立演讲词》《告有志于报业者》《中国报界应有之觉悟》《伦敦泰晤士报社参观记》《世界报业大观》《世界新闻事业现状》《我对于观察庶联的态度》《芝加哥坛报的介绍》《新闻纸的商业化》《报纸的将来》18 篇文稿与演讲稿。这里不厌其烦地把它们罗列出来，主要是想让读者摆脱“戈公振＝《中国报学史》”的单一片面印象，这些未被发掘和重视的论述，立体地展示了戈公振新闻思想的多个维度，也给学界批判本书与进一步展开研究提供了基础素材。

第二章 试论戈公振新闻观的基本观点

——兼谈学界对戈公振与陆定一观点分歧的学术批判

在权威学者陈力丹先生看来，中国新闻学的创立，表现为中西方文化的相互交流和相互影响。新闻学的创立者们（徐宝璜、邵飘萍、任白涛等）对西方现代新闻学都很熟悉，戈公振当时虽没有出国，却是中国全面掌握世界新闻学研究现状（通过日文、德文、英文著作）的第一人。同时邵飘萍和戈公振分别作为北京《京报》和上海《时报》的主编，他们能够将西方的新闻学基本理论与中国当时最高水平的新闻实践相结合，这是新闻学创立时期的特色。

具体来说，创立时期的中国新闻学不仅不落后，而且处于世界新闻学研究的相对前沿，充分汲取了英文、德文、日文、中文四大语种新闻传播著作所提供的各种观念、经验和研究方法，这在戈公振身上表现得尤为典型。他的《中国报学史》第一章第二节《报纸之定义》，实际上是对新闻理论的概述，展示了戈公振基本的新闻观，全篇只有 1 万多字，提及的英文、法文、德文和日文参考书籍或文件却有 13 种之多，其知识渊博程度令人惊叹。

一、戈公振谈报纸的定义、特点与性质

戈公振所处的时代，是以报纸为主要新闻载体的时代。戈公振对于报纸基本概念的梳理和论述，是戈公振新闻观的基本立足点。《报纸之定义》这一节中，戈公振在充分比较"纷纭之诸家学说"的基础上，区分了报纸与杂志的区别，回答了"报纸果为何物"的疑问，"报纸者，报告新闻，揭载评论，定期为公众而刊行者也"①。

戈公振澄清这一定义，并不是反对其他定义，只不过将众说纷纭的见解加以整理，得出一个比较明显的定义而已。但是，这个定义有两个特点：一是基于社会学上的考察，"从社会学上而研究报纸，其要点在研究其对于某特别时代之特定社会之文化所发生而反应之各种特色，因此各特色之发生与发达之过程，而表明其性质，探讨其本源，以求所谓报纸原质之一物。如此，则方有社会学者所需要之定义"②；二是这种研究基于历史的眼

---

① 戈公振：《中国报学史》，三联书店 2011 年版，第 8 页。

② 同上书，8 页。

光，注意实际需要，并不是从哲学的角度来探讨，即强调的是历史回顾和现实价值。在这个前提下，戈公振提出了报纸的四个特点：(1) 报纸之所以为公众刊行物之基础，即所谓报纸之公告性；(2) 报纸之所以为定期发行物之基础，即所谓报纸之定期性；(3) 报纸内容之时宜性；(4) 报纸内容之一般性。

为了论述方便，不妨将戈公振对报纸特点的阐述全文摘录如下：

公告性 报纸之公告性，即消息传达之方法。故报纸之成立，即在公开性质可以证明之时。像毕修所言，报纸与私函及公函无异，由传达消息之需要而生。不过公函系写与多数确定之人，私函专写与一人，但报纸乃写与多数不定之人，此唯一不同之点也。换言之，私函及公函为个人传达消息之方法，报纸乃消息公开之方法也。又为布润和波所言，古代及中世纪作客远方者，托友人为之通信，其信中常言及时事问题，但此仍为私人通信，不能作为报纸。因此种私函，对于第三者绝对守秘密也。至于公函，从其接受之人数论，似乎有公布之性质，但对受信以外之人，则依然守秘密，即此种私函与公函，其内容万一有公布的价值，亦必经过受信人之口述，而后始能成为街谈巷议之资料。故王公贵人、政治家、议员、大学教授、从事于教会公共事务之人、大商人、重要人物之驻京代表、邮务局长等，有接受与传递私函及公函之最大便利，常将信中完全关于私人之消息略去，而将有公开性质之一部分加以整理，公之于其友人或主顾；此种报告，即所谓 Zeitung 或是 Neue Zeitung。据毕修所言，16 世纪之初叶，此种 Zeitung 方发生，意大利及德意志诸城市头脑较新之商人，对于此新消息传达之方法，方使之独立存在。即向来可以接受之少数特别人间，以私人传达消息之方法，取一定之代价，推广于不定人之间。如此而中世纪之手写报纸（Geschriebene Zeitung）遂独立存在。对于订阅者供给新闻之职业，亦由此发生。时至今日，报纸更成为资本家营利事业之上品，超过中世纪经济组织的所谓主顾的订阅者，于是报纸之公告性，乃扩大至于无限。

由斯言之，报纸之公开性质，即报纸有公告性之一语，其义甚明。但由此进而论报纸之社会作用，尚觉不足。盖报纸不过为适合于公告性之一种媒介物，所以承认此特色者，为其介绍包含有公告性之新闻耳。

定期性 报纸之定期性，能作为其特色之一否，此诚一问题也。布润和波将报纸之定期性（Periodicity）仅作为广义的续刊性（Fortgesetzte Erscheinung），为报纸之构成要素。萨罗门谓 16 世纪定期发行之手写报纸，为报纸正式成立之起源。至于每遇大事发生之时，不定期而报告而贩卖之 Neue Zeitung 或 Realationen，乃报纸之类似物。又据李氏（Lee）言，1609 年前后发行之一面印刷品（broadside），因其非定期，故不承认为正式报纸。又据朝仓言，日本之读卖瓦版亦因为非定期，不与报纸同论。然则从何时期始有正式报纸，此非俟诸家意见统一不可。今为便利研究计，姑以定期性之有无，为报纸正式构成之特色。毕修谓报纸之定期发行，不过为求适合于交通之状况。如报纸发达史上所公认最初定期印刷之半年报 *Relationes Semestrales* 在 1580 年发行。至 1609 年前后，即有周报 *Strassburger Blatt* 发生。在半年报与周报之间，应有月报之一阶级。但不经此阶级，突然发生定期性之变化，即因每半年所开之年市，将商业及交通之中心之印刷通信，向一切方面分布。但邮政在重要之路线上，系每星期往返一次。故英国最初之周报，在 1622 年发生。荷兰在 1626 年发生；法国在 1631 年发生。且所谓手写报纸，实起源于书信，即多数驻于都会之通信人所传递，其与邮政制度相关，尤为明显。但由报纸自身之性质而言，从社会学上观察之，人人立于国家政治之下，善成共同之利害关系。而此种社会生活，又因共同动作而渐趋复杂，故对于社会现象乃有统一之要求。是则报纸之定期刊行，即所谓新闻之公布，自为可能之事。此见解如非谬误，则报纸之刊行，不期而与交通之情形相一致，而定期性遂发生。舍此理由外，使定期性成为报纸之重大要素者，即社会之阅读书报习惯（reading habit）实由定期性存在之故也。

时宜性 报纸之时宜性为报纸构成之特色，此为人所尽知。如新闻之“新”，由时间之距离而起。Zeitung一字，由Zeit一字变化而来，原有当时所发现之事（Was in der Zeit Geschieht）之意也。由是言之，报纸以现在发生事件为内容，则时宜性之特色，固甚显明也。布润和波于其书内，在用时宜性（Zeitgemässigkeit）之处，均用现实性（Aktualität）代之。但新闻之价值，不止一时间条件可以决定，且须满足读者之感觉，而引起其兴味。故现在发生之事件，在新闻价值上言，当然首屈一指。但从读者兴味上言，材料不必限于现在发生之事件。故与其谓为现实性，不如谓为时宜性，则一切广义有新闻价值之材料，均可包含于内也。

若将现实性及时宜性除去，则报纸尚有何物存在乎？故现实性之于报纸，犹维持生命之血，舍此更无他物也。今日报纸上之新闻与事件之发生，其中究有若干距离，诚一有兴味之问题，但绝不似中世纪事件与新闻，为交通所限制，完全分而为二。且事件即新闻，新闻即事件，其时期当已不远。盖因无线电与无线电话之进步无已，将使报纸之现实性，有极可惊异之发展。英国报纸协会会长唐乃尔（Robert Donald）尝在年会席上演说报纸之将来，谓“吾人现时家中已有电灯自来水等种种供给，不久将装置新发明类似留音机器之物，可以随时听新闻。”

故现实性与时宜性之发展，当然与各时代之交通机关并行。如驿传、轮船、铁路、电报、电话、无线电话、无线电报、飞行机等之种种进步，均极影响于报纸之新闻，此固尽人而知之矣。不过报纸之新闻，所以有现在程度之现实性，不仅赖交通机关之能力，报纸自身之努力亦未可轻视，如报馆自设电报房以求新闻之迅速是也。当1903年英国修改关税会议于伯明罕（Burmingham）举行时，其地距伦敦170公里，而殖民大臣张伯伦（G. Chamberlain）演说后，相隔只15分钟，其词已传宿于伦敦全市，此为极有名之一事。各报馆之通信网，其范围日以扩大，昔只临时装置，今且每日为新闻之搜集矣。不特此也，印刷等方面技艺上之改良，亦于现实性之发展大有贡献。此非本处所注意之事，姑存而弗论。总之，现在报纸之最大特色为现实性，则固可承认而无疑也。现实性既为报纸之最大特色，则报纸之搜集材料，对于一分一秒之迅速，努力竞争，亦系自然之趋势。因此而报纸之现实性对于社会上，其结果不能有功而无过。何以言之？所应承认为功者，为世界之缩小，将人类之种种意识及活动，在同一时间内，可以互相交换而响应。如劳韦尔（Lowell）所言，人类生活之过程，在极小极速之进化内发展，至不许有时间之停留，此均报纸之功。吾人不必乞怜于“时间之门”，可于报纸上得新观念之供给。至所应承认为过者，当分自然的与人为的二种。自然之过，为新闻之机械化。据班禄客所言，报告一事件时，吾人若直接从某人访得，必须将对方人格及自己对于该事件之见解有充分之预备，但此颇费时间与金钱，故只有将新闻照所得者报告，并不加以思索。倘吾人能取多数人之材料，加以长时间之研究，所得印象，方为有机的；若今日报纸之印象，则为无机的。人为之过，则捏造事实，今日非常流行。此为报学家所审知。尤以美国黄色报纸为甚，几视为当然之事。报馆中常备名人之小影与署名，随时可以取用。如关于冯国璋与冯玉祥之事迹，美报常误为一人而登载之。奚罗弗（Sherover）为攻击美国资本家之报纸，计搜集之捏造新闻，竟成一厚册。故两者之过，有积极与消极之殊。积极之过，当然读者不能不负一部分之责任，此乃所谓社会问题。因人类之复杂心理，而引起报纸感觉主义之发展，由现实性而趋向时宜性，即现在人类对于"最新之事""未闻之事"有异常之要求，故仅以机械方法依样供给，断不能使现在的人类满足。于以知此种满足，非仅现在发生之事件所可博得，而在寻求读者之感觉，及一般心理所构成现实之状态。但现实性终为报纸之要素，不能加以轻视。且在此观念之适用范围内比较广义之时宜性，可作为吾人所要求报纸之特色也。

一般性　报纸之一般性，指普通报纸之内容有一般兴味而言。此与时宜性相似，为报纸与杂志最易区别之一点。但报纸欲有一般兴味，其内容非关系于多方面不可。故萨罗门、劳韦尔与布润和波，均以内容的多方面性（Vielseitigkeit des Inhaltes）作为报纸内容之特色。其实所谓内容的多方面性，即不似杂志有专门性质。内容为一般的，则兴味亦为一般的，此为自然之结果，固不必强为分别也。且报纸之内容，如政治、经济、文艺等一般社会记事，种类甚多，当然数量一方面须有一般兴味。同时每一记事，其性质亦须有一般兴味也。关于此点，即如初期报纸，虽编制与今日稍有参差，而大致不甚相远。故恺萨大帝（Julius Caesar）之《每日纪闻》（*Daily Acts or Acta Diurna*），报告每日发生之事件，包含祭祀、罗马远征军之胜利、冒险、社会或文学等多种。16 世纪后半叶，在德国发行之报纸，不但欧洲及远东方面有定期之通信，且有波斯、中国、日本与美洲之通信。此外文艺批评、新书介绍、剧场记载、商业农业市价等之经济记事，亦均加网罗。此尤足以承认其性质之有一般兴味之一端。于是一般性与时宜性，充塞于报纸之内容；报纸之所以能独立存在，其基础在此，其所以根本巩固之原因亦在此。

报纸之内容，一般性若何重要，至今日而更明显。故政党之报纸，宗教之报纸，及特殊之报纸，均不易发展。如 1911 年在芝加哥（Chicago）创刊之 *Day Book*，完全不载广告，致家庭之主妇，不能于此报觅得日用品之价目，因而遂于 1916 年停刊。又如 1912 年在加利福尼亚（California）所创刊之 *Municipal News*，完全送阅不取费，但因缺少电报、社论及关于政治之意见，不久亦即停刊。又如 1901 年在堪萨斯（Kansas）创刊之 *Daily Capital*，将星期日之宗教演说，每日在报上发表，但不久亦废。现存之宗教报纸，仅有 1908 年在波士顿（Boston）创刊之 *Christian Science Monitor*，因此报与普通宗教报纸不同，关于艺术、教育、海外贸易诸方面，均极注意。又如劳动团体之报纸，由今日情形而言，似应有势力；其实不然。英国虽有劳动会员 300 万人，而周刊不过 4 种。且此种报纸，仅准劳动党之 *Daily Herald* 销数稍多，然亦不能过会员全体十分之一。以上所述，虽原因甚为复杂，而各种特殊报纸，因缺乏一般性，故终于不能存在，似可承认而无疑。班禄客尝排斥资本家经营之报纸，而提倡所谓报纸自由运动，然彼亦将特殊性（Particularity）作为自由报纸难以持久之一原因，是以今日之报纸，吾人称为社会自身之缩影或反映者，实已不啻确定其社会作用之基础矣。[①]

① 戈公振：《中国报学史》，三联书店 2011 年版，第 8—14 页。

在此基础上，戈公振提出了报纸的原质问题，即关于报纸的核心或报纸的根本的问题，“即新闻公布之谓”①。相较于多数人认为报纸的性质是“发表意见”“舆论机关”，戈公振指出，“从报纸发达史上研究，发表意见，绝非报纸原质之特色，乃附带而生者也”②。进一步来说，公告性与定期性为报纸外观之原质，时宜性与一般性为报纸内容之原质，内容之原质高于外观之原质，“公告性之一物，可以解释为由新闻一般性之特色而来”③。因此，“报纸自身问题，虽作新闻的问题观，亦无不可”④。由此，新闻理所当然是报纸的核心或根本，“故报纸之原质，直可谓为新闻”⑤。在《中国报学史》第六章的最后总论部分，他再次强调“报纸之元素，新闻而已”⑥。

此外，戈公振还在多部著述和演讲中论述了报纸的地位与功能：“盖报纸者，人类思想交通之媒介也。夫社会为有机体之组织，报纸之于社会，犹人类维持生命之血，血行停滞，则立陷于死状；思想不交通，则公共意识无由见，而社会不能存在。有报纸，则各个分子之意见与消息，可以互换而融化，而后能共同动作，如身之使臂，臂之使指然。报纸与人生，其关系之密切如此。”⑦ “报纸是精神的集合体和联络机关，其职责非常大。”⑧ “我们现在生存在社会上，日常不可须臾或离的要件，除水、火、食料、空气外，就允推报纸了。我们皆系组成社会的细胞，对于报纸之重要，千万不可忽视。”⑨ “报纸所登载之利害轻重，可以转移民众的观念，一如自来水内含不适宜于饮料的成分，则全体人民，个个有中毒的危险，报纸亦然。”⑩ “近世报界重要元素之一，为搜集传递新闻。”⑪ “一个国家，欲贯彻民治政体的精神，不能不希望健全舆论的生成。健全的舆论，又不能不以报纸为枢纽。”⑫ 这些观点，也是戈公振新闻观的基本组成部分。

在戈公振看来，报纸是现代社会不可或缺的交流媒介，承担着重要的社会职能。报纸是思想交流的载体，是知识传递的工具，是舆论形成的阵地。这是一种典型的从社会系统论出发的解读剖析，避免了对报纸功能形而上学的讨论。

二、陆定一对戈公振“性质说”的批判

1943 年 9 月 1 日，延安《解放日报》（第 833 号）发表了陆定一的《我们对于新闻学的基本观点》，全文依据马克思主义的哲学观点与方法，着重阐述了新闻的本源和新闻的真实性两个基本问题。文章的发表，时值中国共产党新闻传播理论集中化形成时期，文章的若干论点，很快受到广泛的关注和讨论。尤其是陆定一有关新闻的定义，即“新闻的定义，就是对新近发生的事实的报道”，至今仍在今天我国内地的新闻传播学教科书中大量

① 戈公振：《中国报学史》，三联书店 2011 年版，第 14 页。
② 同上书，第 16 页。
③ 同上书，第 20 页。
④ 同上书，第 17 页。
⑤ 同上书，第 20 页。
⑥ 同上书，第 335 页。
⑦ 同上书，自序第 1—2 页。
⑧ 戈公振：《新闻学泛论》，载黄天鹏主编：《新闻学演讲集》，现代书局 1931 年版，第 4 页。
⑨⑩ 戈公振：《报纸的将来》，载黄天鹏主编：《新闻学演讲集》，现代书局 1931 年版，第 70 页。
⑪ 戈公振：《新闻电费率与新闻检查法》，《民国丛书》（第二编 48），上海书店 1990 年版，第 258 页。
⑫ 戈公振：《新闻学》，商务印书馆 1947 年版，第 38 页。

出现。该文也被称为“我国党报理论的重要文献”。

我党的新闻理论，是在批判旧有资产阶级新闻理论的过程中构建起来的。陆定一的《我们对于新闻学的基本观点》就是典型，文章重点批判了“三民主义的新闻原理”，认为该理论是“德意日法西斯‘新闻理论’的变种。在这种‘原理’之下，特务们提倡‘合理的谣言’，公然伪造民意，压制舆论”①，接着陆定一指出，这些名称不一但实质相同的新闻理论，都是“唯心论的新闻学理论”，都奉行“性质说”，“新闻学理论中的唯心论，是很早就有的。唯心论者对于新闻的定义，认为新闻是某种‘性质’的本身，新闻的本源乃是某种渺渺茫茫的东西。这就是资产阶级新闻理论中所谓的‘性质说’（quality theory）。最早的‘性质说’认为‘新闻乃是时宜性与一般性之本身’。后来，花样越来越多，代替‘时宜性’‘一般性’的，有所谓‘普遍性’‘公告性’‘文艺性’‘趣味性’‘完整性’等。总而言之，唯心论企图否认‘新闻是事实的报道’的唯物论定义，而把新闻解释为某种‘性质’的本身，脱离开了某种‘性质’就不成其为新闻。”②

尽管文章没有直接点名，但“新闻乃是时宜性与一般性之本身”的观点确实来源于戈公振。并且，后来陆定一在1981年的回忆录也证实了《我们对于新闻学的基本观点》批判的对象就是戈公振的学说：“当时我的参考材料很可怜，只有一本戈公振的新闻学。但当时有大批青年从苏区外面来，他们在辩论新闻学，各执一词，总体来说，就是所谓‘性质论’。这种唯心主义的东西，花样甚多，但原理很简单。情况就是如此。”③

陆定一对戈公振的批判很是严厉，认为戈公振的学说“把片面的东西夸大成为全面的东西，把形式当作本质，把附属的当作主要的，把偶然的当作必然的，因而是错误的。照此做去，必致误入歧途。新闻界中的下流坯，提倡所谓‘桃色新闻’‘黄色新闻’，岂不是以‘兴趣性’做招牌的么？借口‘文艺性’而把地上的事实夸张成为神话一般的事，在新闻界中岂不是屡见不鲜的么？这种唯心论的‘性质说’歪曲了客观现实，一方面，把人人可以懂得的新闻说得神乎其神，只能‘吓唬土包子’，一点积极作用也没有；另一方面，对新闻事业还起了消极作用，因为如果相信了这种‘性质说’，天天去玄而又玄地研究这个‘性’或那个‘性’，就一世也不会有结果，必致流入脱离事实，向壁虚造，无病呻吟，夸夸其谈，也不会有结果”④。陆定一通过论证资产阶级的新闻“性质说”最终导致新闻失实，将其彻底排除出无产阶级新闻理论视野。他进而指出，真实得自于同人民千丝万缕的联系，党报要深入实际，为工农群众服务。“只有无产阶级这个最革命的阶级，不怕面对事实，对反动派没有任何畏惧，也无所迎合，才能彻底尊重客观事实。”⑤ 陆定一对新闻定义的重构，适应了当时延安整风运动中对党报改造的需要。随着新政权的建立，戈公振的学说也被划入了资产阶级新闻学说的阵营。

新闻的定义，是新闻学研究和发展的基础性问题，也是根本性问题。戈公振与陆定一有关新闻学的这一分歧，准确来说是陆定一对戈公振的批判。遗憾的是，陆定一发表文章的1942年已经距离戈公振先生去世近8年的时间，历史没有给予戈公振先生和陆定一辩论的机会，还好，学界却就此问题有着持续的探讨。

---

①② 陆定一：《我们对于新闻学的基本观点》，《解放日报》，1943年9月1日。

③ 童兵、林涵：《20世纪中国新闻学与传播学·理论新闻学卷》，复旦大学出版社2001年版，第236页。

④⑤ 陆定一：《我们对于新闻学的基本观点》，《解放日报》，1943年9月1日。

三、中国新闻学界对于“戈陆分歧”的持续探讨

在回顾和梳理中国新闻学界对“戈陆分歧”的持续探讨前，一个需要交代的问题是，报业在百年来中国新闻传播历程中扮演的角色是不尽相同的，粗略来说大致有三种①。(1) 报业作为变革政治的“利器”。以王韬、康有为、梁启超等为代表的改良主义思想家确立的报业角色，是建立在现实的政治改革，即“以报救国”的基础上的，梁启超所谓的报馆是“政本之本，教师之师”，这正反映出这一代报刊思想家对报业角色定位的理解。(2) 报业作为传播新闻的“社会公共机关”。以徐宝璜、邵飘萍、戈公振等人为代表的新一代新闻学者，受“五四”精神和西方新闻观的影响，本着报业以新闻为本位的思想，提出报业应以经济自立达到政治上的独立，使报业成为其理想中服务于整个社会的“公共机关”。(3) 报业作为党的指导机关。中国共产党在特殊的历史时期、特殊的地理环境下确立了这一报业角色思想，从严格意义上说，党报不仅是一个宣传机关，它更是党组织并指导群众进行革命斗争的一个直接的领导机关。

依据上述的脉络，我们可以清晰地发现：戈公振等“五四”学人与陆定一等党报理论工作者在对报业的定位上，有着截然不同的认识，一种是“社会公器论”，一种是“政党工具论”。这种角色定位上的分道扬镳，带来学术理论上的分歧自然也不足为怪。但是，单纯从学理上看，陆定一对戈公振的批判合理么？

宁树藩教授1962年在《新闻业务》杂志上对《中国报学史》所涉及的新闻观点作出如下分析：“这本书否定新闻事业的阶级性质，把报纸看成是为社会公众服务的工具，强调报纸的社会作用，在新闻本源问题上，则接受了资产阶级唯心主义的‘性质说’……关于新闻兴趣性问题，《中国报学史》把兴趣性作为报纸和新闻的一种根本元素。但是，它的含义主要是指内容的多样性，提倡文学艺术的宣传报道，和一般所追求的‘人咬狗’之类的兴趣不同。它批评当时的报纸说：‘惟搜求不近人情之新奇事物，以博无知读者之一笑’。可见，就其某些具体内容论，《中国报学史》有其积极方面，不能和一般的反动资产阶级新闻学同等看待。”② 宁树藩教授的分析，尽管还是立足于“以阶级斗争为中心”的框架和话语体系，但是就陆定一对“性质说”中批判最多的“兴趣说”作了澄清，这在20世纪60年代是需要极大的学术勇气的。宁树藩教授认为，戈公振所谓“兴趣说”更多的是一种内容多样性的强调，与低级趣味有所不同，并且那些低级趣味也是戈公振所批判和不齿的。因此，笔者认为，戈公振的新闻观有其合理性，不能一刀切地划入“反动资产阶级”新闻学的范畴。

王凤超先生1980年的论文《新闻名将戈公振》，对戈公振进行了比较全面的分析，也开启了改革开放以后有关戈公振基本新闻观的研究。“新闻本源的问题上，戈公振主张新闻‘为时宜性及一般性之自身’的最早性质说。按他的解释，时宜性为‘新’，一般性为‘内容有一般兴味’。应该说，这是构成新闻价值的两个重要因素，但并不是新闻的本源。新闻的本源只能是事实，不能离开新闻报道的事实来谈新闻的时宜性和一般性。”③ 王凤超

---

① 这一分类，可以参见丁未：《论中国新闻事业的三种角色定位》，《新闻与传播研究》，2000年第1期。

② 宁树藩：《宁树藩文集》，汕头大学出版社2003年版，第207页。

③ 王凤超：《新闻名将戈公振》，《新闻与传播研究》，1980年第4期。

先生的解释，指出“时宜性和一般性”是新闻价值的元素，并非新闻的本源，进一步论证了宁树藩教授的分析。在相关研究的基础上，作者指出：“戈公振的新闻观点是他那个时代的产物，在今天看来也有许多合理的成分，有的地方反映了新闻的共性，并不都是资产阶级的专利品，我们不能把它无代价地送给资产阶级。连资产阶级新闻学家都在研究如何适应新闻规律，以获得他们所需要的宣传效果，我们就更应该重视规律，注意研究运用它，不能简单地将戈公振的新闻观点打入资产阶级的反动新闻体系之中。”① 应该说，这番综述既是对宁树藩教授观点的强调，也是新时期思想解放后新闻话语的进一步突破。

王中教授是较早明确地为戈公振“叫屈”的学者。在 1982 年发表的《新闻学的第二课题》一文中，王中教授指出：“有的文章把‘新近发生的事实的报道’作为无产阶级新闻学的唯物论的定义，而把‘性质说’斥为唯心论。这可能是由于作者戎马倥偬，资料不足，或偶尔疏忽弄错了。前面讲过，传统的所谓‘新闻是对新近发生的事实的报道’的定义早就存在了，戈公振在同一个‘绪论’中就介绍过‘（2）主张为发生事件之报告’的见解。他不过是以为，光有这个定义对报界还不能解决问题，所以才认为‘性质说’好。有人根据戈公振所说（新闻是）‘时宜性及一般性之自身’一语，把‘自身’两字当作‘本源’来解释，所以作出‘性质说’是唯心论的判断；其实，戈公振这里用的‘自身’，并非‘本源’，如‘（1）主张为发生事件之自身’，就很明显地可以看出‘自身’就是指事件本身而言。那么，他是怎样译述‘时宜性及一般性之自身’的呢？他说‘性质与具体的事实乃同一体’，又说‘只需包含上述性质的事实，均可作为新闻’。可见‘性质说’并不否认事实，而是说包含上述性质的事实（不是任何事实）才能成为报纸上的新闻。看来，论者不以戈公振这句话为根据，而只用‘为一般性、时宜性之自身’一语把‘性质说’宣判为唯心论未必是恰当的。其实，‘性质说’也是一种选择事实准则的理论，这是在新闻学上不能回避的问题，事实是无限的，版面是有限的，不选择能行吗？不行。要选择，那就要选择那些具有某种特殊性质的事实来加以传播。”② 王中教授的理论研判，明确指出将戈公振的“性质说”批判为唯心论是不正确的，并且把“新闻是对新近发生的事实的报道”说成是无产阶级的，也是唯一的唯物主义的定义也是站不住脚的。其实，在戈公振《中国报学史》中早就列出了其观点“（2）主张为（新闻是）发生事件之报告”。同时，戈公振已经肯定了新闻“时宜性”的概念：就是对新近发生的事实的报道。王中教授的论断，是改革开放新形势下中国新闻学界对“戈陆分歧”的反思。

安宜生先生在 1990 年发表的文章《“性质说”刍议——为纪念戈公振先生诞辰 100 周年而作》，是第一篇针对“戈陆分歧”的专门性文章。文章写道：“‘性质说’中的‘时宜性’，按照戈先生的解释，就是‘得时’。这一点可能不会引起争议，不会被认为是‘资产阶级的’。容易引起争议的是‘一般性’。‘一般性’按戈先生的解释，即‘使多数人发生兴味’之意。我认为同样不能认为是‘资产阶级的’，尽管有资产阶级兴味和无产阶级兴味之分，但‘兴味’这种心理现象却是资产阶级和无产阶级所共有的。因为无产阶级者并不是对任何事情都是无兴味的人。‘一般性’和‘时宜性’都是从形式上提出问题的，都是从具体内容中抽象出来的一般概念，因而它们有可能是‘中性的’‘通用的’……‘性质说’中的‘时宜性’，即‘新近发生的事实的报道’中的‘新近发生的’，实际上已包括

---

① 王凤超：《新闻名将戈公振》，《新闻与传播研究》，1980 年第 4 期。

② 王中：《新闻学的第二课题》，《新闻大学》，1982 年第 4 期。

到陆定一同志的新闻定义中去了；'一般性'实际上就是范长江同志所说的'新闻就是广大群众欲知、应知而未知的'，既不是贝克莱的'观念的集合'，也不是马赫的'感觉的复合'，怎能是'唯心论'呢？"[①] 安宜生先生的论述，围绕"性质说"这一戈公振新闻学术思想的核心问题，指出戈公振的新闻观是以历史的眼光，从当时新闻工作的实际情况和实践经验出发，进而提炼出的新闻学理论，是直观易懂而非哲学思辨性质的。因此，戈公振的论述与陆定一的批判并不处于同一层面。并且，即使从哲学高度来分析，戈公振的"性质说"着眼于"人的全部实践"，不应该划为资产阶级新闻理论。

陈力丹教授在2004年先后有两篇文章涉及"戈陆分歧"。在《陆定一〈我们对于新闻学的基本观点〉思维模式对后世的影响》中，他直言不讳，认为陆定一对戈公振的批判是"断章取义和扣帽子"。当然，这是有时代背景的。"由于当时国际和国内背景，马克思主义新启蒙的内容，挂着马克思的名，实际上是斯大林《联共（布）党史简明教程》中关于辩证唯物主义和历史唯物主义论述的进一步简单化，落实下来就成了动不动要分清唯物、唯心，动不动要问是什么阶级。陆定一当然不能免俗。"[②]

在另一篇文章《新启蒙与陆定一的〈我们对于新闻学的基本观点〉》中对于"戈陆分歧"，对照原著进行了认真细致的梳理，清晰地展示出陆定一的批判逻辑。

"如果有人否认新闻是事实的报道，而把新闻说成是某种莫名其妙的时宜性、一般性本身，就是普通人也不会认可。因为新闻是事实的报道属于生活常识，并不难理解，怎么有人会不明白这样公认的东西呢？但是一看原著就清楚了，戈公振的论证根据来自德文材料，'时宜性'，指的是即时发现的事实，包括汉语中的'及时＋现实'双重含义，戈氏反复琢磨，采用了'时宜'这个概念。'一般性'原意是多方面、一般兴味，很难有合适的汉语对应词，于是采用了'一般性'这个有些不大好理解的概念。他写道：'总之，时宜性与一般性，二者不能分离而存在，且互相维系而成报纸之特殊形体，故不能不以此特殊形体之自身，作为报纸内容之原质。此特殊形体，可名曰新闻，即新闻为报纸之原质。'他的意思很清楚，即报纸的基本职能是提供新闻，报纸上的新闻具有时效性并要求具有普遍兴趣。这属于常识，无论如何谈不上'唯心论'。"[③]

"戈公振接着谈到了美国人的四条关于新闻的定义，无论前面加上何种附加的定语，均最后落到'事物''事件''事实'上。戈氏总结道：'此四者均暗指新闻应以何种性质而规定。于是可知新闻之性质，不可不令一般人引起兴味，不可不得时，此二条件极为易知。'他谈到的新闻事实的两个主要条件，即一般性（令一般人引起兴味）和时宜性（得时），确实属于'极为易知之列'。他同意两个美国人关于新闻定义的'性质说'，因为'性质与具体事实乃同一体，其结果可以避免谬误，不致以新闻事实之自身为新闻与否之区别，只需包括上述性质之事实，均可作为新闻'。在这里，戈氏的意思是很明白的，即新闻并非是事实就值得报道，这种事实需要具有一般性和时宜性。所谓'性质说'，不过是翻译问题（译为'特点'似乎更确切些），讲的是对新闻事实的规范（规定），这种事实要有共同兴趣、及时、读者欲知、与人类的幸福相关等。这里讨论的是新闻事实的特点，

---

① 陈坚：《"性质说"刍议——为纪念戈公振先生诞辰100周年而作》，《安宜生文存——新闻实践论》，中国文联出版社2004年版，第69—73页。

② 陈力丹：《陆定一〈我们对于新闻学的基本观点〉思维模式对后世的影响》，《湖南大众传媒职业技术学院学报》，2004年第3期。

③ 陈力丹：《新启蒙与陆定一的〈我们对于新闻学的基本观点〉》，《现代传播》，2004年第1期。

一个不言而喻的前提，当然是承认新闻报道是事实。如此的论述，实在扯不上尊重不尊重事实，更与‘唯心论’不搭界。”①

“不管怎样，现在需要对传统的新闻理念进行阶级分析，于是陆定一选择了‘兴趣’这个对新闻事实的要求，指出：‘兴趣是有阶级性的，对于劳动者有兴趣的事实，写出来就成为对于劳动者有兴趣的新闻。但同一事实，剥削者看来就毫无趣味，因而这个新闻对于剥削者也就成为无兴趣的新闻。例如劳动英雄的新闻，就是如此。’从人的阶级性角度讲，这个道理是对的。然而戈公振谈的是一般意义的新闻传播，最大限度地吸引公众，理所当然是面向社会的大众传媒的目的，因而需要考虑人类共同的普遍兴趣，这本是常理。阶级兴趣、共同兴趣，是不同层面的问题。”②

陈力丹的论证，层层递进。第一，他从原著出发，指出戈公振认为报纸的基本职能是提供新闻，那么报纸上的新闻应该是具有时效性并要求具有普遍兴趣。这和唯心论是挂不上钩的。第二，他指出戈公振的多种论述均是强调事实的，但是并非事实就可以报道，这种事实需要具有一般性和时宜性。因此，戈公振的“性质说”的前提是尊重事实，这是陆定一所忽视的。最后，对于陆定一重点批判的“兴趣说”，陈力丹指出，阶级兴趣和共同兴趣是不同层面的问题。戈公振谈及的是一般意义上的新闻传播，要求最大限度地吸引公众，是一种大众传播模式，出发点是考虑受众共同的普遍兴趣，这是新闻传播的基本出发点。因此，陆定一的批判使用“阶级”的大字眼，把阶级斗争的理论简单化和庸俗化了，这也导致了严重的后遗症——使得我们的新闻学研究长期陷在不停地划清阶级界限的狭隘认识里，难以进入学术领域。

刘建明等人 2011 年编著的《中国媒介批评史》也就“戈陆分歧”提出了自己的看法：“文章一开始，陆定一就树起了一个靶子……接下来，陆定一抓住阶级新闻理论中所谓的‘性质说’进行了深入分析……虽然没有点出戈氏的名字，但是，陆定一的批评上纲上线到了哲学与阶级的高度，称其为‘新闻学理论中的唯心论’，企图否认‘新闻是事实的报道’的唯物论定义……为了彻底驳斥这种观念，总需要找一个突破口，陆定一于是就选择了‘兴趣’……接着，陆定一用‘归谬法’将新闻的‘性质说’从理论上逼入绝境：唯心论的‘性质说’，把片面的东西夸大成为全面的东西，把形式当作本质，把附属的当作主要的，把偶然的当作必然的，因而是错误的……压抑时宜性、一般性等富有‘新闻’事实特征的目的，只是为了使党的新闻工作者从思想上明了、在实践中履行党报应刊登那些符合无产阶级利益、指导民众斗争的事实的报道。”③这一论述，独辟蹊径地从媒介批评学的角度出发，按照陆定一的论证结构，展开了对“性质说”的研究，指出陆定一的研究只是在实践层面操作指导的党报理论注入了学术的基因，实际上还是立足本阶级，为本阶级的斗争和利益而呐喊的一种政治要求，无法做到从学术层面上进行心平气和的讨论，是政党新闻学时代的产物。

刘海龙 2013 年在《中国新闻理论研究的范式危机》一文中，从研究范式的转换，即 20 世纪 40 年代中国共产党为了否定政治学范式的新闻学，在延安提出以新闻研究的哲学范式为切入点，对戈公振的新闻观进一步论证，认为陆定一对“性质说”的批判从逻辑推理上具有明显的诡辩色彩。“首先，否定性质说中的某种具体性质不正确，不等于证明整个性质说或所有性质说都不正确。其次，性质说未必与事实说相冲突，因为性质说并未否

①② 陈力丹：《新启蒙与陆定一的〈我们对于新闻学的基本观点〉》，《现代传播》，2004 年第 1 期。

③ 刘建明等：《中国媒介批评史》，福建人民出版社 2011 年版，第 419—421 页。

认‘新闻是事实’，它讨论的是何种事实会成为人们刊登在报纸上的新闻。毕竟，不是所有事实都是新闻。陆定一将新闻定义为‘对新近发生的事实的报道’，其实仍未回答哪些新近发生的事实可以成为新闻。所以陆定一所说的‘决定’（成为新闻的基本条件）与戈公振所说的‘决定’（从事实中筛选新闻的条件）完全是两个不同的概念……表面上看起来，陆定一的整个论证是去政治化的、崇尚科学主义的，甚至没有涉及马克思主义中经典的意识形态和立场理论，认为‘新闻事实’对所有人而言只有一个而不是多个。讽刺的是，这个去政治化的哲学范式，反而给政治留下了无限的空间。其实就算肯定了‘新闻是事实’，还是未解决戈公振等人讨论的‘什么事实可以成为新闻’的问题。这一真空迅速被延安整风时逐渐确立的党性、政治性、群众性、组织性、战斗性、阶级性等新的‘性质说’填满……”[①] 实际上，从中国新闻传播历程中的报业角色变迁可以看出，陆定一在特殊时期提出的新闻哲学问题，很大程度上是政治的产物。对于陆定一而言，《我们对于新闻学的基本观点》的撰写既需要否定既有的资产阶级新闻理论，又承担着必须确立无产阶级新闻理论的任务。这种意图立场优先的论证急躁且武断，过于轻率地否定了戈公振的观点，也彻底砸碎了以“新闻、公众意见和政策”为主要研究问题的“资产阶级新闻学”。

此外，孟庆鸿的《中国早期马克思主义新闻学术范式试探》、郝雨的《陆氏定义与21世纪新闻学发展》等文章也对相关问题进行过讨论。在更广阔的层面，当下中国新闻学的教科书一方面用了大量篇幅介绍陆定一有关新闻的定义，陆氏定义几乎成为通说。另一方面，在讨论新闻价值的元素与要件时，又都不约而同地提及“兴趣性”，也就是说戈公振的新闻观与陆定一的新闻观是一种并存的理论探讨。

四、结语

上述内容，不厌其烦地摘引戈公振关于报纸的定义、特点的大幅论述，也按照时间顺序梳理了中国新闻学界对“戈陆分歧”的持续探讨。我们无意认定各方观点的正确与否，只是希望真理越辩越明。同时，本书也无意发出更多的声音与批判，历史终究会给出答案，而新闻学自然有其规律可言。

戈公振提出新闻是“时宜性及一般性之自身”的观点，认为可以不必纠缠于具体事实是否是新闻，只要包含上述两个特征，确切地说是只要接受者和报道者认为具有上述特征，此种事实就是新闻。因此，事实能否成为新闻，取决于性质与人的感觉的结合，必须以多数人的主观判断为准。这一看法，表面上看似是哲学上的本质主义，其实仍带有明显的实用主义色彩。这种倾向，与戈公振所处的时代有关，即“五四”学人对报业的认知是基于“社会公器论”的角色，将新闻与公众紧密相连，而不再是从此前新闻为政治服务的出发点，这是一种新闻迈向自身学科建设的时代性思考。

不过，当时代话语体系的更迭，特别是执政党构建新兴理论框架的要求来临时，一个旧的时代终归要终结，一些旧的理论终归要批判。在大历史的前进潮流中，即便是位于左翼阵营，戈公振的新闻学说仍未逃脱被批判的命运。当一个新的报业角色被定位成主流时，彼时的论断都是需要抛弃的。所幸的是，时间没有那么势利，也生成了冷静的观察视角，为学界重新批判认知中国新闻学理论的发展增添了生动的注脚。

---

① 刘海龙：《中国新闻理论研究的范式危机》，《南京社会科学》，2013 年第 10 期。

第三章
戈公振新闻史学思想若干问题研究

百年来，中国新闻史学有着两座公认的学术高峰，一是戈公振，二是方汉奇。两座学术高峰之间，是中国新闻史学几代学人的艰辛付出和智慧贡献。

戈公振奠基人的身份，来源于其《中国报学史》一书。该书第一次系统、全面地介绍和论述了中国报纸产生以及发展的历史，以大量的第一手材料和严谨的考证，对从汉唐到“五四”运动前中国报纸产生及发展的历史进行了概括总结，勾勒出中国新闻业产生发展的清晰脉络，确定了中国新闻史研究的内容。作为第一本由中国人编写的研究中国报刊史的研究专著，1927 年《中国报学史》的出版标志着中国新闻史系统研究的开端，该书代表了 1949 年之前中国报刊史研究的最高学术水平，对中国新闻业的研究有开拓性的贡献。

进一步来说，戈公振的《中国报学史》是现代国家观念至上的成果。此前的研究，如姚公鹤的《上海报纸小史》（1917 年），以及后期项士元的《浙江新闻史》（1930 年）、蔡寄鸥的《武汉新闻史》（1943 年）多是着眼于地方，现代国家性的视野不够开阔。戈公振正是站在五四运动和新文化运动所倡导的价值重估和秩序重建的学术立场上，将中国报业的发展史放置在绵延几千年的中国政治文化演进史的宏观背景上，以五四时期特有的自由主义思潮一笔写就，全书至今读来依然高屋建瓴、气度非凡。

仔细翻阅这本 90 年前的著作，许多阐释仍然值得时下学界品读回味。

一、新闻史研究的主体性地位

戈公振在《中国报学史》中开宗明义，阐述了报学史的定义：“所谓报学史者，乃用历史的眼光，研究关于报纸自身发达之经过，及其对于社会文化之影响之学问也。”[①] 这一定义，有三层显著的含义。

一是历史的眼光，即在对新闻史的观察中，要用历史的、客观的、辩证的眼光看待事物与事件，不能超越事物与事件所处的时代背景和具体环境。眼光与观察者的知识、经历、能力密切相关。因此，历史的眼光可谓是观察者历史思维能力的结果和历史思维能力的延伸。

---

① 戈公振：《中国报学史》，三联书店 2011 年版，第 3 页。

这种结果，强调新闻史中的任何事物与事件，都是特定时代背景和具体环境的产物，所以对历史的叙事，不应当回避其所处时代的独特性，必须客观地、辩证地记载与评价，更不能随意地歪曲与捏造。就戈公振而言，其《中国报学史》也只能是基于五四时期的背景或者中国新闻学启蒙阶段予以总结评判，当时他没有接触到马列主义，用此后的阶级分析法，或者简单的唯物论和唯心论来否定其历史价值就有点求全责备了。同时，戈公振的相关著述，不可避免地有着时代的局限性，特别是对于一项开拓性研究而言，比如戈公振对于报纸实现公有化和报纸言论自由的期待，是在当时时代背景下根本无法实现的。

这种延伸，强调历史观察的一种发展性，即历史眼光既是一种“向后看”的眼光，也是一种“向前看”的眼光。具备历史眼光的学者，总是能够站在历史与现实的交汇点上，从历史中引出对现实的分析，从现实中展开对未来的设想，这也是历史眼光重要性之所在。比如在《中国报学史》总论部分的最后几行，戈公振对世界新闻事业进行了三点预测：一是“日趋于平民化”；二是“日趋于艺术化”；三是“日趋于世界化”。“准斯三者，以观既往，测将来，则于报学，思过半矣。”① 陈力丹评价说：“用现在的眼光看，这是天才之见。”② 只不过遗憾的是，此后的新闻学主题发生了彻底的转换，戈公振的预见也就此彻底湮没。

二是报纸自身发达之经过，即在对新闻史的研究中，必须要突出研究报刊活动或者新闻现象发展变化及其规律，注重报刊的主体性地位。这种主体性地位的强调，得益于五四时期中国新闻学的“新闻本位”思想，进一步来说，就是新闻学的研究要回归到学科建设本身。新闻史研究对主体地位的注重，目标是建构新闻专业的主体性，建构中国新闻史的框架体系，建立专业史的学术地位，用符合新闻史研究的本专业的术语来还原新闻史的研究。

戈公振在中国新闻史的研究过程中，大抵践行了上述路线。他在《中国报学史》中之所以将官报、外报、民报作为基本的叙述体例，应该是基于他对报刊史发展规律的认识。这既体现在他对报纸的界定上，也反映在他对报刊发展趋向的估计上。循着这样的思路，他先用绪论中的一万多字，介绍了报纸的定义、特性，目的就在于此，就是为了交代他的研究所要秉承的标准。他所谓的“报告新闻，揭载评论，为公众而刊行”的报纸，是如此慢慢进化过来的：先是传播消息的私函变成公信，消息完全公开，使大多数人知道。随着纸张普及后，报纸就日益发达了。报纸被国家用来宣政发令，于是就有了官报。官报分为两支：一是被各地诸侯的驻京代表“完全抄录”，变为邸报；一是到了民间，“任意增删”，于是出现民报。随着社会的进步，民报的内容日益丰富，又分成商业报纸和社会报纸。当时办报尚未成为经营行业，读报的人数也不多，就出现了私人供给资金的方式，“专门替一党鼓吹宣传”的政党报纸遂应运而生。不过，作为党派喉舌，政党报纸的命运也自然与政党的命运紧密相连，一荣俱荣，一损俱损，终非办报长久之计，报纸由此又演变为商业化报纸。其中，又分独立报纸（不受人支配）和自由报纸（不受人干预）两种，进而再演变为资本化之报纸、团体化之报纸、公有化之报纸。③ 这一报业演进脉络是否正确，暂且不论。戈公振以报业主体为脉络对中国新闻史的划分与梳理，是新闻事业本体意识的体

① 戈公振：《中国报学史》，三联书店 2011 年版，第 338 页。
② 陈力丹：《五四时期的中国新闻学》，《新闻战线》1989 年第 6 期。
③ 戈公振：《报纸的将来》，载黄天鹏主编：《新闻学演讲集》，现代书局 1931 年版。

现，值得当代学者学习。

遗憾的是，这种对主体性地位的强调，很快在当代学者的研究与书写过程中演变为对政治史、革命史的亦步亦趋，这是一个涉及中国新闻史研究历史观与方法论的严肃问题。从现有问题来看，中国新闻史无论在史观、整体思路、历史分期，还是人物评说等方面，都存在着以革命史为蓝本，没有遵循和体现报刊的自身发展规律，而是把中国新闻史写成中国政治史、政治思想史、阶级斗争史或者是中共党史的状况。尽管近年来不少学者提出改进思路，然而，一方面成果寥寥，另一方面听者藐藐，多年来情况似乎依然如故，未见太大改观，几乎陷于一种“学术内卷化”的状态。所谓“学术内卷化”，是新闻史学前辈吴廷俊先生借用杜赞奇的说法，即“在当下，学术研究不能提供新的知识，无法产生新的边际效应，只是在不断重复自己和别人，缺乏史家通过研究成果所表现出来的真知灼见”①。这种状态使新闻史学界呈现出一种“集体焦虑”，也催生了进一步讨论路径创新的必要性。

三是对于社会文化之影响，即在对新闻史的观察中，要注重报刊与社会的相互影响。用流行的学术话语来概括，就是将新闻史的研究置于媒介生态学的框架下。可以看出，新闻系统不是孤立存在的，作为社会系统的一部分，它时刻与其他社会系统保持着互动的关系。如果忽视或排斥这种互动，就不可能对媒介有整体性的透彻理解。“之所以要通过媒介生态环境的研究来寻求对新闻史的理解和诠释，是因为媒介生态环境所关注的正是媒介与社会系统、媒介与个人、媒介与媒介之间的互动关系，从受众生态环境、媒介制度和政策环境、行业生态环境、广告资源环境等不同的角度出发，能够更为有效地解释新闻史中的各种现象，进入历史的深处。”② 媒介生态学源于西方，在当下被中国学者用“新闻社会史”，或者“媒介社会史”来替换，典型的学说出自清华大学李彬教授：“新闻社会史将力图把新闻传播作为社会运动的一个有机环节来进行考察，既关注新闻本体的内在关系（可谓之内史），也探究新闻与社会的外在关联（可谓之外史），如政治经济、文化思想、社会生活、风俗习惯、时代心理等，从而在更宽广的社会历史背景下关照新闻史，也因此更多地体现出新闻与社会、理论与历史、新闻学与传播学的融合。”③ 可以说，这种互动式的视角摆脱了结构主义认定的政治经济结构对于新闻史产生的决定性影响，转而提出新闻史是一个由行动者和社会结构的相互建构，也就是新闻系统与社会诸多子系统互动的持续过程。

戈公振对于中国新闻史的观察，也贯彻了这样的思路。如《中国报学史》第二章第四节“外报对于中国文化之影响”，就详细描述了外国对中国政治方面、教育方面、科学方面、外交方面、商业方面、宗教方面等各个层面的影响。第三节则主要详述了“当时国人对外报之态度”，有认为“开设报馆，主之者皆西人。每遇中外交涉，间有诋毁当轴，蛊惑民心者”④，有认为“宜设洋文日报以挽回欧洲之人心也”⑤，有认为“以上海一埠……

① 吴廷俊、阳海洪：《新闻史研究者要加强史学修养——论中国新闻史研究如何走出“学术内卷化”状态》，《新闻大学》，2007 年第 3 期。

② 田秋生：《重写中国新闻史：必要性及其路径》，《西南民族大学学报》，2006 年第 6 期。

③ 李彬、刘宪阁：《如何想象，怎样激活？——1949 年以来中国新闻事业史研究的现状、路径及内容》，《中国媒体发展研究报告》，2010 年卷。

④ 戈公振：《中国报学史》，三联书店 2011 年版，第 98—99 页。

⑤ 同上书，第 99 页。

拟先设立环球通报社一所……此举系为通外情申公论起见”[①]。当然，这些国人对外报的看法，更多的是外交政治层面的归纳，但这并不妨碍戈公振对外报与中国文化双向互动的关系考察。

戈公振有关新闻史的定义，特别是“研究关于报纸自身发达之经过，及其对于社会文化之影响”这两点，影响了后世的学者，如宁树藩先生提倡“两条腿”：一方面要关注报刊的社会作用，主要是政治思想方面的作用；另一方面，应该关注报刊自身成长的历史，即新闻事业产生、发展、运动变化的历史。这一说法就来自戈公振的启发。方汉奇先生也多次提出中国新闻史研究应该更加注重新闻自身的发展规律，强调应重视和挖掘中国新闻史的本体意识，从而更好地凸显新闻史研究的理论和实践意义。而随着新一代青年学者的成长，新闻史研究的主体性地位进一步被重视，已经在诸多新近的研究中有所呈现。

二、中国新闻史的研究范式

中国新闻史的研究范式，首先是由《中国报学史》开创的新闻事业史范式。

1927年出版的《中国报学史》是中国新闻史的奠基之作。绪论中，戈公振将报学定义为：“所谓报学史者，乃用历史的眼光，研究关于报纸自身发达之经过，及其对于社会文化之影响之学问也。”[②] 从这个定义可以看出，戈氏编写《中国报学史》的目的是梳理中国现代报纸的产生、发展，并以此为切入角度，以报业的兴衰展示社会文化变迁。全书除绪论外，按照时间顺序——官报独占时期、外报创始时期、民报勃兴时期、民国成立之后、报界之现状——介绍和论述了中国新闻事业发生发展的历史，汇集了大量的第一手材料，重点介绍了几个报业发达城市和几家大报的新闻事业，概括了每一时期中国新闻事业的特征。同时，在《中国报学史》每一历史时期的描述中，戈公振系统引入了一系列新式概念和术语，如言论自由/政府布控、商业化/职业化、西方/中国、政府/民间、官报/外报/民报、报纸/杂志/通讯社、报界/社会、国人/外人、新闻/评论/副刊/广告、采访/编辑/发行、维新/革命，等等。通过运用这些核心概念对过去的中国新闻史进行分割、分类、描述，呈现出一个清晰的中国新闻时空场域。

这一研究范式，被学界称为新闻事业史范式，也是中国新闻史学研究的决定范式。戈公振之后的新闻史研究尽管领域不同，各领风骚，但基本脉络几乎一脉相承，可以说多年来新闻史之学大致上延承了戈公振的套路，即“戈学”。所谓“戈学”及其范式，乃由纵横两大坐标所规定。横着看，是深受近世科学理性支配，以“积累准确的知识”为唯一目标的实证主义史学；纵着看，便是华夏数千年一贯的“史官文化”。其特征或可归结为“微观·实证·事态”，即力求以史料勾勒一事一物的原貌，再现客观的历史事实。[③] 简单来说，《中国报学史》以陈述报业发展为主，纵向按时序梳理，横向以门类划分，兼及论述，史论结合。通俗来讲，全书一方面严格按照时间先后顺序来安排叙述次序，以体现新闻事业发展的连续性；另一方面又把整个中国新闻史划分成若干个各具特征的时期，以体

---

① 戈公振：《中国报学史》，三联书店2011年版，第101页。

② 同上书，第3页。

③ 李彬：《对新闻史研究方法的思考与建议》，《新闻大学》，1996年第4期。

现不同时期的发展性。

尽管当代学者对新闻事业史范式评价颇多，但是放在特殊的历史阶段，不得不承认戈公振开启的这种严谨求实的研究，对新闻史学的进步有着不可磨灭的奠基性贡献。“史学即史料学”，如果不是戈公振等几代新闻人的筚路蓝缕，很难预料中国新闻史的起点与现状。在戈公振之前，也有不少新闻史的著述，要么停留在地方报刊史研究的阶段，要么在写作过程中主观臆测的成分过多。《中国报学史》出版后，史学奇才张荫麟曾在 1928 年 5 月 28 日《大公报·文学副刊》上发表《评戈公振〈中国报学史〉》一文说：“此书搜讨之勤，网罗之富，实为近代著作中之所罕见者。”① 可以说，《中国报学史》的出版拓宽了新闻史研究的对象和范围，为后来者继续深入研究打下了扎实的基础，也奠定了戈公振在中国新闻史研究中拓荒者的地位，在国内外都有重大影响。以后日本人编写的《中华新闻史》、燕京大学新闻系美籍教授白瑞华所著《中国报纸》，以及林语堂用英文所写《中国新闻舆论史》等书，都是据《中国报学史》为蓝本写成的。

《中国报学史》在这两方面的尝试，实际上是在中国传统史志编修“纵不断线，横不缺项”等规范准则基础上，将新生的新闻学与传统规范相结合产生的中国新闻史写作体例模式。加上新闻史研究对史料的重视，《中国报学史》确立的新闻事业史范式对后来中国新闻史著述的影响极为深远。虽然叙述话语的特征多有变动，历史分期也各自不同，但以由核心概念和术语构成的叙述话语对新闻事业的变迁进行分期描述，成为直到今天新闻史著述还在普遍使用的方式。

或许是受到传统史志编修的影响，学界对新闻史范式的批判还算温和。在指出新闻事业史研究范式的特征可归结为“微观·实证·事态”，即“力求以史料勾勒一事一物的原貌，再现客观的历史事实，甚至于不厌其烦地追索万千报刊的起止日期，堆砌云遮雾绕的如山史料”② 外，大多数学者也不得不承认戈公振科学严谨的求实态度，对新闻史研究有着不可磨灭的贡献。平心而论，新闻事业史“微观·实证·事态”的特征在新闻史学科开创初期是一项不可或缺的基础性工作，也体现了中国新闻史研究对新闻史实的尊重。

《中国报学史》以史料丰富著称于世。戈公振为了完成写作，经常奔波于私人藏书家和图书馆间，还专门致函马相伯、丁福保、郑振铎、杨仲华等人请教，并在《时报》刊登《访求旧报》的广告，以征集史料。《中国报学史》出版后，戈公振依然不断搜集材料：“我国向未视报章为一种著述，且日久则卷帙浩繁，非有大厦，庋藏实难。故予纂《中国报学史》时，有若干种只存其名而未见其书，衷心憾之……”他去了法国国家图书馆东方藏书部搜寻材料，最终在大英博物馆东方图书室查到《察世俗每月统计传》《东西洋考每月统计传》《特选撮要每月统计传》等，并写成《英京读书记》。

戈公振之后，有当代学者对《中国报学史》进行了史实订正，更多的学者则投入到新的史料考订中。其中，集大成者当推方汉奇先生主持的多卷本《中国新闻事业通史》。以《中国新闻事业通史》为代表，尽管有批评言论指出：“我们的新闻史研究基本上还停留在史料考订派加唯物史观派的路数。即通过史料考订和史料的整理来达成对历史事实的清理和还原，用唯物史观来对历史进行诠释和解读。”③ 但是，这种诠释和解读比戈公振的时代

① 张荫麟（笔名“素痴”）：《评戈公振〈中国报学史〉》，《大公报·文学副刊》，1928 年 5 月 28 日。

② 李彬：《“新新闻史”：关于新闻史研究的一点设想》，《新闻大学》，2007 年第 1 期。

③ 田秋生：《重写中国新闻史：必要性及其路径》，《西南民族大学学报》，2006 年第 6 期。

又进了一步。

丁淦林先生将中国新闻史研究分三个层次："第一个层面是对史实的收集与梳理，是通过查询资料汇集而成的对新闻事业沿革的描述。第二层面是对其中有关经验、政策、思想的研究，这就比第一层前进了一步。第三个层面是进入到学理阶段，或者说是进入到中国新闻史的历史哲学体系，是从感性飞跃到理性的规律性把握和认识。"[①] 这一论述，可以视为黑格尔《历史哲学》中提出的观察历史有三种方法（原始的历史、反省的历史、哲学的历史）在中国新闻史研究中的应用。作为一门特定的学科，历史新闻学研究基本上就是这样一个上升过程，戈公振等人的贡献，主要是第一个层次，即原始的历史层面。这种基础性的研究，在意大利历史学家克罗齐看来是一种"纪念碑式的历史"，就是以考据精详的史实为追求，以史实的梳理考证为任务，从隐晦曲折的历史信息中建立起历史长河的纪念碑。正是由于这样的步步考证，日积月累，戈公振才在中国新闻史的历史信息中树立起了自己的丰碑。

我们在感谢老一辈新闻史学研究者在"纪念碑式的历史"阶段中所做的功绩之余，也应当肩负起当代学者的历史责任。

除了前文所言，中国新闻史研究要逐步摆脱对政治史、革命史的亦步亦趋外，一项重要的工作就是中国新闻史学的研究要从微观事态上精益求精，务使详尽，逐步迈向总体上的深层透视、宏观把握和有机联系，改变"只见树木，不见森林"的局促情形。换言之，应当以一种"大历史"的视角来重新书写中国新闻史。"大历史"的概念为黄仁宇先生所创，后逐渐被国内学界所熟悉，意为"宏观历史"，强调"长时间，远距离，而尤以超过人身经验的着眼研读历史"[②]。"大历史"深受法国年鉴学派尤其是布罗代尔"整体史"与"长时段"理论的影响。用黄仁宇自己的话说就是"将宏观及放宽视野这一观念引入到中国历史研究里去"[③]。这种历史观，避免从传统的道德和文化功效的角度来检讨历史，同时也批判马克思主义从阶级斗争和社会形态的角度去分析历史。

将大历史视角引入中国新闻史研究有着重要的意义。第一，可以回应新闻事业史范式"微观·实证·事态"的缺陷，从而以宏观的角度、大视野的眼光来考察历史，主旨必将更加深远；第二，可以修正革命报刊史范式片面关注"政治正确"和"意识形态化"的诟病，大历史观习惯于侧重从技术演进的大历史角度来剖析历史，超越了党派或者政治利益之见，更加符合新闻学的专业性要求。

当然，"大历史"注重宏观考察，综合归纳，不斤斤计较于人物的贤愚得失和一言一事，并不等于不注重细微之处。戈公振治学，也常常从大众不经意的细节处入手，比如《报纸与电信》《记者与体育》《休息》《影戏与新闻事业》，挖掘出极富启发性的新见，娓娓道来，发人深省。

此外，还有两个需要重视的方面。一是在历史叙述中改变只见"史"不见"论"的问题。"我们不能把历史看作是一连串的事实，不能把历史学家的工作纯粹看作是尽其所能地积累大量的事实。"[④] 这样说，并不意味着历史研究不要事实，而是说不能只有事实，应

---

① 解航、顾湘梅：《探索新闻事业发现的客观规律——访复旦大学新闻学院首席教授丁淦林》，转引自许正林：《重写新闻史：中国新闻史理念的确立与创新》，http://www.douban.com/group/topic/10766766/。

② 黄仁宇：《为什么称为大历史》，《读书》，1994年第11期。

③ 黄仁宇：《中国大历史》，三联书店2007年版，第1页。

④ 〔英〕阿诺德·汤因比，《历史研究》，刘北成、郭小凌译，上海人民出版社2000年版，第425页。

当是加强对反省的历史、哲学的历史两方面的研究，强调对历史的理解与反思甚至批评，注重对中国新闻史发展规律的总结和推测，从历史的客体性转向学者的主体性，让中国新闻史研究从知识迈向理论。二是在历史叙述中改变只见“科学”不见“艺术”的问题，中国新闻史学的研究作为一门严谨的科学，充满了自戈公振开创的实证主义传统，但科学与艺术是并行不悖的，当下的一部新闻史差不多等于一份媒体“生老病死”的“流水账”和“花名册”，里面难以见到鲜活的人物、鲜活的故事，满目多是干涩无味的“货物清单”。这是值得反思的，法国年鉴史学派学者马克·布洛赫也一再告诫：“我们要警惕，不要让历史学失去诗意，我们也要注意一种倾向，或者说要觉察到，某些人一听到历史要具有诗意便惶惑不安，如果有人以为历史诉诸感情会有损于理智，那真是太荒唐了。”[①]这种“史学的诗意”应当被当代学者所重视，这也是中国新闻史冲出专业藩篱，进入公共史学领域的可行路径。

三、中国新闻史的分期问题

当下流行的中国新闻史教科书，采取的都是革命报刊史的编写体例，对新闻史的分期也与中国革命实践紧密相连。这一分期形式源于 1954 年 9 月中共中央马列学院新闻班编写的《中国报刊史教学大纲》。

编写过程中，新闻班特地传达了胡乔木对编撰中国报刊史的意见。胡乔木认为：“报刊史应以报刊发展的历史为主，叙述报刊在思想斗争中的作用。报刊史的重要任务之一就是对报刊工作进行思想教育，因此，必须详细地介绍一些杰出报刊工作者的工作作风和工作方法。”[②] 在这一指导意见下，《大纲》以政治形势的变化为依据，根据革命史的分期划分了报刊发展的历史时期，基本内容则是阐释党和其他进步报刊的历史，同时强调报刊在政治斗争、思想斗争和社会发展中的积极作用。《大纲》要求新闻史教研同“革命”挂钩，此举适应了当时的形势，很快成为引领中国新闻史研究的范本，并在其指导下产生了一批成果。

《大纲》共 4 编 11 章，各章列有纲目。各编、章的标题是：

第 1 编　中国定期报刊的产生和发展
　　第 1 章　中国早期的报刊
　　第 2 章　中国近代形式报纸的产生
第 2 编　旧民主主义革命时期的中国新闻事业
　　第 1 章　戊戌维新运动前后的中国新闻事业——进步政论报刊的兴起
　　第 2 章　旧民主主义革命运动高涨时期的中国新闻事业
第 3 编　新民主主义革命时期的新闻事业：中国共产主义报刊的产生与发展
　　第 1 章　五四运动和中国共产党成立前的民主主义和社会主义报刊
　　第 2 章　第一次国内革命战争时期的共产党报刊和其他进步报刊
　　第 3 章　第二次国内革命战争时期的共产党报刊和其他进步报刊
　　第 4 章　抗日战争时期的共产党报刊和其他进步报刊
　　第 5 章　第三次国内革命战争时期的共产党报刊和其他进步报刊

---

① 〔法〕马克·布洛赫：《为历史学辩护》，张和声等译，中国人民大学出版社 2006 年版，第 78 页。

② 许正林：《传播理念的核心与边界》，上海三联书店 2009 年版，第 231 页。

第 4 编　中国共产党和人民的报刊为建成社会主义而奋斗

第 1 章　国民经济恢复时期（1949—1952）党和人民的报刊

第 2 章　国民经济建设的第一个五年计划开始后的党和人民报刊（1953—　）

丁淦林先生认为，从这些标题中可以清楚地看出：（1）大纲草稿是以政治形势的变化为依据，来划分报刊发展的历史时期的；（2）它阐释的报刊历史跨度很大，从秦汉至 1954 年，上下 2000 多年；（3）它的基本内容是阐释党和其他进步报刊的历史，别的报刊涉及不多；（4）它以阐释报刊在政治斗争，思想斗争和社会发展中的作用为主；（5）它以第 3 编为重点，这一编包含的章节最多，阐释也最为细致。[①] 在当时的背景下，这样的中国新闻史教材符合马列主义、毛泽东思想的指导原则，内容上以介绍革命新闻事业、评述新闻宣传内容为重点，强调新闻宣传在政治斗争、思想斗争中的作用，编写体例采用与《中国报学史》截然不同的理论架构与内容安排。

《中国报学史》的分期形式，如前文所言，是在突出研究报刊活动或者新闻现象的发展规律、注重报刊主体性地位的基础上，以我国境内报业自身的产生和发展过程为依据，来对中国新闻史进行分期的。全书将中国数千年的新闻传播历史分成四个部分：

第一，官报独占时期；

第二，外报创始时期；

第三，民报勃兴时期；

第四，报纸营业时期。

这一分期法，在很长时间内被学界认为是戈公振先生在《中国报学史》中的首创，也一直受到学界的赞扬，认为是抓住了“中国报刊在发展中形成的特点……比较接近中国报刊史的实际，比单纯以传播形式为分期标准的方法前进了一大步”[②]。

随着史料的发掘，学界有了新的发现。在戈公振出版《中国报学史》之前，全面介绍中国新闻事业诞生、发展情况的新闻史专著主要有两部：1924 年汪英宾在美国纽约用英语出版的《中国本土报刊的兴起》（*The Rise of the Native Press in China*），这是我国第一本全面介绍中国报业发展过程的新闻史专著；1927 年 9 月在上海出版的蒋国珍的《中国新闻发达史》，这是我国第一本通史型新闻史著作。戈公振的《中国报学史》在 1927 年 11 月出版，比《中国新闻发达史》稍晚。

《中国本土报刊的兴起》是汪英宾先生在哥伦比亚大学新闻学院学习期间撰写的硕士论文。该书比较系统地记述了中国新闻事业（主要是报刊）发展的整个过程。全书在体例上采取纵横结合的方式，时间跨度从尧舜起直至该书成书的 20 世纪 20 年代初，包含当时报刊事业的多个流程：报刊、新闻法、邮电控制和报纸的广告发行等。汪英宾先生在书中提出中国新闻史分为四个时期：官报、外报、中国本国报刊、现代报刊。《中国报学史》分为官报独占、外报创始、民报勃兴、民国成立以后四个时期，采取的分期方法与《中国本土报刊的兴起》基本相同。因此，《中国本土报刊的兴起》虽然没有被列入《中国报学史》的参考书目中，但种种迹象表明，此书的确为戈公振的新闻史提供了重要参考。[③] 蒋国珍的《中国新闻发达史》将中国新闻史分为官报时代、外人编辑时代、中国报开创时

---

① 许正林：《重写新闻史：中国新闻史理念的确立与创新》，http://www.douban.com/group/topic/10766766/。

② 方汉奇主编：《中国新闻事业通史（第 2 卷）》，中国人民大学出版社 1996 年版，第 625 页。

③ 宁树藩：《怀念汪英宾教授——兼论他的〈中国本土报刊的兴起〉》，《新闻大学》，1997 年第 1 期。

代、中国报勃兴时代，与汪英宾先生的分类有所不同，但也是按照中国报刊产生、发展、变化的自身特点进行划分的，其基本思路是一致的。

当代学者李开军博士则进一步论证了戈公振《中国报学史》分期观点对汪英宾《中国本土报刊的兴起》一书的承袭。他提出了三个有意思的论据：一是《中国报学史》连汪英宾《中国本土报刊的兴起》一书的错误都“照样错下去”，如汪著错将德文报纸《德文新报》创刊期写成1866年（实为1887年），《中国报学史》也照样错下去。二是1925年上半年，戈公振在南方大学报学系讲授访事学，南方大学报学系主任正是刚归国不久的汪英宾，1925年下半年，戈公振出任国民大学报学系主任，即开始讲授中国报学史课程。很显然，在戈公振中国报学史开讲之前，他应该与汪英宾有过围绕中国新闻史进行讨论和交流的机会。三是1925年，上海新闻记者联欢会印行了戈公振1924年编译的《新闻学撮要》一书，书后所附《中外新闻学书籍一览表》之中，赫然写着“*The Rise of the Native Press in China*，汪英宾”[①]。由此，有足够的论据说明汪英宾先生是最早把握这一分期学说的，戈公振的分期方法受到汪英宾的影响。进一步来说，汪英宾先生的分期观念则得力于1922年至1924年在美国密苏里新闻学院和哥伦比亚大学新闻学院的阅读和学习，尤其是受到曾于1921年出任上海圣约翰大学报学系主任的帕特森（Patterson）所著 *The Journalism of China* 一书的影响，这也是汪英宾写作时最重要的参考著作。

不过，相较于《中国本土报刊的兴起》，《中国报学史》在阐述中充分体现了戈公振对上述分期的理解。从官报、外报、中国本国报刊、现代报刊的划分方法，戈公振以政治民主的价值坐标，回答了中国报刊发展的根本问题——“中国报刊向何处去”。戈氏的预设使报业作为新闻史考察的主体，在书中被赋予推进政治民主和言论自由的使命。戈氏在每章结尾处，都对四个时期报刊的结论流露出关于新闻自由、言论自由的强烈向往：官报“遏止人民干预国政”，中国文化因此“入于黑暗状态”；外报有“补我国旧有学术之不足”和“鼓吹资本主义与帝国主义”的双重性；清末民报勃兴“自报章之文体行，遇事畅言，意无不尽”；“民国以来之报纸，舍一部分之杂志外，其精神远逊于清末”。在戈公振看来，报刊是推动社会民主、民族独立、人民解放的工具，报刊的发展是观察、分析、影响社会文化变迁的一种视角。

四、中国报纸的起源

比《中国报学史》稍晚的《中国报纸（1800—1912）》（作者白瑞华）指出：“早在19世纪之前，中国本土模式的新闻纸就已经成熟。中国新闻纸的雏形似乎先于除罗马之外的任何国家。在公元618—907年的唐代年间，皇宫新闻以类似公告的单页新闻信发行。”[②]与这一观点不同的是，汪英宾认为：“整体而言，中国本土报刊的出现代表着世界报刊的发端。早在公元前2357年尧帝统治时期，中国就出现了口头报刊。”[③] 不过，白瑞华与汪英宾的争议不在同一层面，前者指的是书面报刊，后者指的是口头报刊，而所谓以诗歌形式呈现的“口头报刊”是无法被考证的。戈公振在《中国报学史》中也写道：“唯口头报

① 李开军：《戈公振〈中国报学史〉分期观点探源》，《国际新闻界》，2010年第2期。
② 白瑞华：《中国报纸（1800—1912）》，王海译，暨南大学出版社2011年版，第1页。
③ 汪英宾：《中国本土报刊的兴起》，王亮等译，暨南大学出版社2013年版，第1页。

纸，颇不易得明确之材料，吾故存而勿论。”① 其实，与中国还是外国先有报刊的争议类似，中国学界对中国本土报刊的起源问题也存在着很大的争议。

这一争议主要体现在起源的时间上。对于中国最早的报纸是邸报，学界并不存在多大的争议。“邸报”又称“邸抄”（亦作邸钞），并有“朝报”“条报”“杂报”之称，是用于通报的一种公告性新闻，即专门用于朝廷传知朝政的文书和政治情报的新闻文抄。这种官方文书大多在首都出版，有时候也统称“京报”。

对于中国报刊的起源，中国学界大抵存在三种学说。

一是以戈公振先生为代表的“汉代说”。戈公振在《中国报学史》一书中，曾辟有专节来论证自己的观点。论据一是《西汉会要》记载的“大鸿胪属官有郡邸长承”及其备注，备注为：“主诸郡之邸在京师者也。按郡国皆有邸，所以通奏报，待朝宿也。”他认为：“通奏报云者，传达君臣间消息之谓，即‘邸报’之所由起也。”② 另一个论据是《汉书·霍光传》中提到的燕王旦派人向汉昭帝上告霍光谋反，昭帝安慰霍光的一段话是：“此事联知其诬也。不然，更调羽林，事方八日，燕王何由知之?”戈公振认为：“帝所谓燕王何由知之者，意或彼时已有‘邸报’传知朝政之事，特史书未明言之耳。”③《中国报学史》的这一节写作于1926年，戈公振对汉朝是否有邸报，并不是十分肯定，所以标题采用“汉有‘邸报’乎”这样一个模棱两可的命题。但这以后，他越来越趋向于肯定之。1927年，他在《中国报纸进化之概观》中指出：“汉唐当藩镇制度盛行时，其驻在京师之属官，皆有邸报之发行。”④1930年，他在一次名为《报纸的将来》的学术演讲中指出：“汉因幅员广大之故，不得不刊行一种传布朝廷大事要政之官报。同时驻京各地诸侯，亦设邸府京师，沟通朝廷消息，遂生邸报。”⑤ 自此，戈公振明确提出中国报纸起源的汉代说。

受戈公振的影响，不少国内的新闻学著作也支持这一说法。有的是泛指汉唐，如储玉坤的《现代新闻学概论》：我国自汉唐以来，即有邸报。有的则明确指为汉朝，如黄天鹏的《中国新闻事业》、吴晓芝的《新闻学之理论与实用》、管翼贤的《新闻学集成》、赖光临的《中国新闻传播史》、曾虚白的《中国新闻史》。

二是以方汉奇先生为代表的“唐代说”。方汉奇先生早期曾是“汉代说”的支持者，在1956年《谈邸报》一文中，方先生认为：“远在公元前2世纪汉武帝初年，中国就出现了这种被称为‘邸报’的宫廷报纸，它们是一种由地方藩镇派驻在首都的‘邸吏’，用竹简把朝廷的命令传报给地方的官报。”⑥ 随着对藩镇制度考察的深入和对史料的不断挖掘，特别是英国不列颠图书馆馆藏唐归义军“进奏院状”的发现，使得方汉奇先生对“汉代说”提出异议，理由是没有足够的材料证明汉代有邸报。“唐朝已经有邸报，新发现的这份‘进奏院状’就是当时的邸报……既然‘进奏院状’就是邸报，而唐朝又确实有过‘进奏院状’这样的事物，把邸报起始的时间定在唐朝，我想总还是可以的吧。”⑦ 他还认为：

① 戈公振：《中国报学史》，三联书店2011年版，第21页。

② 同上书，第25页。

③ 同上书，第25页。

④ 戈公振：《中国报纸进化之概观》，《国闻周报》，第4卷第5期（1927年）。

⑤ 戈公振：《报纸的将来》，载黄天鹏主编：《新闻学演讲集》，现代书局，1931年版。

⑥ 方汉奇：《谈邸报》，《新闻业务》，1956年第7期。

⑦ 方汉奇：《从不列颠图书馆藏唐归义军“进奏院状”看中国古代的报纸》，载《新闻学论集》第5期，中国人民大学出版社，1983年版。

"这种报状虽然还残留有某些官文书的痕迹，但已不同于官文书，反映了官文书向早期官报转化的历史痕迹。从某种意义上来说，它十分接近于16世纪诞生于欧洲的新闻信。"[1]

目前，方汉奇先生的"唐代说"得到学界的普遍接受，几乎成为国内中国新闻传播史教科书的通说，但这一观点依然遭到唐史学者和部分新闻史学者的质疑。反对观点认为"进奏院状"只是一种官方文书，是一种公函，或者是一种情报性质的信函，并非报纸的起源。

三是以朱传誉先生为代表的"宋代说"。1967年，台湾新闻学者朱传誉先生出版《宋代新闻史》一书，该书史料翔实、考辨精细。书中，朱传誉对宋代的邸报有充分的论述，包括其内容、形式、发行机构、编辑程序等一系列事项，给出了宋代已有邸报的结论。

此外，还有国内外学者提出周代说、东晋说、战国说等中国报刊起源说，此处不一而足。

对于戈公振的"汉代说"，学界认为不能成立的条件有如下几点。

第一，有了邸，不一定有邸报。这里涉及对"邸"的定位，邸是诸侯王及地方官员们在首都"待朝宿"的地方，类似于客馆或座舍，与发行报纸无关。戈公振认定的证据"大鸿胪属官有郡邸长承"中，提到的大鸿护，汉初称典客，景帝时称大行令，武帝时才改称大鸿胪，其职责只是"主宾客"，即负责"郡国""属国"到首都朝觐人员的接待工作，他和他的属官郡邸长承都没有向下发报的任务，也都与发行报纸无关。[2] 此外，备注中"主诸郡之邸在京师者也。按郡国皆有邸，所以通奏报，待朝宿也"是南宋时代徐天麟辑录《西汉会要》时对唐人颜师古"主诸郡之邸在京师者也"注释的进一步阐释。这里有两层意思：一是这里的通奏报只是一种接待时通报往来的传报，与新闻传递或者向下发报无关，因为"邸"与发行报纸的工作无关；二是这里的通奏报或许只是徐天麟在阐释颜注时受到了他本人生活时代的影响，换言之，这里的备注是二手甚至三手资料，在史学上的可信度值得商榷。

第二，汉代有正式的政治信息传播渠道，即通过诏书、郡计吏等获取朝廷的政事信息。这类信息真实可靠，是一种正式的下行文书。但是，地方要获取中央的信息是很困难的，学者黄春平在考察了《汉书》《后汉书》《论衡》《搜神记》《华阳国志》等文献后认为："两汉时期的邸并没有像唐代藩镇邸一样专职履行给地方传报朝廷消息的传播职能，当时也更不可能存在着以文字为载体的书面形式的由京师所在的邸发行和传播的邸报。"[3] 因此，对《汉书》中"此事朕知其诬也。不然，更调羽林，事方八日，燕王何由知之?"戈公振认为："帝所谓燕王何由知之者，意或彼时已有邸报传知朝政之事，特史书未明言之耳。"这应当是他的一种推测。实际上，时至当下，一直都没有发现汉代有邸报存在的实物证据，这也是"汉代说"最受质疑的地方。

第三，姚福申先生指出："汉皇朝完全不同于对飞扬跋扈的藩镇姑息迁就的晚唐政权，它有坚强的实力为后盾，不会允许留驻京师的藩邸享有公开发行邸报的特权。"[4] 汉代朝政

---

① 方汉奇：《从不列颠图书馆藏唐归义军"进奏院状"看中国古代的报纸》，《新闻学论集》第5期，中国人民大学出版社，1983年版。

② 方汉奇：《从不列颠图书馆藏唐归义军"进奏院状"看中国古代的报纸》，《新闻学论集》第5期，中国人民大学出版社，1983年版。

③ 黄春平：《汉代邸报问题辨析——兼论戈公振的"邸报说"》，《中国社会科学院研究生院学报》，2009年第4期。

④ 姚福申：《从敦煌马圈湾烽隧遗址出土的简牍看汉代官方新闻传播》，《学海泛舟二十年——对新闻学与编辑学的探索》，香港语丝出版社2001年版，第7页。

消息控制严密，常常采取强硬手段禁止秘籍的传播、禁止私人撰史、禁止泄露皇室消息、禁止传报朝廷机事，探报的行为更被严令禁止，并动辄以泄露朝政消息罪处理，甚至连中央官员的私交往来都受到严格的节制。因此，汉代的“邸”失去了获取朝政消息的源头和手段，更不用说公开传播的邸报了。

因此，戈公振的“汉代说”并不能成立。戈公振提到“事方八日，燕王何由知之”一事，燕王依靠的不是当时的邸报，更可能是当时的一种原始的新闻信。但是，这种新闻信即便不是邸报，是否可以被称为报刊的源头，或者是唐代成熟邸报的雏形呢？这是一件很值得探讨的事情。

第四章 戈公振新闻实务思想探析

戈公振是一名新闻学学者，更是一名新闻业务的优秀实践者。戈公振的新闻生涯，最初是从 1912 年在家乡《东台日报》的图画编辑工作开始的。1913 年戈公振南下上海，到有正书局当学徒，后被提升为出版部主任。1914 年，他被调到《时报》编辑部工作，初任校对、助理编辑，后升任编辑直至总编。1920 年他首创《图画时报》，在中国新闻界引起极大反响。1927 年，戈公振以记者身份自费赴国外考察新闻业。1928 年底，他出任《申报》总管理处设计部副主任。1930 年他创办《申报星期画刊》，并亲任主编。1932 年初，他以记者身份参加国联调查团前往东北调查日本侵略真相。1933 年 3 月，他又以中央社特派记者身份随中国驻苏联大使颜惠庆去莫斯科访问。在苏联三年，戈公振对莫斯科、列宁格勒（今圣彼得堡），以及乌克兰、高加索、乌拉尔一带进行了考察。期间所写的文章后由邹韬奋集成一册出版，辑为《从东北到庶联》。1935 年，邹韬奋电邀戈公振回国，准备重新筹办《生活日报》，戈公振抵沪不久后逝世。可以看出，戈公振几乎是以毕生的精力在从事新闻实务工作，在新闻战线奋斗了 24 年。

与戈公振的新闻理论思想及新闻史学思想相比，戈公振的新闻实务思想一直没有得到学界的重视。除了其媒体经营与管理思想在早期有学者研究外，直至最近才出现了有关戈公振与《图画时报》《申报星期画刊》的研究，且一直缺乏对戈公振新闻实务思想的系统总结。

一、新闻摄影画报观

画报是“以画为主、文字为辅”的报刊。图与文的主次关系，是画报区别于一般报纸的主要标志。我国的画报基本上是与现代报业同步产生的，还产生了一个专业名词——“图像新闻”。早期的图像新闻是“用线画描绘景物与时事”。1872 年出版的《中西见闻录》与 1876 年出版的《格致汇编》是较早出现图画的刊物。1876 年 8 月 18 日《申报》刊登了“浙江股会党被官军缉获”的消息，配发一幅会党的臂章图样，被认为是近代最早的新闻图画。此后，《小孩画报》《花图新报》《图画新报》《点石斋画报》《飞影阁画册》《启蒙画报》《图画新闻》《神州画报》纷纷出现，画报刊载了大量讽刺画、时事漫画和宣传画，并出现了少量的新闻摄影，真实地记录了这一时期的社会风俗、奇闻轶事，其无论是在内容还是在形式上，都成为中国新闻画刊事业发展的重要里程碑。

新闻摄影在我国报纸上出现以后，最初并不被人重视。原因有二：一是因为初创阶段，照相制版条件差，效果不甚理想，有时甚至漆黑一片；二则照片费用较高。因此，国内报纸直到 1920 年才有专门性的新闻摄影画刊出现。

新闻摄影画刊的首创者就是戈公振先生。1920 年 6 月 9 日，在上海《时报》任职的戈公振创办《图画时报》。《图画时报》虽名为“图画”，却以摄影报道为主，结束了中国画报的“石印时代”，开启了“铜版时代”。其以中国第一份报纸摄影附刊的身份，掀开了中国新闻摄影画报史上崭新的一页，被誉为“中国现代摄影第一画刊”。

戈公振开篇即明言：“世界愈进步，事愈繁剧，有非言语所能形容者，必藉图画以明之。夫象物有鼎，豳风有图，彰善阐恶，由来已久。今民风蔽锢，政教未及清明，本刊将继文学之未逮，一一揭而出之，尽像穷形，俾举世有所观感。”① 《图画时报》为综合性刊物，八开四版，双面铜版印刷，初期随《图画时报》附送。以刊新闻照片为主，兼载美术摄影作品。该刊摄影图片分为六类：一是时事照片，如“一种特别集会，需是临时发生的、不常遇到的事情。不过要极其迅速，以在报纸上没有揭载过的为限”；二是风景照片，“不拘于名胜古迹，凡是有美术价值的，尽管它是一花之微，一羽之细，都表示欢迎”；三是学校照片，包括文化运动、体育、游艺，以及教育上种种新建设的照片；四是艺术品照片，目的是提倡美术，灌输赏鉴艺术的知识，介绍国内外美术家的最近作品及其小影等；五是名人照片，不拘男女，但需是国人所知名者；六是风俗照片，以异乎寻常的为限，不拘种类。从这里可以看出画报的选稿标准和充实的内容，对新闻照片的要求尤其严格，强调迅速及时，不用他报已发表过的照片，使读者感到新鲜。由于它能保持这种特色，在读者中逐渐赢得了声誉。②

不过，《图画时报》因来稿中新闻照片太少，且清晰堪用的不多，以致戈公振屡屡刊出“新闻照片优先”“照片以清晰为第一要义”等《启事》，并开出了每幅照片从 5 角到 4 元的高稿酬，且强调“风景照片虽佳不录”。经一番努力，1921 年 3 月，戈公振终于为《图画时报》在照片提供方面找到一家长期的合作伙伴——宝记照相馆。双方并请人作见证，郑重地签订了一份合同书。这是目前仅见的一份报社和照相馆之间签订的合同，其中涉及很多具体事宜，对双方的权利和义务有详尽的解释，在新闻史和摄影史上具有重要的文献价值。在此披露其中的一些重要条款：

● 时报馆委托宝记照相馆为时报摄影部代表，专摄取关于地方上随时发生有价值之新闻事情。

● 时报每次委托宝记所照之件，如是当日贰点前摄毕返馆者，至迟不过五点完竣，交付时报制版。

● 时报所委托摄之件每次刊出报面，应于图版旁边明显之处排印“宝记摄”字样，以为酬劳。宝记特订一特别优待办法，只取药料成本，不记手工。其办法如下：

① 《图画时报》(第一号)，1920 年 6 月 9 日。

② 关于戈公振与《图画时报》的研究，可参见伍素心编著：《中国摄影史话》，辽宁美术出版社 1984 年版；周利成：《中国现代摄影第一画刊〈图画时报〉》，《上海老画报》，天津古籍出版社 2011 年版；张伟：《戈公振和〈中国报学史〉的故事》，《新民晚报》，2012 年 7 月 15 日；刘敏：《戈公振与报纸“图画周刊”研究》，南昌大学 2014 年硕士研究生学位论文。

四寸每张四角，六寸六角，十二寸贰元。如用电光，每次另加贰元。

● 宝记交付之照片，时报须于四十八小时内刊出报面，四十八小时以内，宝记不得将该相片出售，以保存时报权利；倘已刊出或四十八小时之后，宝记得任便将该相片分售他人。

● 宝记交付时报之相片，未经刊出报面或刊出报面而漏排“宝记摄”字样，则照普通照相计算，其办法如下：四寸每张贰元，六寸叁元，十二寸捌元。电光另加贰元。

● 时报应给付之款，每逢月底清算，不得拖欠。每次摄影三里以内近道，车费免计；三里以外之远道，车费由时报供给。

● 地方上随时发生有价值之新闻事情，时报如需摄影制版，当然委托宝记代摄。倘遇宝记摄影员等先有他约，不能应命时，时报得任便委托他家代办。

● 此合同履行期内，宝记不得再为其他报馆摄影代表，时报馆不得再托其他照相馆为摄影代表。

● 此合同为无限期性质，如有一方面不愿履行时，须预先早一月通告取消，但未得通告取消前，仍然发生效力。

合同签订后，宝记照相馆拍摄的新闻照片便频频出现在《图画时报》版面上，笔者统计了一下，署名“宝记摄”的照片仅在 1 到 200 期内就在百张以上，远远超过“英明”“心心”“中华”等其他照相馆，宝记照相馆名副其实地成为《图画时报》新闻照片的第一供应大户，《图画时报》和“宝记”获得了双赢。①

戈公振在办报的长期实践中，深知图片宣传的重要性。他在《中国报学史》一书中说：“图画为无音之新闻，不识字者亦能读之。故在各种周刊中，以图画周刊为最受读者欢迎。”② 在书中，他专辟《图画与铜版部》一节，介绍图片宣传的重要价值：“文义有深浅，而图画则尽人可阅；记事有真伪，而图画则赤裸裸表出。盖图画先于文字，为人类天然爱好之物。虽村夫稚子，亦能引其兴趣而加以粗浅之品评。英国名记者北岩氏谓图画为无音之新闻，最能吸引读者而推广一报之销路，诚至论也。”③ 他认为过去的绘画时事“描写未必与真相相符，犹是一病耳。自照相铜版出，与图画以一大革新……近则规模较大之报馆，均已设有铜版部，图画常能与有关之新闻同时披露，已于时间上争先后，乃可喜之现象也”④，因此，他在创办时报图画周刊时，坚持数年之久，每周一期从不间断，并且“注意中外大事，印以道林纸”，是非常注意宣传效果的。

1930 年 5 月 18 日起，戈公振为《申报》创办大型的《图画周刊》，逢周日出版，随报附送，引起了极大的反响。这是戈公振继《图画时报》之后的又一创举。邹韬奋对此评价说：“目前我国各日报中，星期画报最有精彩的要推《申报》的《图画周刊》……可与《纽约时报》的《星期画报》比美。”⑤《图画周刊》的出版，让《申报》的竞争对手《新闻报》如临大敌，穷于应付。当时的《新闻报》老报人顾执中曾亲见总经理“汪伯奇闹得神志颠倒”⑥，

① 张伟：《戈公振和〈中国报学史〉的故事》，《新民晚报》，2012 年 7 月 15 日。
② 戈公振：《中国报学史》，三联书店 2011 年版，第 228 页。
③ 同上书，第 229 页。
④ 同上书，第 230 页。
⑤ 洪惟杰：《戈公振年谱》，江苏人民出版社 1990 年版，第 47 页。
⑥ 顾执中：《报人生涯》，江苏古籍出版社 1991 年版，第 246 页。

跟着推出《图画附刊》，当然是不尽如人意，在思想内容、编排技术、印刷质量等方面远不如《图画周刊》。

戈公振在《申报》创办《图画周刊》时，首先采用海里司的影写版印刷。当时中国摄影还不太发达，小型相机才输入不久，戈公振一方面为自己到处搜集摄影资料，并十分注意艺术界的人物和作品；另一方面，他开始训练摄影记者，广泛征求人才。他最初约请了刘硕夫，以后又聘请了莫天祥、李尊庸、王小亭等人，组织“摄影通讯社”。其所拍照片，除自用外，还供给国内外杂志书报社使用。当时制定的章程规定，该社除摄制时事照片外，也可供给装饰、风景、风俗、艺术、音乐、舞蹈、绘画、雕刻、舞台剧、电影等种种照片，并且对于时事照片“同一稿件分送各报者，能切实担保其形式的不同”，还可以“受人特别约定，指摄任何事物”，还可负责供给“有关时事之讽刺画及报头插图”。虽然由于该社营业未能展开，加之开支浩大，不久便停办了。但上述章程反映了戈公振的理想与抱负，他提出的摄影通讯社，实际上是新闻摄影通讯社的雏形。他的倡议，证明早在20世纪30年代，他就预见到新闻摄影必将获得大发展。

戈公振对北京《晨报》《星期画刊》的评论也反映了他办画刊的思想：“近北京《晨报》亦发行《星期画报》，注意时事与艺术，皆取材严谨，足以引起国民之美感。”[①] 可见“注意时事与艺术，取材严谨”是他认为办好《星期画刊》必备之要点，和那些颓废、反动的画刊是泾渭分明的。他对报纸出版图画周刊能增加报纸之特色十分重视。他在《记者周报》上撰文谈到各报分工特色时说：“遇到某一种问题发生，仅读某一种报纸，是不能满足的，一定要参看其他报纸的论调和记载，所以报纸的销路只会增加。不会减少。譬如上海的报纸，看起来千篇一律，看了一报即可不必再看他报，设若各报像时报有图画之特色，看了申报等报的人，有些还许兼看时报，不是一个很好的证明么。”[②]

戈公振对新闻图片的拍摄及印刷均极精通。他说：“吾意画报之精彩，第一在印刷清晰，图画则必取生动者。一片之优点何在，须能表而出之。至材料之时时变易，排列之参差有致，又其次焉者也……新闻照相，在取得一事之要点，与普通照相之专供纪念者不同。”[③] 这一段话，对新闻摄影的特点阐述得很清楚，既要生动、鲜明（能表而出之），又要突出主题思想（取得一事之要点），这无疑都是很中肯的。关于照片制版方面，他认为：“图画之色泽浓淡不分者，如地图表解之类，可制锌版，凡善制铜版者必优为之。近来各报馆铜版部，有以代制铜锌版为业者，其收入亦颇丰，借以减轻铜版中之支出，惟本报上之图画反不多见，舍本逐末，则未免有失设部之意义耳。”他甚至对制铜版者月薪亦有规定：“制铜版锌版者，另为一部，有时兼外出照相，月薪均约在三四十元之间。”[④] 可见戈公振先生确实对新闻摄影相当了解。

为了发展新闻摄影事业，戈公振主张设立专门的摄影队伍，并要求记者必须对照相和艺术有深切的研究。他在国外考察新闻事业后说：“欧美报馆，均有照相队，其搜罗材料之能力，常与记者并驾齐驱。我国报馆，今尚未知养成此种专材，故多与照相馆合作。”

---

① 戈公振：《中国报学史》，三联书店2011年版，第230页。

② 戈公振：《各寻出路》，《记者周报》，1930年第7期，转引自伍素心编著：《中国摄影史话》，辽宁美术出版社，1984年版，第243页。

③ 戈公振：《中国报学史》，三联书店2011年版，第230—231页。

④ 同上书，第227页。

"欧美以供给照相于报馆为业者，其规模极大，盖各报莫不重视图画，其需要至广也。"①

此外，戈公振还身体力行，随身携带一台便捷式照相机，利用在国外采访考察的机会，向国内的报刊如《良友》《生活日报》邮寄回来大量的照片，以使国人读者进一步了解国外新闻事件，从视觉上感受和解读新闻。《图画时报》时期，钱芥尘继毕倚虹之后主持《上海画报》，素材常常不够，经常向戈公振"求援"，戈公振往往慷慨地将多余的照片给《上海画报》使用，足见其胸怀宽广。

二、国际宣传观

中国国人办报业之初，"通外情"一直被视为报纸所承担的新闻信息传播的主要功能。最初，"通外情"的功能是通过译报活动实现的，这一做法源于林则徐、魏源等人"知己知彼，百战百胜"的考虑。

此后，不少维新人士将"通外情"的内涵进一步扩大，其中王韬的观点比较具有代表性："中外交涉，于今称胜，远非昔日之比。修好睦邻之道，首在于联声气，通悃素，明事理，达情形。然此则非一朝一夕之所能致，必先于平日预为之地然后可。若是者，非自设西字日报不为功。请进而言其利：以西国之人，述中国之事，容有择焉不精，语焉不详之病，斯固势之所必然，而无足怪者。中国既自设西文日报，则可以拾其遗而补其缺，纠其谬而正其讹，然后事理不至于乖错，即可泯猜贰于无形。就使西报一无错误，而我复重言以申明之，亦未始非互证旁稽之一助。此其利一。凡中外利病之所在，因革损益之所宜，或在事前，或在事后，皆得秉公论断，指陈得失，使彼知孰为不便，因以定从违之准，分取舍之途，则彼此可免扞格不通之病。此其利二。交涉巨案，兵戎玉帛，胥于是焉系。西报苟稍存左袒之心，或措辞之轻重失其宜，叙事之详略失其当，皆足以激愤而致祸。要之，直道自在天壤，吾第据事直书，不以加减臧否褒贬于其间，务使公是公非，灿然大白于天下，则彼求全责备之心，不烦言而自解，国家或于此得转圜之力。此其利三。斯三者，皆其彰明较著，而于中国政事人民极有关系者也。"② 王韬的论证，是从民族利益的角度提出"联声气，通悃素，明事理，达情形"的方针，具备初步的国际宣传观。

熊希龄提出的"通外情申公论"进一步阐释了王韬的观点，并提出了两个可行性思路。一是"苟于各国都城，设立洋文杂志，遇有关于各国政治之交涉者，则先为登述；遇有各国报纸之误疑中国政策者，则曲为申辩"；二是"以上海一埠……拟先设立环球通报社一所，以为枢纽。由日而美，而英，而法，而德，而俄，而奥，而意，次第开办，渐求完全"③。持类似观点的还有王慕陶、汪康年等人，这些人士虽身份不一，但均可视为传统士人向新式知识分子转变的过渡者，他们有着传统精英的抱负与家国危机感，同时具有国际视野和一定的早期传媒素养，注意到中国报刊、通讯社在国际社会中的缺席和中国舆论的势弱，由此积极呼吁构建一个帮助中国发声，与西方舆论辩驳甚至抗衡的舆论机构。

戈公振不仅从历史的角度仔细梳理了上述人士的观点，还结合所处的时代提出了国际宣传的重要性。"最近东三省的问题非常重大：（日本）不但侵犯我国的土地主权，更危害

---

① 戈公振：《中国报学史》，三联书店2011年版，第231页。

② 同上书，第99—100页。

③ 同上书，第101页。

世界的和平……东三省事件发生后，知识分子一谈起来，即叹气地说：可惜没有一个国际宣传机关。”① 相比之下，“东三省事件以前，日人已有宣传，借口中村事件为宣传的材料……近来日人对欧美宣传说：中国人如狂似地整日宣传，贴标语，要将外人在华利益完全剥夺去……日人在国际间宣传的巧妙，真令人五体投地”②。

从1840年开始，中国开始沦为半殖民地半封建国家，中国在国际上既无地位又无影响力，中国的对外报道基本上被欧美各国垄断，中国的媒体，包括通讯社，基本上没有自己的声音。这种新闻主权上的被动，让戈公振如坐针毡。他强烈建议中国成立自己的国家通讯社，只有这样才能在重大问题上传达中国的声音。

究竟应该怎么做？戈公振的思路是首先建立起本国的通讯网：“如欲与世界各国交换消息，必须先将自己本国的通讯网弄好。否则新疆有事英人报纸上有，外蒙有事苏俄报纸上有，中国倒一点也没有了，外国一定不肯与中国通讯社交换消息。通讯社弄好以后，外人通讯社就不能不交换了，因为他们的力量一定不能及到中国全部。”③ 这样做，既有经济利益的考虑，也有政治利益的考量，“外国卖消息给中国报纸，同时还卖给外国的报纸，这实在亦是我国经济上的损失，中国如有通讯社，这笔巨款就不致为外国所得。再者，这次事件与世界和平有关系，将本国真确的消息传布全世界上，是全世界都明瞭真相，不致为外国所蒙蔽”④。戈公振对国际宣传如此强调，是因为当时我国的国际宣传太弱了，这是他长期新闻实践和国外考察后的切身感受。当时中国信息的对外交流渠道，基本上依靠路透社，欧美等国想要得知中国的新闻，只能向路透社购买。打一个不恰当的比方，路透社掐住了中国国际宣传的咽喉。所以，戈公振大声疾呼：“将来我国急需组织一完备之通讯社，与英美日德诸国互相联络、互相传播，除有利于我国的新闻竭力宣传外，绝不可把国家观念存了太深，致闹出意见来，如此对于国际宣传才能收效。”⑤

1931年，在纪念《大陆报》创刊20周年之际，戈公振写下了《中国急需一个代表通信社》⑥，集中表明了中国必须建立一个代表全国的通讯社的立场。他首先陈述了中国缺乏有国际影响力通讯社对于国际外交的弊端：“中国外交失败的原因，缺乏宣传也是其中之一……原因为自己的意见，要在人家口内说出来，就是这个通信社很公道，也有许多不便，何况他们国家观念很深，能置自己的利害于不顾吗？所以我们不怪外人的通信社不能代表中国宣传，有时还要反宣传，因为它有它的政策和它的利益，对于中国，毫不负何种义务和责任。”⑦ 在这种情形下，中国国际宣传的无力怪不得别人，因为当时中国“有些人只知道为个人宣传，为一个机关宣传，未曾注意为国家宣传。还有些人知道国际宣传的重要，但只为一时之计，而不为永久之计”⑧。而在通讯社方面，虽然当时的国民党设置了宣传部，建立了中央通讯社、中欧通讯社，但规模较小，财力和人力都比较缺乏。

在当时的传播技术条件下，通讯社的价值是巨大的。报纸由于受文字和地域限制，往

---

① 戈公振：《国际宣传之重要》，《新闻学研究》，第2页。
② 同上书，第1—2页。
③ 同上书，第3页。
④ 同上书，第3页。
⑤ 戈公振：《新闻学泛论》，载黄天鹏主编：《新闻学演讲集》，现代书局1931年版，第8页。
⑥ 此处的通信社即现代意义上的通讯社，通信社为当时之称谓。
⑦ 戈公振：《中国急需一个代表通信社》，《戈公振纪念文集》，第199页。
⑧ 同上书，第201页。

往是一种有限度的传播，比如一个在伦敦的人，不能同时兼读当日在纽约出版的报纸。比如读中文报纸的人，未必兼通法、俄、德、西等国文字。“惟有通信社，仿佛一个舌人，能传译于各民族间，不受时间和空间的限制。”①

《中国急需一个代表通信社》一文中，戈公振从实际出发，拟定了中国通讯网建设“四步走”战略：

> 第一步设总社于上海，因为上海是交通中心，而且报业最发达，去南京又不远，此与纽约和华盛顿的地位相似，所以不一定以首都为通讯网的中心。
>
> 第二步设分社于中国中部的汉口，南部广州，北部的天津，西部的成都，东北的奉天，各在附近区域内苑集新闻不使遗漏。
>
> 第三步派通讯员驻在各个省会商埠和大的县城，这些通讯员对最近的分社负责任。
>
> 第四步设分社于蒙古的库伦、西藏的拉萨、南洋的新加坡、英国的伦敦、日本的东京、美洲的纽约、欧洲大陆的日内瓦，和俄国的莫斯科。蒙古和西藏是中国的领土，南洋群岛是华侨最多的区域，我们至少要重视这些地方和十八省一样，英日和我国关系复杂，俄国系紧邻，美国是现代骄子，日内瓦是国际联盟的所在地，现已成了欧洲政治的中心，至少要有访员驻扎或设立分社。

从这四步可以看出，戈公振没有完全以政治为导向，而是从交通中心上海开始勾勒中国通讯网，因为上海作为远东的中心城市之一，与纽约、华盛顿的地位相差不多。此外，以东西南北的重要城市为主要落点，渐次铺开各个省会商埠和大的县城，形成通讯社的“局域网”。待条件成熟时，中国通讯网要跨出国门，走向海外，在新加坡、伦敦、东京、纽约、日内瓦和莫斯科建立站点，建立世界性的通讯社网络体系。应当说，戈公振的这一设计，是从中国国际宣传和国家主权的高度，放眼国际，立足中国通讯网建立的实际，提出的有计划、有步骤的整体战略布局，目标是为了新闻业的进步，国家利益的巩固和中国声音的传达。

三、新闻采访、写作与编辑观

胡绩伟先生在对戈公振评价时，用了三个身份——“记者”“学者”“教授”，首要的身份就是“记者”。

1932 年 4 月，国际联盟派遣李顿代表团来中国调查“九一八”事变和“一·二八”事变的真相。戈公振以记者身份跟随顾维钧为团长的中国代表团从上海前往东北。因遭日方阻挠，代表团分途前往。在北平，气氛已十分紧张，戈公振在堂兄戈绍龙处留下遗书，然后坦然随团到东北进入日军占领的沈阳。日本人派了众多特务跟踪调查团和中国代表团，对调查团的行动进行监视和限制，在这样艰难的条件下，戈公振不满足于从调查团获得的资料，而是利用一切机会亲自调查在日军刺刀下东北人民的境况。当月 24 日晚 8 时，戈公振第三次潜出旅馆，到城内张作霖的帅府和兵营各处实地观察，不料被日伪宪警发觉，当即以“阴谋扰乱满洲之嫌疑”被扣押，后经调查团与日军反复交涉才被释放。② 事后他

① 戈公振：《中国急需一个代表通信社》，《戈公振纪念文集》，第 201 页。

② 戈公振被捕的这段经历，同行的顾执中先生在《我与戈公振》一文中称：“有的史料说他遭逮捕，这不是事实。”［参见《东台文史资料》（第三辑），江苏省东台县政协文史资料研究委员会编，第 16 页］但戈宝权《怀念我的叔父戈公振》中对此事有详细记录，并附有当时的新闻报道。（参见《戈公振纪念文集》，第 158 页）

还接到一封匿名信，信中对他进行了恐吓，不许他再进城内。

回到上海后，戈公振对抗战问题进行了认真思考，认识也随之提高，他先是以“K”的署名写成《东北之谜》的长篇通讯，连载在《申报》上，揭露东北真相和日本人的罪行。很快，他又将调查感受写成《到东北调查后》一文，发表在邹韬奋办的《生活》周刊上。文章一开头写道：“到东北调查后，据我个人粗浅的观察，除非举国一致，背城借一，不但东北无收回的希望，而且华北也要陷于极危险的地位。事实如此，并非我危词耸听。”接着他愤怒地指责道：“有徘徊观望的国民政府，才有傀儡国的成立。日人的地位一天一天地稳固，我国的机会一天一天地错过。”他以亲眼所见，批评了国际联盟是个纸老虎，调查团的成员只关注自身的利害，不曾真正地调查，提醒国人不要把希望寄托在调查团身上，而要立足于自己的努力与奋斗。同时，他揭露了日本侵略者的虚弱本质，坚定地强调了国人必胜的信念：“日本吞东北如吞炸弹，现在日本已经吞下去而不愿吐出来了，等到中国内部一致，或是世界经济比较转好以后，这个炸弹总有爆发的一天……现在日人所能支配的只是几个沿着铁路的大都会，以外都是义勇军或胡匪的活动地盘。今年耕地一半无收成，农村破产，民不聊生，惨苦万状，其势非与全民族共起奋斗，打出一条生路不可。”①在危难时刻，戈公振没有像调查团的外国成员那样屈服于日本人，走过场敷衍了事，而是以一个中国记者的勇气，真实报道东北的实际状况，呼吁全国人民积极行动起来抵抗敌人的侵略。

作为记者，戈公振将自己的所见所感与国家命运时刻相连。第二次出国的路上，他给邹韬奋的信中说道：“弟对于国事实抱无上悲观，但吾人既稍有知识，只有尽一份子责任，从自己奋斗起。”②在苏联，他被苏联宏大的社会主义建设图景所震撼，除了莫斯科，他还先后转赴列宁格勒（今圣彼得堡）、哈尔柯夫、得尼泊、罗斯托夫、巴库、乌拉尔山一带，以及中亚细亚各共和国、西伯利亚和远东等地游览参观，写成了《第二个五年计划》《社会城》《谷城》《电城》《油城》等许多通讯，分别发表在国内《生活周刊》《新生周刊》《国闻周报》《世界知识》和《时代画报》等报刊上。

苏联的经历使戈公振在思想上有了很大的进步。1934 年，邹韬奋访苏时与戈公振多次见面并长谈，深深感知“他的猛烈进步……（戈公振）最近二三年对世界大势的辛勤的观察研究，在正确认识上的迈进”③。不过，戈公振面对邹韬奋的多次约稿，以记者的身份回答了在苏联进行长篇通讯采访与写作的难度：“第一，要能无成见……第二，要不为习惯所囿……如果不能跳出这种旧的环境，即难领略这新国精神的所在。第三，要勿以一时一地或一事的情形来肯定或否定一切……第四，要有专门学识，最好更能精通俄国语文……”④

戈公振对于采访与写作有着自己的要求，要成为一个优秀的记者，戈公振认为必须具有“敏捷的能力，迅速而正确的判断力，能够得到要点的观察力，对于真实的感觉性，有强固的活动性，有极强的适应性，有流畅明了的文章。关于道德方面，要有公正而清廉的性质，有责任心和喜欢责任的心，勤敏，有理想，有充满的精神，有自知力，有强固的记

① 戈公振：《到东北调查后》，《生活周刊》，第 7 卷第 30 期。
② 戈公振：《途中的中国代表团》，《生活周刊》，第 7 卷第 48 期。
③ 戈宝权：《回忆我的叔父戈公振》，《戈公振纪念文集》，第 163 页。
④ 戈公振：《我对于观察庶联之态度》，《生活周刊》，第 8 卷第 31 期。

忆力，有表现力，有感觉心，有进步的欲望……”[1] 这是一项非常高的要求，是一种综合素质的考量。戈公振尤其强调记者的知识体系：“（1）理想的政治记者，应当研究的是历史地理、法律、国民经济，及统计学、哲学和外国语；（2）理想的商业记者，应该研究的是国民经济及统计学、私人经济、地理，重要的法律和英语；（3）理想的省报或地方报的记者，应该研究的是历史、地理、国际公法、国民经济，及统计学和特殊的法律；（4）理想的文艺记者，应该研究的是哲学、历史和本国文学……”[2] 就连采访时的衣着等细节，戈公振都有自己的看法：“做一个符合资格的新闻记者，必须先给采访对象一个良好印象，那种不修边幅、类似‘名士风度’的人，是不适宜进出于新闻采访场所的……新闻工作是一项高尚的职务，为了圆满完成此种职责，必须应对正常，举止端庄，随时随地以礼自持。试想一个蓬头垢面、衣履凌乱的人，必然会被人拒之于千里之外。提高到原则高度来讲，这不仅不尊重别人，也不尊重自己。”[3]

在新闻写作方面，戈公振有着自己长期的实践，他在《时报》撰写了大量的时评，此后更是写过许多长篇通讯。对于写作，他比较推崇日本记者德富苏峰的观点，并专门翻译过来，介绍给国人。

（1）孔子曰，辞达而已矣。文章要诀，不外乎是。为新闻记者之人，当奉为金言也。

（2）欲锻炼文字，须先锻炼思想。明白之思想，本也；明白之文字，末也。（世上尝有明白之思想家，作晦涩之文章，此于文字研究未充故也。文章虽小技。不可忽之，况以文字为生命之新闻记者乎。）

（3）报纸之文章，须简洁而切实。（简洁非简略，简略谓略应言之点不言也。简洁谓尽言应言之点而无冗词赘语也。）

（4）文章如音乐，不可不谐调子。能谐调子，自可发挥其抑扬徐急于纸上。

（5）文章如书画，其色彩之浓淡，光线之明暗，皆须具备。

调子无高低，色彩无浓淡，非得文章之三昧者。缺此两者，不能成为快文。所谓快文者，即不仅使读者明了其旨趣之大，且须透彻领会作者之感情与精神也。

（6）大文乃小文之累积，小文乃大文之片断也。若心知其意，则于文章之大小长短。唯吾意而定。所谓韩信将兵，多多益善是也。

对于读者，戈公振有着自己独特的认识，他认为：“我们到社会中办报，第一要件，便不能不依照潮流，以迎合社会的群众心理，尤不能不彻底明白报纸进化的情况。”[4] 这种对群众心理的强调，一方面是要帮助和教育群众，满足他们对新闻的渴求；另一方面要知晓群众的教育程度，强调办报尽量通俗易懂。“夫报纸为普及教育之利器，乃世人所公认，我国教育之不普及，又无待讳言，吾意报纸当此过渡时期纪事之文，宜力求浅显，勿引古典，勿用冷僻之字，字数如能仿照日本报纸办法，减少至二千八百枚则尤佳，必使具小学毕业以上程度者，即有读报之机会；至文艺作品，当然不必拘定如此，则于文化之传播上

① 戈公振：《新闻学教育之目的》，《报学月刊》，第1卷第2期。
② 戈公振：《新闻学教育之目的》，《报学月刊》，第1卷第2期。
③ 杜绍文：《“尊闻阁”受业记》，转引自洪惟杰：《戈公振年谱》，江苏人民出版社1990年版，第135页。
④ 戈公振：《新闻学泛论》，《新闻学演讲集》，黄天鹏主编，现代书局1931年版，第8页。

大有裨益也。”[①]

戈公振的编辑思想集中体现在他对图画和摄影的强调，这种强调用他自己的话说就是“形象化”。他的学生杜绍文回忆说：“（戈公振先生一直认为）新闻要‘新’要‘闻’，这就是新闻的真实性和可读性。要‘新’，不能旧闻陈事；不但要亲耳所听，而且要亲眼所睹。还要百尺竿头更进一步，这就是要形象化。摄影和图片是构成一条好新闻的新武器。”[②]

戈公振重视图画的意识与其职业经历和个人兴趣息息相关。戈公振出生在江苏东台的书香之家，小时候临过黄山谷、赵子昂的字帖，写得一手好字；少年时又深受作家兼诗人的伯祖父戈铭猷的熏陶。戈公振的新闻职业生涯就是从1912年在《东台日报》任图画编辑开始的，其在《时报》的第一份工作也是在有正书局图画部当学徒。1925年，戈公振编辑的《中国图案集》由有正书局出版发行。该书取材于我国古代的钟鼎彝器，“临摹而编次之”，开我国古代图案和民间图案整理工作之先河。除了在《时报》和《申报》创办《图画周刊》，戈公振还曾应邹韬奋邀请全权主持编辑《生活五周年纪念画报》《生活周刊双十特刊画报》《生活·国难惨象画报》等。不仅如此，戈公振在学术著作中也注意运用插图，把照片作为学术研究的利器，把珍贵的文献用照相术记录下来。《中国报学史》一书初版共收录了171张图片，其中大部分用了当时最为先进的铜版印刷，甚至套色印刷了《京报》封面、《官书局汇报》封面、《谕折汇存》封面和《中华民国公报》头版。为了忠实再现史料原貌，书中甚至用折页的方式按原尺寸翻印了《京报》。

此外，戈公振在国内旅行、国外考察时，都随身携带相机，随时拍摄新闻照片，不少照片在国内报刊上发表。特别是在对英国的《泰晤士报》、美国的《纽约时报》《芝加哥论坛报》、日本的《大阪每日新闻》等世界标杆式报馆的考察后，戈公振发现：“近世各国大报，未有不重视图画者。英国报纸每日有图画一大页。美国报纸每星期日有印刷甚精之图画增刊，日本且从电报或飞机传递照片。”[③] 这种对视觉传播的应用水平让戈公振大为惊讶，也促使他回国后创办了《图画周刊》。《图画周刊》与当时国内印刷水平最高的中国照相版公司订立合同，并由该公司用影写版印刷。当时中国报刊印插图多用铜板，影写版印刷首先试用于《东方杂志》插图，报纸摄影附刊采用影写版，《图画周刊》是第一家。[④] 可以说，戈公振从事新闻工作的一生大部分时间都在与“图画”打交道。

戈公振是一位乐于接受新兴事物的新闻人，并能够把这些新兴的应用与新闻活动结合。早在1924年，戈公振就写出《影戏与新闻事业》一文，提出影戏新闻（即新闻视频）在新闻领域的重要价值，这是非常有先见之明的观点，是对传统新闻实务（采、写、编）具有创新意义的思考。

> 照我们能知道的，新闻纸的目的是在传播公平正确的消息，促进社会的文化，以谋人类的幸福。但是，这样一个目的很不容易达到。因为新闻纸传布消息的时候，往往有许多意外的困难。
>
> 譬如战事发生，我们在报纸上，有报告敌军残暴行为的义务，以激起一般人的爱

① 戈公振：《报纸的将来》，载黄天鹏主编：《新闻学演讲集》，现代书局1931年版，第71—72页。

② 杜绍文：《“尊闻阁”受业记》，转引自洪惟杰：《戈公振年谱》，江苏人民出版社1990年版，第133页。

③ 戈宝权：《戈公振与新闻摄影》，《大众摄影》，1981年第2期。

④ 郑逸梅：《〈申报〉随报附送的画刊》，《书报旧话》，学林出版社，1983年版，第193页。

国心。但是新闻纸无论如何记载，太详细则读者必容易疲倦而不高兴，太简单则读者轻轻看过容易忘记，这不可不算做一宗困难。怎样可以免去这个困难呢？

我们若是用影戏来报告，就可以得到满意的结果。譬如欧洲大战中，德军攻入法国领土的时候，怎样的破坏法国的城市村庄，怎样的杀戮法国无辜的人民，虽不能得当时情况，一一制成影戏，但是荒丘废墟、被破坏的城市村庄、男女尸骸、被残杀的人民——等种种悲惨的纪念，都曾写下来映在了影戏的幕上。法国的人民看了这样惨痛的情景，应该怎样的感动，是很容易知道的。①

特别是在对照德国利用影戏新闻鼓吹爱国，日本朝日新闻社利用影戏新闻报道东京地震等案例后，戈公振认为“早晚影戏的新闻必定非常的发达”，因此号召影戏界和新闻界共同努力，快点起来做这一件事情。可以说，这是非常有预见性的。换言之，戈公振在长期的报业实践中，敏锐地觉察到新闻业的发展方向，这是一种不断面向未来的思考，也延伸出对戈公振媒介发展观的考察。

四、媒介发展观

“五四”前后的中国新闻学，是一个不断吐故纳新，拥抱新技术、新观念，并逐步与世界接轨的新兴学科。学界如此，业界也在不断进步，尽管戈公振曾批评“中国的报纸实在太幼稚，环境也太可怜”，但是他旋即写道：“但吾人既服务于新闻界，既以生命贡献于新闻事业，则不能不在无可如何之中去奋斗。”② 正是在这样的不断奋斗中，中国的新闻事业一步步蹒跚着迈向现代化。

比如，报刊的文风开始转变，逐步采用白话文和新式标点符号，方便读者阅读报纸，这是当时报纸文本最显著的变化，也推动了报纸走向大众。“大众化”是戈公振媒介发展观的重要内容。堂弟戈绍龙认为，戈公振心中理想的报纸是一种完全大众化的，是能够将大众的欢喜、悲哀、苦痛、呼喊和呻吟报道和表现出来的。所以他主张将报纸的社论和记事都采用白话。③ 戈公振甚至认为中国报纸不能与世界强国报业相比，完全是因为文字艰深的原因。再比如，副刊在“五四”前后开始革新，许多报纸的副刊改变了以前的低级趣味性质，变成介绍新思想、新知识、新文艺和反对封建思想文化的阵地。戈公振也指出：“吾意副张之材料，必以文艺为基础，如批评、小说、诗歌、戏曲与新闻之类，凡足以引起研究之兴味者，均可兼收并蓄，而要在与日常生活有关，与读者之常识相去不远。”④ 再比如对报纸“供给新闻”这一首要功能的强调、对报纸发展独立性的强调、对言论自由观点的深化等，都在五四运动前后有突出的提倡和转变，戈公振对此也有相关的论述，此处不再赘述。

面对科学技术的进步，戈公振除了关注影戏新闻会改变报界的发展趋势之外，对当时新兴的电信技术也十分关注。他在分析了电话、电报、电机传形与电机摄影等发明后，认为“今后报界之不可不注意于电之应用——报界之未来命运，固全系乎是也。将来报馆之

---

① 戈公振：《影戏与新闻事业》，《电影杂志》，1924年创刊号。

② 戈公振：《中国报界应有之觉悟》，《生活》第5卷第36期。

③ 戈绍龙：《公振先生生活回忆》，《戈公振纪念文集》，第135页。

④ 戈公振：《中国报学史》，三联书店2011年版，第228页。

进步程度，即是其电之应用程度之如何而定”①。他认为电信对于新闻界的影响会在新闻采访、报纸印刷、报纸发行等诸方面产生推动作用，甚至大胆作出了两个预测：一是关于“电视”的，戈公振认为随着电信技术的应用，“（将来）报馆可不复印刷报纸，报纸使各阅户皆置备一无线电话及摄影机，报馆编辑室则将稿件随编随发无线电浪，传出文字或图画，各地阅户随时由无线电机收受新闻若听留耳机看影戏然”。二是关于“手机”的，他从日本东京举行的新闻博览会上，预测百年后新闻记者将装配有随身携带、异常灵敏的“小型无线电话机”，随时随地采访各地新闻。相较于当时并不开放的中国以及技术落后的中国新闻界，戈公振对新兴媒介技术充满了想象与期待，并许下希望：“今后更望中央及地方政府，为社会进步计，亟起发展电之应用。尤愿吾全国报界与电界为自身进步计，协力以圆之。”②

对于中国报业的发展，戈公振早在 1920 年就提出了“毋竞争”“要合作”“毋安于环境”等要求，并指出这三点应当是“中国报界应有之觉悟”。

“毋竞争”不是说报纸之间要放弃行业竞争，一团和气，而是不要进行无谓的竞争。戈公振发现：“报馆和报馆，记者和记者，为推广销路，招揽广告，刺探新闻，无一不在勾心斗角，互相争胜，但是我以为中国的报纸如与欧美日本比较，尚觉相差太远，我们自己只可携手相扶同向前进，但求目标不错，自有达到之一日，不宜作无谓的竞争，以致互相掣肘。”③ 戈公振对当时中国报界名为“竞争”实为“同质”的情形非常担心，他认为报纸一旦千篇一律，读者就会失去对报纸的兴趣，也不会有购买的欲望，同时也失去了报纸的功效与意义。在这种情况下，无论是都市报纸，还是地方报纸，都应当差异化发展，形成自己的特色。

“要合作”是戈公振一直以来的心愿，因为弱小的中国新闻界只有团结起来才有力量。“譬如因检查新闻，言论不能自由而消失报纸之功效，倘能联合向当局抗争，自易达到目的。设只一报单独行动，也许有危险，一致进行，绝无意外，无论当局态度如何强硬，总不能把各报一律处分的，所以新闻之受检查不能全归咎于当局的摧残，也是各报消极的结果。”④而在原材料采购、记者探访、电报发送，以及驻外记者方面，各家报纸都有合作的空间。这种合作，不仅对报社有利，而且对构建报业共同体有利，对于国家也大有裨益。“谁都知道是边疆要域，遇事发生，外报记者信口雌黄，造作谣言，尽其操纵之能事，但何以中国报馆不派员常驻其地随时报告确实消息，代表边疆人民发表意见呢？说起来总是为了经济问题，倘使联合各报馆合作去做，又何尝是难事呢？这种重要地方我们自己不注意，反让给英日俄各国记者代我探听消息，言之实可痛心。”⑤

“毋安于环境”鼓励报界要监督政府和指导社会，不能放弃自己的天职，更不能安于目前的环境，成为当权者的玩物。要实现此目的，报纸要从两方面努力：一是要负起责任来代表人民讲话，加大对人民生活的关注，少登些不尽不实的军政消息；二是积极改变报纸的语言，用通俗易懂的话来吸引读者，因为报上的文字太深，多数人看不懂。归纳起来，戈公振的这种“毋安于环境”的观点，是一种对报业自身、对报纸读者的思考。

---

① 戈公振：《报纸与电信》，《电信交通部电信学校校刊》，第 1 卷。
② 戈公振：《报纸与电信》，《电信》，第 1 卷。
③ 戈公振：《中国报界应有之觉悟》，《生活》第 5 卷第 36 期。
④ 戈公振：《中国报界应有之觉悟》，《生活》第 5 卷第 37 期。
⑤ 戈公振：《中国报界应有之觉悟》，《生活》第 5 卷第 37 期。

如果说1920年戈公振对中国报界发展的三点希望是一种本土化的建议，那么1929年所作的《世界报业大观》一文，则是他考察英国、德国、法国、瑞士、意大利、比利时、日本等世界报业强国，以及参加国际报界专家会议和参观德国世界报纸博览会之后，写下的关于全球报业发展趋势的研判报告。

戈公振认为，当时世界报纸进化的趋势，综括起来，大约可分为三种：第一种是平民化，第二种是专门化，第三种是合作化，三种皆可成为我国报纸改良借鉴的方法。

所谓“平民化”，和此前戈公振强调“毋安于环境”一脉相承，即报纸须通俗化才能面向大众。“现在各国的报纸，因为看清了这一点，总是向通俗的一方面走，有全用口语的，有绝对不用古字的，有减少引用外国成语的，总要使这张报所登载的，能够家喻户晓。如销数超过百万的英国的《每日邮报》，法国的《小巴黎人报》，美国的《美利坚人报》，日本的《朝日新闻》和《每日新闻》都是因这个缘故而成功的。”① 在世界报业“平民化”的发展趋势前，当时中国教育水平还不是很高，戈公振大声疾呼：“报纸是给人日常生活必需的知识，不是传之不朽的名作，用不着把全部精神，消耗在咬文嚼字的方面。我还要进一步说，改用白话，还是一种过渡办法……所以我们最好把注音字母这一类的方法，赶快提倡起来……遇着不认识的字，就能读出字的音，认出字的义，那是简便得多了……我敢说，有家报纸，先能从这方面改革，就是改用白话，它将来一定在群众里面，最占势力。”②

所谓“专门化”，是指将专门的问题交由专门的人士来解决，这是报业走向精细化时代的重要表现。一般认为，新闻人才应当涉猎广泛，是“杂家”型人才。但随着新闻对政治、经济、文化、生活、军事等各行各业的全方位介入，戈公振认为新闻人才应当是“专家”型的。他在国外多家报馆考察后指出：“要做一个好记者，知识固然愈丰富愈好，但是还要有一种特长……我想这个公理，一定是颠扑不破，就是报纸是舆论的指导者，所以记者的知识，至少要比常人加一等。不然，对于某个问题，自己尚且不明了，如何可以指导人呢!”③ 在这一发展趋势中，中国的媒体要改良，也必须走专门化的发展道路：“譬如是编辑部，至少要把内政和外交、政治经济和社会各事分开，才能减少对于各种问题模糊印象、似是而非的弊端。”④

所谓“合作化”，与戈公振倡导的“要合作”是基本一致的。“报馆和报馆、记者和记者彼此竞争，当然很激烈。但是于全体有关系的方面，没有不合作的，所以有报馆公会、报馆主人协会和某种记者俱乐部等，讨论超过个人或一个报馆的问题。”⑤ 戈公振在此时强调“合作化”，有一个当务之急的事情就是建立一个代表中国的通讯社，这与他出国考察后大声疾呼的“一个有代表的通讯社”不谋而合。在另外一篇《世界新闻事业现状》的演讲中，戈公振除了一以贯之地倡导组织一个能代表国家的联合通讯社外，还基于上海和北京两地报业的差别提出了“平沪新闻界联合”的设想：“上海报纸眼光无地域关系，颇注意世界的消息，关于内地消息较少。北平方面报纸，关于内地消息，很可多载。如若发行报纸，能适合于中下级人，或女人，或小孩看，是很有发展的。平沪新闻界，如能联合起来，则费少而功倍。”⑥

世界与中国是相通的。观察世界报业的发展趋势，用来指导中国新闻实践，是戈公振

---

①②③④⑤ 戈公振：《世界报业大观》，《报学月刊》，第1卷第1期。

⑥ 戈公振：《世界新闻业现状》，《报学月刊》，第1卷第3期。

“它山之石可以攻玉”的做法。从 20 世纪 20 年代戈公振的著述中，亦可发现他的许多观点是与世界潮流接轨的，甚至是超前的。陈力丹评价说：“从现在的眼光看，这是天才之见。”[①] 特别是在 1920 年，戈公振尚未系统展开新闻学理论和新闻学历史的研究，他的思想来源于其新闻学实践。

学者吴翔分析指出：“民初报纸企业化步伐加快，报人职能随之进一步分化与转型。一方面，大报中出现传统的总经理、总编辑、总主笔的职能专业分工；另一方面，报纸从传统的编辑中心转向经营中心，尤其在中型独立报业中，出现了报人职能的优化组合，在专门经理人外，同时也出现了‘经理型’总编辑，以及兼通言论、采编、副刊、经营的全能型总编辑。《时报》戈公振之外，《大公报》胡政之、《申报》张竹平、《庸报》董显光、《世界日报》成舍我等都是典型，代表的正是这种趋向。”[②] 于戈公振而言，新闻业务实践伴随了他短暂的一生，特别是“从校对、助编、编辑，一直升到总编辑”的新闻实践，让戈公振成为一个经营、编辑、时评、广告、副刊兼通的全能型新闻报人，这为戈公振的新闻业务思想打下了坚实的基础。

作为五四时期新闻人的代表，戈公振的身上体现了中国新闻事业初创期的学者共性，最突出的两点应该就是理论与实践的结合、中国与世界的接轨，这两点应该都是以戈公振的新闻实践为基础的。

① 陈力丹：《五四时期的中国新闻学》，《新闻战线》1989 年，第 6 期。

② 吴翔：《戈公振在何时当总编辑——从戈公振〈时报〉新闻活动的考订看民国报人转型》，《青年记者》，2013 年第 9 期。

第五章 戈公振媒体经管思想研究

有关戈公振媒体经营管理的研究，前期的代表性成果大致有三：史雅娟《戈公振报业经营理念检视》；罗建军《戈公振报业经营思想论略》；靖鸣等《戈公振的媒介经营管理观及其现实价值》。三篇文章分别从经济独立、特色发行、广告营收、媒体合作等角度，条分缕析，对戈公振以报业为主的经营管理理念进行了细致的梳理。

不过，需要进一步说明的有三点。第一点，学界对戈公振媒体经管思想的研究，仍旧不够充分。这一问题，或许更多源于戈公振媒体经管实践未能充分展开，更多停留在理论层面。很多人认为即便是在《申报》担任总管理处设计处副主任时期，戈公振的媒体经管思想也未能得到充分的施展。第二点，据学者吴翔考证，戈公振作为《时报》的总编辑，实际工作却是代行经理之职。这是因为狄楚青处于半隐退状态。戈公振当时的工作极为辛苦，几乎以报为家，却甘之如饴。其实戈公振早在学徒期间，就在编务之外，格外关注报社的经营。《大公报》经理胡政之对戈公振的评价是："（戈公振）诚挚而细密；在报业以内勤见长，论才思文字不如事务，置之经理部中最为适宜。"① 实际上充分肯定了戈公振的媒体经管才能。第三点，戈公振《中国报学史》一书在"报业经营"阶段，专门用了一整章的厚厚篇幅阐释现代报业。这是我国新闻史家中最早系统阐述上海的现代报业编务与经营，也应该是戈公振本人长期在上海报界耳濡目染以及实践锤炼的成果，为后世留下了民国报业重要的经营管理实录。而在更高的层面，以戈公振为代表的报人对新闻生产经营化、商品化、资本化的重视，也是五四时期中国新闻学成熟的标志之一。

一、经济独立是媒体生存的前提

戈公振把中国报业发展的历史划分为"官报独占时期""外报创始时期""民报勃兴时期""报纸营业时期"，这种从新闻媒介传播的形式到其体制、性质相结合的划分方法，与我国社会政治形态和经济形态的历史发展进程相吻合。

近代以来，中国报纸就和政治有着紧密联系。从较早的改良派王韬在香港办报昌言变法，到维新派梁启超只讲报刊的政党喉舌功能，再到革命派孙中山对报刊的"先进舆论之

① 胡政之：《胡政之文集》，天津人民出版社2007年版，第1138页。

母”功能定位，无不把报刊框定在“政治宣达”的轴心上，极少触及报业经营的实践话语。[①] 民国成立之后，不想牵扯政治的报纸逐渐趋向于经营，商业色彩日益浓厚，出现了《申报》《新闻报》《时报》等一批富有影响力的商业性报纸，中国报业也逐步迈向营业时期。对于这一可喜进步，戈公振描述为：“就报界自身而言，亦知经济独立之重要，而积极改良营业方法。”[②] 中国报纸的这种转型尽管有一定的自发性，却是在品尝了酸涩之后的觉醒，“报馆经济不独立，则言论罕难公而无私”[③]。这种论述，是戈公振基于中国新闻史考察后发出的肺腑之言。他在论述广告对于报纸经济的作用时，坚定地认为“（广告）后来成为公开，由此又得一种重要收入。于是经济才能得了独立的基础，报馆遂立于稳固的地位”[④]。

当时的报纸，经济独立尚且谈不上，往往与政治保持着“理不清剪还乱”的关系。从历史上看，报纸一旦受制于政治，尤其是接受政府津贴，往往会言不由衷，也会被人民所抛弃。这一点是有着惨痛教训的。安福系专政时代，国内报纸大多被收买，凡是为安福系鼓吹的报纸，最终都是落得被社会所厌恶，销量大跌的下场。即便此后不少报纸改换版面，试图撇清与政治的关系，依旧很难得到社会的信任。

戈公振对报馆经济独立、报纸走向经营充满了信心。他在《新闻学》中表示：“最近十余年内，销数最多的《申报》和《新闻报》，皆先后收归华人自办。同时《申报》又购得《新闻报》股权的半数。国民党所属报纸，亦有停止津贴的决议。可见报纸亦有经济必须独立的觉悟，而且有资本化的倾向了。以中国地方之大，人口之众，报纸发展机会之良好，恐为世界任何国家所不及。将又由无利可图的地位而成为有利可图的事业。从现在政府和人民皆已认识报纸的功用和力量看起来，将来报纸经营的问题，恐怕不是资本而是人才。这也是中国报纸进化的一种必至的现象罢！”[⑤]

二、报纸特色是媒体竞争的武器

报业同质化的问题，不是近年来才出现的。在民国初年的报业竞争中，缺乏报纸特色，以至于报纸版面雷同的现象也时有发生。对于媒体经营来说，这是值得警惕的。“倘使地方报一意模仿都会报，其结果必致失败，反之，都会报而仿效地方报，注重地方新闻，则距离较远之地消息小能灵捷，行销不能普遍，其结果亦必致失败而无疑……故欲代表某一地方的舆论和谋某一地方的改进，非都会报之所能，而为地方报唯一的责任……无论评论纪事，都要与本地有关系。其次每一报要有他的特色，免得各报新闻千篇一律，看了甲报不必再看乙报，我以为一地报纸也要分道扬镳，各寻出路。”[⑥]

戈公振的这番言论，是从整个报业的大局出发，提出的一种可行性思路。即便放在当下的时代，依然是有建设性意义的。20 世纪 90 年代都市报崛起以来，报业竞争越来越激烈，报纸同质化的趋向日益明显。同质化，既是媒体之间恶性竞争的表现，也是新闻资源

① 史雅娟：《戈公振报业经营理念检视》，《新闻知识》，2009 年第 9 期。
② 戈公振：《中国报学史》，三联书店 2011 年版，第 185 页。
③ 同上书，第 22 页。
④ 戈公振：《新闻学》，商务印书馆 1947 年版，第 36 页。
⑤ 同上书，第 14—15 页。
⑥ 戈公振：《中国报界应有之觉悟》，《生活》第 5 卷第 36 期。

浪费的体现，对媒体自身和受众都造成了伤害，削弱了媒体的竞争力。在这种情况下，同城报业如果能够准确定位，互为补充，走特色化和差异化的道路，就可以更好地满足不同类型、不同层次读者的不同精神文化需求，实现新闻资源的最佳配置，取得良好的社会效益和经济效益。

回过头看，戈公振所处时代的上海几家大报之间就比较注重自身特色，相互之间的仿照较少，在报道内容方面的差异也比较明显，很大程度上避免了内容同质化竞争，也为各自赢得了巨大的生存发展空间。

如《申报》是综合性大报，主要侧重于时事政治性新闻。史量才把时政新闻报道视为激烈竞争中出奇制胜的法宝之一。为此，他在全国各地建立了新闻网，聘请当时的一流记者常驻各大城市或重要商埠，甚至在国外如伦敦、巴黎、纽约、柏林、东京等大都市也聘请了专职或兼职通讯员，形成了较为完备的信息网络，大量采用电讯。相比之下，《新闻报》的编采业务明显体现为轻“政”重“商”。当时上海的经济发展虽然处于全国领先地位，但在这个经济繁华的大都市里，却没有一份以刊登经济新闻为主的报纸。为此，汪汉溪另辟蹊径，提出了“在商言商”的办报口号，以经济新闻为主，突出报道经济金融界的消息。汪汉溪曾说：“上海人口以从事工商者为最多，我们办报，首先应当适应工商界的需要。”[①] 在以经济新闻为中心的理念支配下，《新闻报》的经济新闻报道信息量大，涵盖面广，种类齐全。当时的《时报》，要在夹缝中生存并不容易。怎么办呢?《时报》独树一帜，首创“时评”专栏，对上海报界影响极大。《时报》的新闻专栏分为国内大事、各埠要闻、本埠新闻三个方面，由三个主要的新闻编辑专门负责。每则短评文章虽然只有一二百字，但是由于其文字流畅、言辞冷峻，很受读者欢迎。此后，《时报》又开辟《教育》《实业》《妇女》《儿童》《图画》《文艺》等周刊，其中又以戈公振主编的《图画周刊》最为出名，持续时间最长。该刊被认为是“中国报纸增辟现代画刊之始，使中国画报由石印时代进入铜板时代”[②]，引领当时报界一时风尚，深受读者欢迎。可以说，戈公振对上海报业各自特色的深谙稔熟，也为他提出报纸特色化提供了实证基础。

三、广告经营是媒体发展的动力

“广告费之消耗，以报纸为最巨；而报纸之支出，亦多仰给于广告。故在欧美发达之报纸，其广告费常占收入十分之九而强。我国商业未兴，无剧烈之竞争，视广告为无足重轻，而报馆又不能表显其广告之效力，以博得商人之信托，而裕其财源；一方面又不知广告之内容，亦足引起读者之注意，与新闻同其价值。”[③]

戈公振的这番言论，体现了他极其矛盾的心情。一方面，戈公振明确意识到广告在报纸发展中的重要地位，可以说，广告是商业化报纸发展的重要动力；另一方面，商家却认为广告无足轻重，媒体也不懂得广告的效用，不但未能意识到广告带来的商业价值，更没有发现广告给读者带来的价值。

需要指出的是，尽管重视广告的商业价值，但戈公振对于广告的重视并非完全是趋利

① 陶菊隐：《记者生活三十年》，中华书局 1984 年版，第 82 页。

② 方汉奇：《中国新闻事业编年史》，福建人民出版社 2000 年版，第 880 页。

③ 戈公振：《中国报学史》，三联书店 2011 年版，第 197 页。

性的。第一，他指出广告在文明传承、文化教育方面的功能："广告为商业发展之史乘，亦即文化进步之记录。人类生活，因科学之发明日趋于繁密美满，而广告即有促进人生与指导人生之功能。如留声机之广告，可供世人以高尚之音乐，得精神上之安慰；汽车之广告，可化世界之险阻为坦途，同臻交通便利之域。其他广告，均可与世人以利益与便宜。故广告不仅为工商界推销出品之一种手段，实负有宣传文化与教育群众之使命也。"① 第二，广告在推进国家实业发展上有着重要意义。"应设法引诱本国商人登载广告，为之计划，为之打样，为之尽力，必使商人不感困难，又排列务求美观，印刷务求清晰，地位务求明显，俾易入读者眼帘，使其出费小而收效大。而欲得买卖双方之信托，尤应严厉拒绝含有欺骗性质之广告。是一方虽为推广报馆营业，而一方即足以促进实业。"② 也就是说，广告经营，对于媒体和实业是一件双赢的事情。这种观点，也与当时媒体应用广告倡用国货的舆论动员密切相关。比如当时的《申报》广告，不仅从国家、民族危亡角度进行提倡国货消费的舆论动员，还从国人责任角度发表言论以提倡国货，提出国民消费国货是为国家振兴应尽之责，强化了国人应为民族实业振兴承担责任的共同命题。

此外，戈公振还提出了广告禁止刊登的标准，"凡有害于风俗人心者，皆在拒绝之列"，且"不道德与不忠实之广告……不但为我国实业界之大忧，亦广告界之大耻也"③。这种对不良广告的防范和提醒，于当下的新闻界仍有警示意义。

四、报纸发行是媒体经营的指标

报纸发行，是观察媒体经营情况的指标，也是衡量报纸影响力的指标。戈公振认为："在报纸的销数上，报纸是读者的代表，代表数额与力量的多少，随读者的多寡而定。"④ 这一观点，阐述了报纸销量的重要性。但是，报纸要从报馆到达读者手中，必须要做好发行工作，这是连接媒体与受众的桥梁，也是报纸面向读者发挥作用的必须渠道。"报纸编辑印刷俱佳，而不善于分配是永无与读者谋面之机会也。"⑤ 类似的观点，《新民报》的创办人陈铭德也提出过："报纸之发行，为报社命脉之所在。一份极完善之报纸，若不能以推广的方法发行之，亦何异于'衣锦夜行'哉？"⑥

民国成立之后，报贩渐成专业，派报所林立。上海马路上一般的烟纸店，均有报纸出售，报纸也渐渐同其他物品一样成为日用品。不过，不少报馆对报纸的发行仍未采取足够的重视和科学的方法。戈公振忧心忡忡地指出，许多报馆"每日将报中大事揭示于路人注目之处，尚无人举行；稍僻之区及乡镇，即无售报处所；远道则非长年订阅者不可得；已订阅者无地址之存留，一朝停阅，便成陌路；未订阅者，亦不设法兜揽……办事者疏懒成性，偶有询问报纸因何不到，亦置不复；若有投报纸以不满意之函，亦未尝研究如何可以改良；对于分馆推销，亦任其自然，不为之计划而指导之"⑦。在这种情况下，我国报纸发行量的日益增加，实际上是因为社会进步，并不是媒体重视发行的结果。

---

① 戈公振：《中国报学史》，三联书店 2011 年版，第 201—203 页。

②③ 同上书，第 203 页。

④ 戈公振：《新闻学泛论》，《新闻学演讲集》，黄天鹏主编，现代书局 1931 年版，第 6 页。

⑤ 戈公振：《中国报学史》，三联书店 2011 年版，第 209 页。

⑥ 陈铭德：《报纸经营与报社管理》，《中国新闻学会年刊》，1942 年卷。

⑦ 戈公振：《中国报学史》，三联书店 2011 年版，第 209 页。

在《新闻学》一书中，戈公振将发行部列为现代报馆组织架构体系中与执行部、编辑部、广告部和工务部并列的五大部门之一，并在发行部下设发行经理、本埠发行人和各省发行人。三个职位分工明确、相互配合，发行经理主管发行事务并设法推销，本埠发行人主管城内发行事务，各省发行人主管城外和各省发行事务，推广销数经理主管特别推销报纸方法，邮务间主管发递城外的报纸。可以看出，戈公振对报纸的发行是非常重视的。

不过，尽管报业共和之后迎来了短暂的“黄金时代”，但媒介生态环境的恶劣，以及媒体自身对发行的忽视，使得当时各家报纸的发行量最多不过 10 万，最少的仅有数份，报纸的普及率非常不够，“以与人口相比较，则报纸最多之地，每九人可阅一份报纸；最少之地，每三万人只阅一份；全国平均每一百六十四人可阅一份……足见我国报纸之缺乏也”①。

这上面说的媒介生态环境的恶劣，是摆在报纸发行工作面前的一个重要难题，也不是媒体自身就能解决的。戈公振作出客观分析后也给予媒体深深的同情：“报纸销数之进步，有非报馆自身努力之所能致者；故与教育、实业、交通、社会各方面之进步均有连带关系。”② 当时的民国社会，社会动荡、经济滞后、战乱不断、民生凋敝、交通不畅，国民受教育的程度还很低，报纸发行受到很多阻碍，即使报馆主观上想扩大发行量，客观上也不可能超越这些现实条件。

五、组织架构是媒体管理的抓手

媒体管理要想抓好，必须建立起规范有序且适合运行的组织架构。戈公振在撰写《中国报学史》时，并没有仔细论述媒体的组织架构，只是以当时上海《新闻报》的公司系统表作为办报者的参照。

等到 1932 年《新闻学》第三章《报馆组织》诞生时，戈公振不仅有了《中国报学史》第六章《报界之现状》的理论积淀，而且提笔时裹挟着他考察美、德、法、日等多家报馆后的实践反思。他认为“一个大报馆，仿佛是将大学校、银行、印刷厂三者合而为一。所以一定要有一个很好的科学管理法，才能操纵得如臂之使手，手之使指，使彼此权限分明而又能密切合作”③。

在《报馆组织》一章中，他首先对当时报馆普遍的组织结构进行了介绍，尔后则重点介绍了“照最近的趋势，据多数报学家研究”的报馆组织结构的规划，将媒体分为发行部、编辑部、广告部和工务部，并对各部门、各职位的分工职责有着仔细安排。其中，总管理处是一个报馆最高的行政机关，总揽全馆的事务，然后可以下辖编辑部、事务部、会计科、稽核科、馆医科。

没有实施，再好的蓝图也只是空谈。幸运的是，戈公振的这一番完美设计在当时上海最著名的《申报》得到了用武之地。第一次考察回国后，戈公振便投入到《申报》总管理处的设计工作中，同时被报业大王史量才任命为《申报》总经理助理，与黄炎培、陶行知合称“史量才智囊团”。尽管有学者研究发现，戈公振先生在《申报》的时光并不是春风

①② 戈公振：《中国报学史》，三联书店 2011 年版，第 213 页。

③ 戈公振：《新闻学》，商务印书馆 1947 年版，第 16 页。

得意，许多建议没有得到最终的采纳，但他对报馆组织的科学设计还是得到了实施，有力地推动了《申报》的发展。对此，学者张育仁评价为“戈公振对《申报》最大的贡献是，他对照西方大众报纸的经营模式，建立起了一套相当完美的科学管理体系”①。

六、新闻人才是媒体优良的灵魂

媒体进入经营时期之后，新闻人才的地位大大提升，重要性日益彰显。戈公振形象地比喻说：“报馆譬之人体，人才则灵魂也。故报纸之良不良，可自其人才多寡而知之。”②“今后之办报者，欲卓然有所树立，将不在资本之募集，而在专材之养成。”③ 换言之，报纸的成功，决定因素不在资金，而在报业人才的数量和培养。

为了充分发挥人才的积极性和能动性，增强报纸的核心竞争力，戈公振提出了人力资源的激励和教育问题。在人力资源的激励方面，戈公振希望报馆竭尽全力为人才创造良好的条件。“遇有可造之材，宜少责以事，使有读书之暇，多与以薪，使无生计之忧。倘能实行年功加俸之制，则人自不至见异思迁，视报馆如传舍矣。”④

戈公振对新闻人才的重视，是以记者的责任担当为出发点的。他认为，“新闻记者须有超人超国家超世界的力量，才能充任……新闻记者，须视为终身职业，千万不要当作过渡的生活。新闻记者的使命，实就是维护世界之和平，故其责任，异常重大”⑤。当然，除了新闻记者，戈公振认为报馆的各项事务，如编辑、营业、发行、印刷工人，甚至报贩，都是重要的工作岗位，这也是统筹媒体管理，尤其是媒体人力资源管理的重要体现。

作为报界的成功人士，戈公振深知“伯乐”对新闻人才的重要性。以自己为例，他就说过：“教我的是狄平子，识我的是史量才，了解我爱护我的是邹韬奋和马荫良。”⑥短短一句话，将对自己有知遇之恩的几位报界前辈和同仁都感谢在内。而他自己，也先后将李涵秋、毕倚虹招入《时报》，把黄寄萍招入《申报》。黄寄萍曾感慨道：“我与公振现实，公谊私交，有着异乎寻常的密切，六年共事，身心学识方面，得其助力不少……”⑦

七、结语

戈公振主持《时报》期间，正逢上海《申报》《新闻报》《时报》三家大报激烈竞争的时期，这段经历为他参与报业经营提供了充分的实践机会，提升了他对报纸职业的认知，也使戈公振成为一个经营、编辑、时评、广告、副刊兼通的全能型新闻报人。

“对于戈公振而言，在报业经营和报纸编务方面的双重锻炼，都积累了相当的经验，让他摆脱了传统的言论与新闻本位的文人办报思路，开始形成以经营为中心的现代报业

---

① 张育仁：《自由的历险——中国自由主义新闻思想史》，云南出版社 2002 年版，第 304 页。
② 戈公振：《中国报学史》，三联书店 2011 年版，第 225 页。
③④ 戈公振：《中国报学史》，三联书店 2011 年版，第 227 页。
⑤ 戈公振：《新闻学泛论》，黄天鹏主编：《新闻学演讲集》，现代书局 1931 年版，第 6—7 页。
⑥ 马荫良：《怀念戈公振兄》，转引自洪惟杰：《戈公振年谱》，江苏人民出版社 1990 年版，第 125 页
⑦ 黄寄萍：《服膺戈先生的话》，《戈公振纪念文集》，第 126 页。

视角。”[1] 等到他第一次出国考察归来，国外的新闻考察又给他了新的观点，他的媒体经营管理思想也更加成熟，可惜的是在《申报》期间，造化弄人，他错过了《新闻报》总编辑的岗位，除了小试身手的《图画周刊》、“申报图书资料参考部”，他多年媒体经营管理的经验与两年访问海外报业所形成的现代报业思想没有得到充分施展，实在是一件令人遗憾的事情。

① 吴翔：《戈公振在何时当总编辑——从戈公振〈时报〉新闻活动的考订看民国报人转型》，《青年记者》，2013年第9期。

第六章 戈公振新闻法制思想论略

新闻法制，是有关新闻传播活动的法律与管理制度的总称。① 作为国家法律体系的重要组成部分，新闻法制是规范新闻传播单位和新闻从业活动的准则，深刻影响着新闻实践活动。新闻法制的产生，是新闻事业发展的结果。中国近代新闻法制思想的萌芽，是自19世纪末中国先进知识分子制定“报律”的呼声开始的，代表者有康有为、郑观应、汪康年、郑贯公等人。

光绪二十四年六月二十二日（1898年8月9日）康有为在向光绪皇帝递上的《恭谢天恩条陈办报事宜折》中，附了一个《请定中国报律折》。这是中国首次提出制定近代报律（即新闻法律）的正式行动。虽然草拟的“报律”因变法失败而胎死腹中，但报人呼吁制定“报律”的要求并未因此停止。

1912年中华民国临时政府在南京成立后，民主共和的观念日益深入人心，言论自由也被写入了《中华民国临时约法》。但是很快，南京临时政府确立的新闻自由制度就被袁世凯政府和北洋军阀政府所扭曲。

面对历史和现实，新闻学界也逐渐将新闻法制列为研究对象。不过，1924年出版的邵飘萍的《新闻学总论》对“新闻纸之法律问题”的研究，主要是外国新闻法制的沿革脉络，对于中国新闻法制的研究则不够清晰。② 正式且系统地将中国新闻法制作为研究对象的著作还要属戈公振的《中国报学史》。该书第六章《报界之现状》中的第十七节《关于报纸之法律》，对于中国新闻法制进程进行了专门的总体记述和讨论。

第一方面，戈公振梳理了近代以来的新闻法制历程，将中国新闻法制的实际起点明确定在近代，具体为光绪二十七年出台的带有近代法制性质的《大清律例增修统撰集成》；第二方面，简要介绍了民国年间的“现存关于报纸之法律”，从大法到小法，具体包括《宪法》《刑律》《戒严法》《治安警察法》等；第三方面是具体介绍了晚清以来新闻法律失效的原因与状况，为后人进行新闻法制研究奠定了基础。

从更广泛的层面来看，戈公振的新闻法制思想可以着重从宪法层面、刑法层面、民法层面展开。

---

① 马光仁：《中国近代新闻法制史》，上海社会科学院出版社2007年版，第1页。

② 吴翔：《戈公振：近代新闻法制研究第一人》，《传媒观察》，2012年第3期。

一、宪法层面上追求言论自由

中国报业的言论自由意识，早在清末业界与报律的对抗中就已萌芽。1906 年，清政府颁发《大清印刷物专律》和《报章应守规则》。《申报》当即发表《论警部禁卖新书报》一文指斥清廷背信弃义，“乃无端而封报馆，无端而颁报律，束缚言论，制限出版，其于预备立宪之原理去之既远”，并警示当局，“禁者愈甚，读者愈多，亦可见禁书报之无甚效力矣”①，严厉斥责清廷颁发报律禁锢言论自由与当初立宪精神不符的无端行为。1910 年，北京报界公会就曾上书资政院：“为新订报律条文议案制限太苛，非斟酌删除，碍难遵守，陈请修正。”② 其态度明朗，强烈要求修正报律，为报界争取言论自由。

戈公振先生非常重视言论自由。他将言论自由视为“文明进步的一个阶梯”，是中国走向文明和进步不可或缺的重要步骤和策略。在上海报学社社刊《言论自由》的发刊词中，戈公振热情洋溢地写道：“言论自由是文明进步的一个阶梯，我们用这个字（词）做报名，就是很明显地表示我们的目的所在。”③ 短短几行字，流露出戈公振对言论自由权利的渴求。戈公振认为言论出版事关国家政治学术之良窳及进步。他表示：“愈放任，则进步愈速；愈压抑，则反激愈生；与其采高压主义，致生意外之反抗，毋宁采放任主义，使进化于自然。”④ 英美等国言论最自由，对言论自由的争取也最为和平和进步。俄国罗曼诺夫王朝对言论自由束缚最为苛刻，人民群众争取言论自由的抗争就最为激烈。

宪法是一个国家的根本大法，也俗称为“母法”，一般是有关言论自由的总纲领。在《中国报学史》中，戈公振从宪法的高度对言论自由有着深刻的认识。1912 年 3 月 12 日，根据南京临时政府颁布的《中华民国临时约法》，人民群众的言论自由第一次载入国家根本大法。这是新生政权为促进中国新闻事业健康发展所制定的，在强调人民群众享有言论出版自由等基本权利的同时，为加强新闻事业的管理而制定的法律规定。但戈公振敏锐地指出，《中华民国临时约法》第十五条“本章所载人民之权利，有认为增进公益、维持治安或非常紧急必要时，得依法律限制之”的条款，现实中“漫无范围，得随政府或立法者之意思为伸缩”，最终使得“所谓自由云者，乃等于纸上之空文矣”⑤。而 1913 年颁发的《天坛宪法草案》第三章第十条“中华民国人民有言论、著作及刊行之自由，非依法律不受制限”，虽然字面上对言论自由的束缚比《中华民国临时约法》有所宽松，但这种自由并不彻底，实际上是相对自由而非绝对自由。对此，戈公振基于比较法的视野，分析了美国宪法第一修正案的产生背景和积极意义，提出“应仿美国先例，以绝对自由条文，明白规定于宪法中，删去言论出版自由项下‘非依法律不得限制’，而加入‘人民言论出版自由不得以法律限制’一项”⑥ 的倡导。

在戈公振眼里，言论自由是中国新闻事业最重要的问题之一。他认为，没有言论自由，新闻事业的发展根本就是无稽之谈。“言论自由，为报界切肤之问题，此问题不解决，

---

① 《论警部禁卖新书报》，《申报》，1906 年 10 月 31 日。

② 《北京报界公会上资政院陈请书》，《大公报》，1910 年 10 月 30 日、31 日。

③ 陈镐汶：《戈公振与上海报学社》，《新闻与传播研究》，1990 年第 4 期。

④ 戈公振：《中国报学史》，三联书店 2011 年版，第 326 页。

⑤ 同上书，第 290 页。

⑥ 同上书，第 291 页。

则报纸绝无发展之机会。”① 这就无怪于他要从法律体系中处于最高地位的宪法出发，来确认和保障公民绝对的言论自由权利。

二、刑法层面上反对残害报业

对于新闻法制，戈公振认为是必要的。“法律是引人讨厌的事，但为维持社会之公共秩序，不能不如此遵守，个人如此，报纸又何独不然。”② 但可以明确的是，戈公振极力反对假借刑律之名，摧残报业，迫害报人。

袁世凯当政后，报界在经历了民初短暂的繁荣之后瞬即陷入寒冬之中，《报纸条例》《出版法》《戒严条例》《治安警察法》等一批钳制言论自由的刑律相继出台，报刊的登记、发行、言论、采访、编辑等活动备受干预，大批报社被查封，诸多报人被迫害，史称“癸丑报灾”。面对这一严重破坏言论自由的倒行逆施行为，戈公振表现出极大的愤慨。“自洪宪以还，军人柄政，祸乱相寻……封报馆、扣报纸、检阅函电，十余年来，数见不鲜……”③“报纸不是阿谀惟谨，就是模棱两可。仿佛舆论消沉，人心已死”④。不仅如此，他更从现代国家政治的角度提醒社会，同时提醒统治者：“盖思想不能发表，徒成空幻，思想者必甚感苦痛，而郁积既久，无所发泄，终必至于横决，国家命运之荣枯系之。”⑤ 同时，对于北洋军阀动辄以“赤化”“过激”罪名严禁共产党报刊、革命报刊出版发行的举动，尤其对枪杀著名记者邵飘萍、林白水等迫害言论自由的做法，戈公振比较了国外报界的现状，悲愤地指责道：“英国有以‘红旗’名报者，德国有以‘炸弹’名报者，国会中有共产党，而其政府不之禁；今欲假‘赤化’以摧残言论自由，乃无意识之下焉者也!”⑥ 事实上，袁世凯死后，执掌政权的北洋军阀打着民主共和的旗帜欺骗着新闻界，宣布废止了《报纸条例》，撤销了袁世凯封闭报馆的命令，但是他们摧残新闻舆论的方针并没有改变。

1920 年之前的中国报界是混乱和悲剧的，《中华民国临时约法》基本上等同于一张废纸，言论自由毫无保障可言。在袁世凯的压迫下，新闻界完全失去了先前争取言论自由的热情和勇气，转而“集体失语”，彻底放弃言论自由权利。1915 年 12 月底袁世凯的洪宪帝制粉墨登场之时，北京各报竟一律印成红报以示庆贺，上海的报纸也只敢在报纸上用小字标明“洪宪”年号，不但不敢公然反对帝制，反倒阿谀奉承起来，终成“辛亥革命以来政治史上，也是新闻事业史上最黑暗的一页”⑦。

戈公振对于报界的这些悲剧，可以说是痛心疾首：“返视报界，则涣散特甚，无一机关可代表一地方之报纸，遑论全国？甚有幸灾乐祸，以他报之封闭或扣留为快者。彼且不自尊，欲人尊之也，得乎？”⑧ 这些批判，与戈公振在宪法上倡导绝对言论自由是紧密相关的。长久以来，历代统治者对于言论出格者，动辄就以各类刑罚予以处置，这一点，深谙

① 戈公振：《中国报学史》，三联书店 2011 年版，第 333 页。
② 戈公振：《报纸的将来》，载黄天鹏主编：《新闻学演讲集》，现代书局 1931 年版，第 70—71 页。
③ 戈公振：《中国报学史》，三联书店 2011 年版，第 333 页。
④ 戈公振，《新闻学》，商务印书馆 1947 年版，第 14 页。
⑤ 戈公振：《中国报学史》，三联书店 2011 年版，第 334 页。
⑥ 戈公振，《中国报学史》，三联书店出版社 2011 年版，第 333—334 页。
⑦ 李龙牧：《中国新闻事业史稿》，上海人民出版社 1985 年版，第 88 页。
⑧ 戈公振：《中国报学史》，三联书店 2011 年版，第 333 页。

中国新闻史的戈公振自然明白。现实中，“封报馆、扣报纸、捕报人”等种种蹂躏言论自由的行径更让他痛心无比，所以戈公振真诚希望，“鄙意一方面希望除刑律外不另有限制言论出版之法律，或其类似之法律”①。而要实现这样的立法要求，进而获得言论自由，戈公振认为报界必须精诚团结，共同行动，宁为玉碎，不为瓦全，以与恶势力抗衡，并从“拥护言论自由，实亦国民之天职也”的角度呼吁人民群众担当报纸之后盾，随时防止恶势力之潜滋暗长。

三、民法层面上关注新闻所有

1927年8月，戈公振代表中国参加国际联盟在日内瓦召开的国际新闻专家会议。其间，他专门翻译了会议文献《新闻所有权法草案》的要点，并穿插上自己的见解，提供给中国新闻界参考，以引起国人对新闻所有权保护的重视。这篇论述也成为中国新闻界较早关注新闻所有权的文献。

所谓新闻所有权，就是我们现在熟知的新闻著作权，或者说是媒介知识产权，这是知识产权领域中的一个特殊组成部分。我国自清末以来，“重惩戒、轻保护”一直是报律的特色，新闻所有权虽有提及，如宣统年间先后颁布的《资政院奏准著作权律折》《著作权章程》和民国四年颁布的《著作权法》等，但相关规定很不完善，与报业的联系不够紧密，报界的重视程度也不高。

戈公振指出：“大气之中，满布新闻，以待人取，故谓此新闻，应属何人，于理殊有未妥。然经验宏富之记者，每能利用其推理力，捷足先得，是其所费之心思与财力，有应受尊重之价值，此所以新闻所有权问题。”② 这一论述，指出了著作权的实质，即新闻属于记者“利用其推理力，捷足先得”的成果，花费了“心思与财力”，著作权是一种对其智力成果依法享有的专有权利，应当得到尊重，具有排他权、对世权。但“我国报纸程度幼稚，向未注意此问题”，最终出现“早报晚报之互相抄袭、转载，同时出版他报上之电报，从无线电中窃听新闻……”③ 种种不正当竞争的侵权行为。特别是鉴于“数年前，上海各报，因路透电社加价，拒而不应其稿，但又从西报上翻印，引起该社之干涉”④ 的前车之鉴，不能再对新闻所有权问题熟视无睹。

戈公振对新闻所有权的认知并没有局限在西方新闻界确定的范畴中，他有着自己特别的看法。一是强调新闻所有权的特殊性。他根据《海牙公约》有关条款指出，工商业上不正当竞争的定义不完全适用于新闻所有权的保护问题，因此，不能简单地借用商标及制造品之保护法来实施，“在逻辑上，颇不合宜”，而应该根据法律调整对象的特殊性，“立一直接的法律为佳”⑤。二是强调新闻作品的合理使用权。他在尊重新闻所有权的同时，提出“有关公开消息，及经多数报纸之翻印，不生妨碍”⑥ 的要求。这一观点，与现代民法中日常新闻不受著作权保护的法理是契合的。可以说，戈先生的这两点见解是非常超前的。

对于任何一家媒体来说，原创内容都是新闻事业的核心资源，新闻作品的版权是媒体

---

① 戈公振：《中国报学史》，三联书店2011年版，第326页。

②③④ 戈公振：《新闻所有权草案》，《民国丛书》（第二编48），上海书店1990年版，第267页。

⑤ 同上书，第270页。

⑥ 同上书，第270页。

的核心资产，某种意义上甚至是其安身立命之本。遗憾的是，中国的著作权法兴于清朝末年，适逢中国社会天翻地覆般的转型时期，加上中国向现代社会的转型是被动的。在救亡图存的紧急历史使命下，中国人没有能够从容地、自信地、理性地判断西方文明和传统文化的优缺点，妄自菲薄与盲目自信同在。没有能够真正将中西文化熔为一炉，从而诞生一种全新的东方文化。[①] 于是，即便是经过多次修订，辛亥革命后的著作权保护仍然没有能够得到很好的发展，报界与新闻所有权的关系也一直若即若离，新闻作品的版权问题更是困扰当今社会的重要命题。

更为遗憾的是，由于英年早逝，戈公振关于新闻法制的诸多问题都没有来得及做出进一步的探讨和研究。但毫无疑问，戈先生留下的这些观点都是闪光的，尤其是在那个新闻法制尚未引起重视，抑或是被漠视的年代。

① 薛宁：《辛亥革命时期中国著作权法的发展》，《知识产权》，2012年第1期。

第七章 戈公振新闻教育思想研究

迄今为止，学界有关戈公振先生新闻教育思想的研究文章一直寥寥无几。且不说这种现象是对戈公振新闻教育思想的一种漠视，却也反映出其新闻教育思想在学界研究中相对弱势的实情。

事实上，戈公振在新闻学教育方面有着巨大的历史性贡献。1921 年 11 月 9 日，上海新闻记者联欢会成立，此组织“以研究新闻学识，增进德智体群四育”[①] 为宗旨，戈公振出任第一届会长。1925 年 11 月，戈公振还亲自发起成立上海报学社，一时间国民大学、大夏大学、光华大学的新闻学学士纷纷加入。报学社主要从事新闻学术探讨、组织短期新闻培训班、出版发行《言论自由》会刊等活动，是民国时期上海地区存在时间最长、影响较大的新闻学术团体。

戈公振本人不仅先后被国民大学、复旦大学、上海大学、大夏大学等沪上名校争相聘为教授，主讲访事学和中国报学史，就连时任私立中国公学校长的胡适先生也亲自来函，意欲邀请他前往学校讲学。另外，他还先后两次出国考察国外新闻学教育状况，系统地比较并研究了西方新闻学教学模式，提出了适合中国新闻学教育的本土化主张。

为系统介绍戈公振新闻教育思想，本章拟从开创新闻史学研究、重视新闻专业教育、倡导国民媒介教育三方面重点论述戈公振先生在新闻教育上的作为与创见。

一、开创新闻史学研究

在戈公振、徐宝璜等学者提出新闻本位观之前，中国的新闻学仅处于启蒙阶段。梁启超的一句“报馆有益于国事”既充分表达了当时知识分子“以报报国”的心志和愿望，却也限定了新闻事业作为政治变革“利器”的工具角色。同理，也框定了新闻学作为政治驾驭下“术”的隶属地位。

及至五四时期，新闻事业不仅有了职业化的长足发展，而且随着西方新闻学观念的引进，新闻学科的独立意识也随之起步。在这一背景的促使下，我国新闻学教育和新闻学研究进一步发展起来，不仅一批报学系科（后改称新闻系）先后建立，新闻学也逐渐从

① 戈公振：《中国报学史》，三联书店 2011 年版，第 275 页。

“术”的角色定位向“学”的角色定位转型。戈公振的《中国报学史》就是这一时期新闻学著作的优秀代表。

1925年，戈公振在上海国民大学报学系讲授中国报学史课程的教学过程中，以授课的讲义和积累的资料为基础，开始撰写《中国报学史》。为了获得第一手资料，他在《时报》刊登了“访求旧报”广告，高价征集所需各种中外报刊，并多次到上海徐家汇藏书楼阅读和查找有关报刊资料。他还曾特地致函马相伯、丁福保、郑振铎等人，虚心向他们请教。《戈公振年谱》一书记载了他写《中国报学史》时的情况：“10余年来，他一直不停地广泛搜集史料，致使摆设在他那书房兼卧室的4张高大的书架上，全部堆满了有关新闻的书籍和各种稀有的报刊与剪报。他那如痴如醉的治学精神，使同事和朋友们都大为惊叹。”①

经过一年多的笔耕，《中国报学史》终于在1926年底完成，并于1927年11月由商务印书馆出版发行。《中国报学史》第一次系统全面地介绍和论述了中国新闻事业发生发展的历史。全书汇集了大量的第一手材料，用丰富翔实的材料、严谨的考证将从汉唐到五四运动前中国报刊的历史进行了概括总结，勾勒出了中国新闻事业产生发展的清晰脉络，确定了中国新闻史研究的内容。它作为第一本由中国人编写的研究中国报刊史的专著，其出版标志着中国新闻史系统研究的开端，代表了旧中国报刊史研究的最高学术水平，为中国新闻事业史的研究做出了开拓性的贡献。

在中国新闻学教育史上，《中国报学史》的诞生具有划时代的意义。在全书的绪论部分，戈公振开宗明义地提出：“所谓报学史者，乃用历史的眼光，研究关于报纸自身发达之经过，及其对于社会文化之影响之学问也。”② 此前，还没有一个学者能够像戈公振这样明确地提出将报业史作为研究对象，也正因为戈公振这种筚路蓝缕的开路精神，《中国报学史》在近代中国新闻史上第一次确定了报刊史是一门值得研究的学科。并且，也正是《中国报学史》的诞生，使新闻学的学科框架体系方可宣告构建完成，新闻学教育的三大分支才最终都找到了自己的学术源头。在这层意义上，正是由于戈公振的关键一步，中国新闻学教育的开展才有了名正言顺的学科框架体系。

二、重视新闻专业教育

中国新闻学专业教育的发展是与中国社会的发展同步的，是一个由“轻视”到“重视”的过程，“往者社会之视报馆，盖卖朝报之流亚，服务其间者，文人之末路也。今报纸渐成社会之日用品，人民之耳目喉舌寄之；于是采访有学，编辑有法，学校列为专科，书肆印为专籍，以讨论报纸之最高目的，期合乎人群之需要”③。事实上，民国元年，全国报界俱进会就提议设立新闻学校，这是我国提议新闻学教育的开端。1920年，全国报界联合会提议组织编写大学新闻学教材。可惜，这两个团体均先后瓦解，新闻学教育也就不了了之。

1918年，“北京大学新闻学研究会”宣告成立，北大校长蔡元培亲任会长，徐宝璜、

---

① 洪惟杰：《戈公振年谱》，江苏人民出版社1990年版，第23页。

② 戈公振：《中国报学史》，三联书店2011年版，第3页。

③ 同上书，第337—338页。

邵飘萍被聘为导师。此后，上海圣约翰大学、厦门大学、北京平民大学、燕京大学、上海南方大学等先后设立报学系，许多知名报人也走上讲台，成为早期新闻学教育的主力军。

戈公振是早期新闻学教育的领军人物。他非常重视新闻专业教育，多次提出新闻人才的重要性：报馆譬之人体，人才则灵魂也。报纸之良不良，可自其人才多寡而知之。将来报纸经营的问题，恐怕不是资本而是人才，这也是中国报纸进化的一种必至的现象。由此看见（报馆）组织固然是重要，但是人才却也不可轻视。我国素有“事在人为”之说，这也是值得“三思再思”。我们要想编一种良好的报纸，就要有良好的人才。这一系列真知灼见，与其说是在论证新闻人才的重要性，还不如说是提出了新闻专业教育的必要性。当时的中国报业，相比欧美国家起步晚、发展慢，除去社会、政治、经济、文化等因素，戈公振认为新闻学教育的人才匮乏也是重要因素。因此，中国的新闻事业要发展，就必须培养大批的合格人才。

需要指出的是，戈公振有关新闻专业教育必要性的论述不是纯粹出自行业实用主义的目的，而是在新闻人才担负重要职责的基础上，显现出的对新闻专业教育重要意义的深层考虑。“设若我们将报纸当作一个团体来看待，或是政党，或是资本团体，或是教会，如此。新闻记者，只需熟悉此一个团体的情形和流畅的文笔就够了，大学教育，可以不必要。但是我们若认报纸是代表公众的利益，那就一定要受过高等教育（养成有总括知识面，而无偏见）的新闻记者，才能胜此重任。”“他们将来要能看重国家利益，比个人或一个团体利益还重要，为国家利益起见，防止报纸不负责任和发生危险的影响。除了上面所说的，就是记者必须受新闻教育，就是大学教育，以外没有别法……”因此，戈公振总结道：“记者的大学教育不但很好，而且是必要的。”①

同时，戈公振还对记者可以依赖天分或可以依靠报馆培养的偏颇观点提出修正和批判。“所以有天才的人，往往因未受充分教育，而发生不幸中的大不幸，常见一类新闻记者，对于什么都知道，但是没有一样能理解，重视经验而轻视教育的偏见，实在是误害苍生。”“记者之职责至重，而社会之希望于记者亦甚高。故由道德上理想上造就报业人才，则报馆不如学校，学问与经验，两者不可偏废也……欧美名记者，固有出身于报馆者，然此种人不数见，岂足以应报界之需？故报业之必须有教育，即使有志于此者，于未入报界之先，予以专门训练，及关于政治学心理学社会学上之高级知识，乃尊重职业之意，岂有他哉！”②

中国早期新闻教育的发展过程，同时也是深受西方新闻教育影响的过程。对于西方新闻教育模式和思想，中国学人与报人最初抱有全盘接受的态度。但待到戈公振第一次从国外考察回国，他则以敏锐的目光对西方新闻学教育进行分类审视，开始了对中国新闻学教育本土化的反思。

戈公振比较了美国本薛文尼大学新闻科、比京新闻学院、法国天主教大学新闻科、波兰华沙大学新闻科、德国莱勃摄大学新闻科等开设新闻专业的院校，归纳出当时世界上新闻学教育的模式应分为美国式、德国式和英国式。其中，“美国的方法，注重职业的训练；德国的方法，注重职业的教育；英国的方法，想把两方面都做到”。然而，“这三种制度的

① 戈公振：《新闻学教育之目的》，《报学月刊》，第1卷第2期。

② 谢冰岩、王凤超：《新闻学者戈公振》，《新闻研究资料》，1986年第1期。

成立，因为大学教育的目的，和对于新闻记者职业的观念不同而发生”①。在对西方新闻教育批判的基础上，戈公振提出了中国新闻教育的本土模式，此处笔者把它归纳为“术业有专攻，理论加实践”。

术业有专攻，就是学生应该按照自己将来从事的“行业口”进行学习。“理想的政治记者，应该研究的，是历史、地理、法律、国民经济、统计学、哲学和外国语；理想的经济记者，应该研究的，是国民经济、统计学、私人经济、地理、法律和外国语；理想的社会记者，应该研究的，是历史、地理、国际公法、国民经济、统计学和特殊的法律……”②在这里，戈公振摒弃了新闻学通识教育，提出了适应行业需求的专业课程设置，这不仅是对当时新闻学的一种前瞻性谋划，也是基于长期新闻实践工作衍生出的思索。他明白，记者一旦进入报馆工作后，必然进入专业口，只有娴熟的专业知识才能在所属的“口子”里游刃有余地采访与写作，这样的知识素养不能等到报馆耗费资本和时间来培养，而必须纳入预先的专业教育中，只有这样，报馆用人才能得心应手。

理论加实践，就是记者应该在接受理论课程教育的同时，注重新闻专业实践。“但是这种人（记者）资格的证明，只有经过大学的研究，和毕业试验，最为妥当，毕业证书，也应该在研究后一段时间内，已经实习后，才能发生效力。”③ 长期活跃在报界第一线的戈公振懂得，新闻是一项实践性非常强的行业，学问与经验，如同车之两轮，鸟之两翼，缺一不可，“对于学识和经验同等看待”④。新闻专业的学生，已经经过高等教育的熏陶，但必须要经过实践的锤炼，才能最终成为可用的新闻人才。这种希望中国新闻学要将新闻职业教育和新闻职业训练都涵盖在内的设想，在今天仍具有现实意义。

三、倡导国民媒介教育

比较而言，如若将开创新闻史学研究标定为戈公振先生新闻教育思想中最突出之贡献的话，那么，其中最具远见之亮点应当是戈公振倡导的国民媒介教育思想。这一点和当代新闻学教育中兴起的媒介素养教育不谋而合。

在戈公振看来，“其实新闻学是每个青年都应该研究的，因为每一个人，皆和报纸发生关系”，一方面因为“报纸是一国总括的文化现象，差不多政治经济社会文艺各方面，都受他暗示，我们由报纸而成为团体，如果我们现在没有报纸，社会将成何种现象，简单说起来，一方面知道报纸是一个危险的礼物，一方面又不能少了他”；另一方面则是因为“现在公众对于报纸的知识非常缺乏，比旁的文化事业，还要危险。差不多每一个青年手里都拿有一份报纸，或一份杂志，但是在他们中间，有谁知道报纸如何发生，如何成立，有何条件……现在的群众，不管报纸的内容的黑白，他就大胆的带到家里去，还要说给别人听，迷信报纸的程度，可算得荒谬至极”⑤。

戈公振这一番由因及果的分析和当今新闻学界论证媒介素养教育重要性的途径是完全一致的。一方面，报纸传递的信息会对社会的各个方面产生重要的影响，只是这种影响大

①②③　戈公振：《新闻学教育之目的》，《报学月刊》，第1卷第2期。

④　戈公振：《新闻学泛论》，载黄天鹏主编：《新闻学演讲集》，现代书局1931年版，第5页。

⑤　戈公振：《新闻学教育之目的》，《报学月刊》，第1卷第2期。

多数情况下是悄无声息的，不为一般人所觉察，但是这种影响是巨大的，也是实实在在的；另一方面，由于国民媒介素养不高，往往不能有效地辨别信息的真假，很容易发生误读、误用和误导的情况，甚至产生很大的社会危害。由此，提高国民媒介素养就成为新闻学教育乃至整个教育事业的当务之急。

同样是基于国民媒介素养亟待提高的现状，1929 年，戈公振在“夫报纸为普及教育之利器”观点的指导下，发出了“新闻学是无条件的一切国民必修科”的倡议，号召将新闻学教育纳入国民教育体系中，变专业教育为普及教育，化精英教育为大众教育，从而“必使具小学毕业以上程度者，即有读报之机会”①，“凡是看报的人，都要有报学的常识，然后才能知道报纸的正当读法”②。1932 年，在《新闻学》一书中，他进一步提出推广报业常识，提升国民素质的重要性，要使广大国民“能了解政治问题，能自下而上地判断，进而监督报纸，强制政治家，使自觉其责任的重大，于国家的进步，这是非常重大的关系”。因此，他建议“我国普通学校内，似乎应该有若干钟点，能以报纸代讲义，中学以上，能添设新闻学课程则更佳……同时为发挥民治政体精神起见，普通学校，也应该有若干新闻教育时间”③。这种观点，与戈公振一直提倡的报纸平民化一脉相承，即报纸是面向社会的，影响着千千万万的群众，必须被放在整个社会进步的高度认真对待。“报业之进步，虽与教育实业交通诸端有连带之关系，然吾人之从事此业者，绝不能谓报学之进步，须坐待报业之进步；更不能谓报业之进步，须坐待社会之进步也。盖二者互为因果，自有赖于吾人之努力，必人人皆有种此善因之决心，然后生生不已，而相互关系之善果乃见。”④

用现在的观点看来，媒介素养是对传统阅读、写作能力的延伸和修正，是生活在信息时代的人们应对纷繁芜杂的媒介世界最起码的生存之本，甚至有当代学者认为，媒介素养的高低标志着一个时代、社会、国家、民族文明发展的程度。

在 20 世纪 20 年代，戈公振的这一媒介素养教育观念在当时的中国乃至全世界都是十分超前的。与英国学者利维斯等人在 1933 年《文化和环境：批判意识的培养》一书中首次提出在学校教育中引入媒介素养教育的观点相比，戈公振的观点整整早了四年，极具前瞻性。

戈公振为新闻教育奔走之时，正是中国新闻学教育的初创时期，以戈公振为代表，中国的新闻学教育呈现出如下几个特点：一是与教师队伍相结合，即新闻实践与新闻教育的结合，这种结合使得新闻教育能够与新闻业务操作紧密相连，使得新闻教育更好地为新闻单位服务，戈公振如此，邵飘萍、陈布雷、潘公弼也是如此；二是教学与科研相结合，戈公振的《中国报学史》、徐宝璜的《新闻学》、邵飘萍的《实际应用新闻学》都是一边讲课、一边科研的成果；三是报人观念的更新，促进了新闻教育的发展。“此前从事报刊工作的多数是政治家、文化人或企业家，只注重报刊如何宣传，而不重视新闻人才的培养。”⑤ 等到戈公振这批专业办报人员成为报界主力后，新闻教育不仅被提上议事日程，而

① 戈公振：《中国报纸进化之概观》，《国闻周报》，1927 年第 4 卷 5 期。

② 戈公振：《复旦大学新闻学会成立演讲词》，载黄天鹏主编：《新闻学演讲集》，现代书局 1931 年版，第 163 页。

③ 戈公振：《新闻学》，商务印书馆 1947 年版，第 32—33 页。

④ 戈公振：《告有志于报业者》，《学生》，第 12 卷第 7 号。

⑤ 李建新：《中国新闻教育史论》，新华出版社 2003 年版，第 58 页。

且能够积极与外界交流，特别是吸收了美国新闻教育的先进做法，使得初创时期的中国新闻学教育在发轫期能够迅速成长。

追思以往，中国新闻学教育即将步入百岁之年，回望戈公振先生这些至今仍闪耀着光芒的新闻教育思想，我们今天的学人更应以一种当代的立场和视角，认真发掘中国新闻教育思想史上那些尘封的资源，以发挥它们的价值和功用。

第八章 戈公振新闻时评论略

作为《中国报学史》的作者，戈公振的身份一直与中国新闻史紧密联系。或许是《中国报学史》影响太大的缘故，若干年后学界对戈公振的考察往往集中在史学领域，他的一系列其他成就很容易被忽视，很少有人从事过专门研究。戈公振时评就属于此类被忽视的领域。2013 年 9 月，江苏东台学人朱兆龙先生编著的《戈公振时评》一书正式出版。该书对戈公振先生在上海《时报》任职期间写作和发表的 1,791 篇时评进行了整理汇编，为学界系统研究戈公振时评提供了基础性素材。

一、戈公振新闻时评概况

时评起源于 1903 年梁启超改版《新民丛报》前后，至狄楚青创办上海《时报》时发展壮大，当时最具代表性的时评家就是《时报》主笔陈冷（陈景寒），所以，很多时候学界也认为时评起源于《时报》。

戈公振在《中国报学史》中写道："狄氏灰心武力运动，乃创办《时报》，为文字上之鼓吹。延陈冷为主笔。独创体裁，不随流俗。如首立时评一栏，分版论断，扼其机枢。"① 胡适在 1921 年所作的《十七年的回顾》中也曾评价说："《时报》的短评在当日是一种创体……用简短的词句，用冷隽明利的口吻，几乎逐句分段，使读者一目了然，不消费工夫去点句分段，不消费工夫去巧思考索。"②

戈公振 1914 年进入《时报》工作，从校对做起，后升任助理编辑、编辑，一直做到总编辑。其间有 10 年时间参与时评写作。戈公振时评明确署名的开始日期是 1915 年 1 月 1 日。当时《时报》每日出版两大张四个版，包括三个新闻版，一个副刊版。新闻版有三个"时评"专栏。"时评一"作者为陈景寒，笔名陈冷，负责国内要闻版；"时评二"作者为包天笑，笔名笑，负责地方新闻版；"时评三"作者为戈公振，署名"公振"，负责本埠新闻版。据考证，1914 年的"时评三"无署名，但从前后语言风格和论述基调来看，也应出自戈公振之手。有可能是 1915 年《时报》报社明确戈公振的编辑职权后，他才开始

① 戈公振：《中国报学史》，三联书店 2011 年版，第 133 页。
② 胡适：《胡适学术文集·新文学运动》，中华书局 1993 年版，第 90 页。

署名。从 1915 年 1 月 1 日开始，“时评三”一直是戈公振的专栏，基本上每日一篇，很少间断。据统计，1915—1921 年的“时评三”共 1,723 篇，计 216,283 字。

戈公振的“时评三”，秉承了《时报》时评的一贯风格，即文章短小、标题简明，一般一事一议，就事论理，议题注重新闻性，观点彰显鲜明性。往往寥寥数语，便能将“文言文的简练、白话文的通俗、古代杂说的睿智、西方随笔的思辨，糅合在短小精悍的时评中”[①]。

与此前每天一篇的写作量不同，1920 年，戈公振的“时评三”只写到当年的 5 月 31 日，1921 年的“时评三”只写到当年的 2 月 21 日。

出现这种断裂，与戈公振在《时报》的工作变动有关。1919 年 9 月 6 日前后，戈公振接任《时报》总编辑一职，负责主持全报编务，主管头版要闻专电的编辑，同时还要代行经理的职责，负责报馆的经营和《时报》大楼的修建。1920 年下半年，戈公振接受《时报》资助，晚间前往青年会补习英语。同年 7 月 9 日，戈公振在《时报》首创《图画时报》，刊登大量照片与图画，推动中国报业从“石印时代”走向“铜版时代”。这些事情，耗费了戈公振大量的精力。于是，“时评三”改由他人续写（署名“太素”），戈公振从 1923 年 11 月 9 日开始负责头版“一周国内外大事纪要”。

“一周国内外大事纪要”也是时评的一种形式。与“时评三”一事一议的形式不同，它侧重于一周内国内外重要新闻事件的罗列汇总，评论要素相对较少，强调以事驭理，力争事理皆彰，多属于事件述评和形势述评性质。据统计，戈公振在 1923—1925 年共撰写“国内外纪要”68 篇，计 66,449 字。

二、戈公振新闻时评的关注点

戈公振新闻时评的创作年代，是中国近代史上风云诡谲的年代。中国社会在经历前所未有之大变局后，迎来了辛亥共和。当知识分子欢呼雀跃，以为新时代到来之际，却发现新时代并没有完成反帝反封建的任务，也没有改变半殖民地半封建的社会性质，反而陷入军阀混战、民众依然困顿的境地，这引发了包括戈公振在内的新文化知识分子对中国命运前途的探索和辩论，遂有 1919 年五四运动的爆发。

所谓“国家不幸诗家幸”，时评在这种社会大环境下作为思想的原声、媒介的旗帜和理念的引领，形成了五四时期的时评特有的风格。从历史的长时段来看，戈公振时评无论在思想形态上，还是在语言风格上，都在通达五四时期的时评的路径上，但其视野更为广阔，跨越了五四运动前后两个时期，其论题更为宏观，更为底层，救国情怀和民生意识更为浓烈。

（一）聚焦时政

戈公振新闻时评，与全国政治形势联系密切，往往依时而动，有感而评。从 1916 年 1 月 1 日袁世凯改纪年为“洪宪元年”到 3 月 22 日取消帝制期间，戈公振的多篇文章如《党人行动》《兵燹》《华盛顿生日》《战事与商务》《杨晰子》直指袁世凯历史丑剧给国家民众带来的危害。袁世凯去世后，戈公振又发表了《除旧布新之希望》《民意》《庆祝共

---

① 朱兆龙：《戈公振时评》，南京大学出版社 2013 年版，前言，第 5 页。

和》《党派》等，表达了对共和制度的向往。1917 年 7 月 1 日，张勋复辟，溥仪称帝。面对中外舆论的哗然，戈公振自 7 月 2 日起每天发表一篇评论，如《复辟与商业》《反对复辟》《实力》《安平轮沉没》《欢迎伍总长》《伪》《复辟声中之炸弹》等，痛斥复辟的倒行逆施。1918 年，军阀混战，国无宁日。戈公振先后撰写了《避兵》《战事与借款》《和平》《运兵》《息战》《服从中央命令》等近 90 篇时评，抨击军阀为一己私利置国家和平于不顾。1919 年，五四运动和南北议和成为戈公振时评的重要论题。戈公振在五四运动中发表《国民大会》《学生联合会》《敬告工人》《上海学界之责任》等时评 40 余篇，不断结合运动的新趋势总结斗争经验，鼓舞爱国学生，启发市民觉悟，并公开将当时社会通称的"五四风潮"称为"五四运动"。南北议和期间，他又发表《劝双方让步》《和议之前途》《和议代表之责任》多篇评论，公开劝诫双方以国家大局为重，避免无谓的争执。

（二）关注商业

戈公振新闻时评与全国商业形势联系密切，往往应时而作，议论风生。《时报》作为当时中国第三大中文商业报纸[①]，对商业的关注是自然而然的。戈公振有关商业的时评大抵有以下几类：一是论说商业总体态势的，如《商业之衰落》《商业之生机》《商业上之发展》《呜呼，中国之商业》《商界总联合会》；二是论说商业与时局的，如《时局与商业》《欧战与商业》《防务与商务》《商务与报纸》；三是有关商业各领域的，如《棉纱业之发展》《大宗之丝运法》《西药同业公益会》《告米商》《告电灯公司》《茶业停滞》《张裕酿酒公司》；四是有关华商国货的，如《国货与华侨》《中华国货公司》《提倡国货》《国货加价》《华商为愧多矣》《华商其猛省》；五是有关各类税收政策的，如《反对洋货落地税》《印花税》《加征货物税》《裁厘加税》《修改印花税》《公卖税》。总体来看，戈公振的商业时评涉及面广、反思度深，常常能够站在民族工商业的立场，倡导商业兴国，呼吁实业发展，反对一切不利于经济发展的不良因素。特别是他多篇提倡国货的时评，不仅是把民族主义融入了新兴消费文化，更重要的是，他认为"提倡国货为国民分类事"，否则"吾国工业不行，驯至日用物品仰人供给。利权外溢其害小，不能自立其害大"[②]，这是典型的国货运动背景下爱国主义情感的理性表达，无形中加深了中华民族的国家认同。

（三）关怀民生

戈公振新闻时评与社会民众生活联系密切，往往题材广泛，情理交融。妇女方面，有《妇女生计》《缠足》《振兴贫民女子教育》《女子解放的问题》《妇女之新生计》《男女一同做事》；教育方面，有《整顿小学赘言》《职业教育》《同济学校》《中学之改良》《聋哑新学校》《幼稚园》《盲童学校》；劳工方面，有《失业工人》《人力车夫罢工》《再论人力车夫罢工事》《罢工》《小贩风潮》《黄包车夫风潮》；救灾方面，有《赈灾》《为灾民呼吁》《救灾救澈》《俭食救灾》《避乱难》《天灾人祸》《恤灾》；生活方面，有《米》《米禁》《盐》《呜呼，米禁》《米贵之痛苦》《米价飞涨》《物价》《自来水问题》。此外，还有《大雪与贫民》《吾民之负担》《电车碾毙乞儿》《小民之厄也》《市民权》《人口加增与卫生》《公园》《取缔医院》《为民食留余地》等诸多关怀社会民众生活方面的内容。这些以民生

① 汪英宾：《中国本土报刊的兴起》，王海等译，暨南大学出版社 2013 年版，第 35 页。
② 戈公振：《提倡国货会》，《时报》，1919 年 9 月 21 日。

为论题的时评，大多情理交融，在文字之中渗透着作者为民众疾苦和民生艰难的呼吁。戈公振新闻时评中，“民苦赋税久矣”“夫时局脆脆，民生之困苦极矣”“黄包车之风潮甫已，而小贩之风潮又至。要言之，均为生计问题所逼也”“直隶之大水，与夫四川之兵祸，观于慈善团体之拯救不遑，即可知小民之罹于斯厄者众矣”“白米价暴腾，贫民受害最烈”等语句随处可见，悯农惜民之情，每每流露于报端。

（四）抨击时弊

戈公振新闻时评与社会陋习丑态联系密切，往往切中时弊，饱含批判。戈公振抨击的时弊主要有三方面：一是各类匪患问题，如《吓诈与抢劫》《匪》《拿不尽之匪徒》《憝不畏法之匪徒》《盗匪游行街市》《兵与匪》《盗匪临街示众》《拐匪》《匪患》，他希望通过这些时评，“愿有地方治案之责者，其深长思之”[①]；二是官吏贪腐问题，如《官僚》《呜呼、污吏》《工巡局之腐败》《呜呼，“模范”警察》《敬告言搜刮之策者》，这些评论以事析理，直述“官僚之幸，民国之不幸也”[②]；三是社会陋习问题，如《赌》《赌窑》《禁止娼妓》《禁止彩票》《严禁诲淫小说》等。其中，戈公振花了超过 80 篇的数量集中连续批评了当时的烟土问题，如《烟灾》《鸦片》《烟禁》《私运土膏》《私土与匪盗》《戒烟》《私土充斥》《监视焚土》《除毒务尽》《呜呼，鸦片贸易》，他一方面指出“烟禁废弛，甚于前清……政府再不严厉进行，则民间虽有百拒土会，无益也”，要求政府在禁烟方面有所作为[③]；另一方面指出禁烟必须做到“禁种、禁运、禁吸”的结合，“此应要求法庭重治其罪，一面社会亦予以相当之待遇，使其不齿于人类”，才能“拔本塞源”[④]。这些评论，体现了戈公振与烟土问题斗争的韧性、感性与理性。

相比之下，“一周国内外大事纪要”的国内部分，也主要聚焦于国内政治、商业、民生与时弊等问题，但更偏重宏观时局，如军阀混战。国外部分则关注国际联盟、鸦片会议、外国政务等国际大事。行文风格上，以简述事件为主，在事件头尾稍作评论，达到阐明观点，揭示实质的目的，即以“述”为由，以“述”为主，以评“点睛”。

语言风格上，戈公振以凝练简洁的文言文为体，习惯通过白话文的明白晓畅，将理性深刻的思考表达在时评短小精悍的方寸之间。十年时评中，“初时行文风格较为审慎稳妥，不露锋芒，点到为止；日久劝喻论辩，反讽正切，纵横捭阖，汪洋恣肆”[⑤]，形成了独特的戈氏风格。可以说，戈公振“时评三”的稳健遒劲，与陈景寒“时评一”的冷峻犀利、包天笑“时评二”的短峭活泼，一起构成了新文化运动中报纸言论革新的优秀代表。

三、戈公振的报纸舆论观

在包括新闻时评在内的新闻实践中，戈公振形成了自己的新闻理论。对于新闻评论，素来坚持新闻本位思想的戈公振指出，“报纸虽以揭载新闻为主，然评论为意见之表示，

① 戈公振：《憝不畏法之匪徒》，《时报》，1915 年 1 月 10 日。
② 戈公振：《官僚》，《时报》，1917 年 6 月 17 日。
③ 戈公振：《禁吸感言》，《时报》，1919 年 11 月 12 日。
④ 戈公振：《禁吸》，《时报》，1919 年 10 月 4 日。
⑤ 朱兆龙：《戈公振时评》，南京大学出版社 2013 年，第 5 页。

亦未可轻视”[1]，特别肯定了新闻评论的地位。所以，他在《中国报学史》中开宗明义，将报纸定义为“报告新闻，揭载评论，定期为公众而刊行者也”[2]。

“报纸为舆论之机关”是20世纪20年代前后媒介对评论的功能定位，这也是当下中外新闻界的共识。那么什么是舆论呢？戈公振有自己的解释：“就是以大多数人之意志为依归。”[3] 这一解释有别于当代媒体强调的舆论引导。在戈公振的眼里，“记者之天职，与其谓制造舆论，不如谓代表舆论”[4]。他清晰地区分了“制造舆论”和“代表舆论”的区别，认为新闻与评论的任务是“代表舆论”，体现国民意志，并顺延推出记者在业务方面的作为。“与其令其起而言，不如令其坐而听。耳有所听，手有所记，举凡国民欢笑呻吟哭泣之声，莫不活跃纸上，如留音机器然，则公共意志自然发现，而舆论乃有价值而非伪造。”[5] 这种论述，与20世纪初前后出现的“制造舆论”和20世纪30年代兴起的“指导舆论”相比，显现出典型的民本主义成分。

戈公振的舆论观，大大有别于此前传统儒家义理推崇的“清议”，也有别于王韬以来的诸多政论文章，而是五四运动前后新式新闻学人的报刊思想。[6] 当然，这一舆论观的源流可以追溯到梁启超的“国民公意”说。这一点不足为奇。戈公振早年服务于《时报》时，梁启超和狄楚青是他思想启蒙期的导师。梁启超认为：“夫舆论者何，多数人意见之公表于外者也。是故少数人所表意见，不成为舆论；虽多数人怀抱此意见而不公表之，仍不成为舆论。”[7] 这段话中，梁启超将舆论界定为“公意”，既点明了舆论的主体是公众，也指明了舆论的呈现方式是意见“公表于外”。戈公振的观点：“舆论之所自出，则根据于一般国民之公共意志。报纸者，表现一般国民之公共意志而成立者。”[8] 这实际上是梁启超舆论思想的进一步延伸阐释，揭示了舆论、国民意志、报纸三者的联系。换言之，戈公振认为的真正舆论，是在民主政治前提下的“公共意志”。所以这种“公共意志”要求报纸必须有独立的立场，而不是依附于政治。进一步来说，戈公振的观点，是将舆论、国民意志、报纸三者放置在新闻学科的话语体系下，回归到新闻本位和民本主义，摆脱了梁启超等新闻学启蒙者有关政治与报纸属于同一范畴的论说框架。

戈公振对于报纸评论的重视，固然源于他的编辑职责，更重要的是源于报纸舆论对国家时局的重要性。他在《中国报学史》里提出，报纸舆论功能的弱化是导致袁世凯封建复辟的重要诱因。“若当袁氏蓄意破坏共和之时，各报即一致举发，则筹安会中人或不敢为国体问题之尝试……虽曰其故甚多，而舆论之软弱无力，不可谓非一种诱因。”[9] 所以，他

---

① 戈公振：《中国报学史》，三联书店2011年版，第195页。

② 戈公振：《中国报学史》，三联书店2011年版，第8页。

③ 戈公振：《新闻学泛论》，载黄天鹏主编：《新闻学演讲集》，现代书局1931年版，第4页。

④⑤ 戈公振：《中国报纸进化之概观》，《国闻周报》，1927年第4卷5期。

⑥ “清议”是个体性的言论，强调的是自由之精神与独立之思想，不会去迎合大众意见，也不会屈从多数意见。“清议”逐渐式微的同时，近代报刊的繁荣带来了舆论的喧嚣一时。只不过这一现象从王韬开始，报刊舆论就直接成为政治的表达工具。社会舆论几乎完全为政治宣传所取代，甚至成为政治集团意识形态的代称，而独立的受众的声音则难觅踪影。民国成立后，公共舆论与政治权力形成了博弈互动的局面。在这一过程中，由于新闻本位思想的流行，许多报人意识到舆论应当体现为“国民公意”。除了戈公振，持类似观点的还有邵力子、刘国祯、郭步陶、储玉坤等。参见唐小兵：《清议、舆论与宣传——清末民初的报人与社会》，《华东师范大学学报（哲学社会科学版）》，2010年第6期。

⑦ 梁启超：《读十月初三日上谕感言》，《国风报》，1910年11月12日。

⑧ 戈公振：《中国报纸进化之概观》，《国闻周报》，1927年第4卷5期。

⑨ 戈公振：《中国报学史》，三联书店2011年版，第183—184页。

特别强调："一个国家，欲贯彻民治政体的精神，不能不希望健全舆论的生成。健全的舆论，又不能不以报纸为枢纽。"① 这种逻辑上的要求，实际上是近代中国知识分子"文人论政"办报传统和职业理想在戈公振身上的体现，这也造就了他五四运动前后笔耕不辍的光辉历史。在"军事扰攘，岁无宁日"的历史关头，他认为"吾人欲挽此危局，非先造成强有力之舆论不可。报纸既为代表民意之机关，应摒除己见，公开讨论，俾导民众之动作，入于同一轨道。"②

如何让报纸的评论达到上述"公开讨论"的要求呢？戈公振提出了两个思路：一是评论的专业化。他指出，我国报纸在评论方面的缺陷很大程度在于我国报纸评论"多以编辑兼之，精神不能贯注，则敷衍塞责，亦固其所"③。对此，可以借鉴欧美大报设立"论说记者团"的方式来强化报纸评论。这里所谓的"论说记者团"就是媒体的专门评论员，其评论也就是目前流行于各家媒体的"本报（台、社）评论员文章"。二是评论的参与性。戈公振先认为报纸应该为普通民众提供发表评论的空间，将评论权从新闻职业群体扩展到普遍社会公众。他呼吁："深愿主笔政者，今后能移易其眼光，开豁其胸襟，予平民以发抒意见之机会。"④ 戈公振的这一思想，是一个极有远见的判断。十多年后，类似的观点才在美国新闻自由委员会的报告《一个自由而负责的新闻界》中被表述为媒体的一种社会责任。

戈公振时评距今已约百年，回首他的文字，发掘这段被历史淹没的知识宝藏，有着重要的历史意义和现实价值。

① 戈公振：《新闻学》，商务印书馆，1947年，第38页。
② 戈公振：《中国报学史》，三联书店2011年版，自序，第2页。
③ 同上书，第195页。
④ 戈公振：《中国报纸进化之概观》，《国闻周报》，1927年第4卷5期。

第九章 戈公振自由主义思想剖析

多年来，学界对戈公振先生的认识往往局限于对其爱国新闻人士的身份界定和《中国报学史》一书的史学贡献。现在看来，这种认识似乎有点粗陋和浅薄，不仅没有深刻挖掘人物的思想内涵，更谈不上还原戈公振先生的历史全貌和原貌。

戈公振的一生经历了从辛亥革命到五四运动，从五四运动到抗战全面爆发前夕的动荡岁月，他虽然不是站在时代波涛中横刀立马的斗士，但是他却通过办报和著述活动表明自己是一名循着时代潮流前进，不断追求思想进步的爱国志士。在此，本章以戈公振自由主义思想为考察目标，着重剖析戈公振自由主义思想的内在要素、显著特点和深层动因，并顺势研究其自由主义思想的当代价值，希望完整地勾勒出自由主义思想这一戈公振思想内涵的重要组成部分。

一、以言论自由为标识的自由主义思想

1910 年之后，随着中国新闻事业的发展与转型，新闻事业的职业化直接推动了中国新闻学学科的逐步确立。作为当时著名的报人和新闻教育学家，戈公振始终是建立新闻学学科的倡导者和奠基者，他赞美言论自由的权利、渴望言论自由的实现、批判种种扼杀言论自由的行为。最终，言论自由也成为其自由主义思想的主要标识而被铭刻在中国新闻学的记功碑上。

（一）讴歌言论自由的权利

对于言论自由，近代国人缺乏一种原创性的贡献，后人往往将其归罪于封建专制下的言论钳制。学者黄远生总结为“吾国秦汉以来，推崇一尊，排斥异己，闭关据守，习常蹈故，以至今日，余焰不死”，“政治家无主张以战胜舆论，则最后之手段，惟有专制”[①]。万幸的是，西方自由主义思想在“坚船利炮”的伴随下逐渐地被近代知识分子当作一面救亡图存的鲜红旗帜，高擎在救世大潮中。

对于言论自由，戈公振将其视为“文明进步的一个阶梯”，是中国走向文明和进步不

① 黄远庸：《远生遗著（卷一）·新旧思想之冲突》，文海出版社 1986 年版，第 158 页。

可或缺的重要步骤和策略。在上海报学社社刊《言论自由》的发刊词上，戈公振热情洋溢地写道："言论自由是文明进步的一个阶梯，我们用这个字（词）作报名，就是很明显地表示我们的目的所在。"① 短短几行字，流露出戈公振对言论自由权利的渴求。

在他眼里，言论自由乃为新闻事业最重要的问题之一。他认为，没有言论自由，新闻事业的发展根本就是无稽之谈。在《中国报学史》的结论中，他慷慨激昂地写道："言论自由，为报界切肤之问题，此问题不解决，则报纸绝无发展之机会。"② 将言论自由看作"报界切肤之问题"不是简单的一句口号，而是建立在戈公振综合考察中外新闻事业历史进程后的结论。

在考察对比的基础上，他进一步延伸了言论自由的权利作用，真诚地发出新闻事业要脱离政治（政党），争取独立的呼喊。对于政党报纸，戈公振向来是不齿的。他认定，报纸一旦落入政党之手，那么必然具有浓厚的政治色彩，命运也自然与政党的命运紧密相连，一荣俱荣，一损俱损。甚至有些龌龊之徒，在没有得势之时舍得投资，一旦得势则弃报纸如蔽履。所以，报纸经常处于风雨飘摇之中。自求出路的方法则是依靠广告收入来寻求"言论独立"，走商业化报纸的道路。当然，以商业化之路寻求经济利益显然不是戈公振先生的目的，他的目的很简单，也很纯粹——报纸独立。

无论是日常办报、游历考察，还是教授讲学、著书立说，戈公振一直非常重视言论自由，这种思想也深深地影响了后人。学生杨季在回忆戈先生时说："惟兹届其逝世纪念，忆及先生生平从业报界，思想上更有一特点，可来一提，借以略表追念之意。此特点为何，即其异常重视言论自由是也……自由乃人类为人人所视为宝贵而应爱护的，戈先生在报界服务二十余年，对之重视，每尤甚于他人……上课之时，时常闻其倡导言论自由，彼认为欲谋报业前途之光明与发展，非任之有自由刊载新闻，发表言论不可。意态之间，对于拥护报业之自由，异常具有热诚……而戈先生崇尚自由之思想，乃系大公无我，异常纯洁，自非世之假借自由之幌子，以便利私图者，所可与相比拟也。"③

（二）批判扼杀言论自由的行为

1911年的辛亥革命是一块历史的界碑，它标志着共和时代的来临。在新闻界，一个重要的变化正在发生——言论自由的理想正在转变为一种实践。以孙中山为首的革命派不仅将言论自由写入宪法，加以倡导和推行，而且顺应民意，明令撤销了不合理的《暂行报律》，以实际行动维护言论自由。

可惜的是，在中外反动势力的联合镇压下，辛亥革命的民主成果很快就被大地主大买办阶级的代表袁世凯所篡夺。报界在经历了短暂的繁荣之后瞬即被抛入寒冬之中，大批报社被查封，诸多报人被迫害，《报纸条例》《出版法》等钳制言论自由的法律相继出台，史称"癸丑报灾"。面对这一严重破坏言论自由的倒行逆施，戈公振表现出极大的愤慨，"自洪宪以还，军人柄政，祸乱相寻……封报馆、扣报纸、检阅函电，十余年来，数见不鲜"④，直接的结果则是导致了"报纸不是阿谀惟谨，就是模棱两可。仿佛舆论消沉，人心已死"⑤。不仅

① 陈镐汶：《戈公振与上海报学社》，《新闻与传播研究》，1990年第4期。
② 戈公振：《中国报学史》，三联书店2011年版，第333页。
③ 杨季：《戈先生与〈言论自由〉》，《戈公振纪念文集》，第175页。
④ 戈公振：《中国报学史》，三联书店2011年版，第333页。
⑤ 戈公振：《新闻学》，商务印书馆1947年版，第14页。

如此，他更居于现代国家政治的角度提醒社会："盖思想不能发表，徒成空幻，思想者必甚感苦痛，而郁积既久，无所发泄，终必至于横决，国家命运之荣枯系之。"①

同时，对于袁世凯之后的北洋军阀动辄以"赤化""过激"罪名严禁共产党报刊、革命报刊出版发行的举动，尤其是对枪杀著名记者邵飘萍、林白水等迫害言论自由的做法，戈公振表示反对。他悲愤地指责道："英国有以'红旗'名报者，德国有以'炸弹'名报者，国会中有共产党，而其政府不之禁；今欲假'赤化'以摧残言论自由，乃无意识之下焉者也!"②

戈公振是痛苦的，自己理想中的言论自由在现实的"阅大样、捕记者、检查邮电"等行径中惨遭蹂躏。然而，在过往的中国言论史上，言论自由又何时得以实现呢？在他最出名的《中国报学史》一书中，他以民主政治的坐标对中国古代官报做了详细的考察。"我国之有'官报'，在世界上为最早，何以独不发达……进一步言之，官报之唯一目的，为遏止人民干预国政，遂造成人民间一种'不识不知顺帝之则'之心理。"③ 寥寥数语，封建统治者"民可使由之，不可使知之"的执政秘诀昭然若揭。

（三）呼吁为实现言论自由而斗争

在种种扼杀言论自由的行径面前，戈公振没有消沉，相反，他从容地应对着时局，并勇敢而激昂地为争取言论自由而大声疾呼。

"吾意服务报界文字方面之人，既以先觉自命，为争绝对的言论自由，应先有一种强固的职业结合。纵报馆之主持者以营业关系，不得不屈服于非法干涉之下；而自主笔以至访员，为尊重一己职业计，则不必低首下心，同一步骤。果全体认为有采某种行动之必要者，则全体一致进行，宁为玉碎，不为瓦全，有背弃者共斥之，使其不齿于同类。总之，在位者不论何人，绝不喜言论自由，其摧毁也亦易。一方面固在报界一致团结，以与恶势力抗，而一方面人民又当为报纸之后盾。随时防止恶势力之潜滋，不稍松懈……拥护言论自由，实亦国民之天职也。"④ 这番话蕴含着两层深刻的意义：一是新闻从业人员必须从本职出发，以"宁为玉碎，不为瓦全"的气概为争取言论自由而团结一致地努力，从而实现新闻传播事业赋予的使命；二是广大国民必须作为新闻事业的后盾，必须将实现言论自由当成本职工作，同仇敌忾，共同进退。

在这里，戈公振没有狭隘地将争取言论自由的实现局限在知识分子等少数的精英群体身上，而是将呼喊告之天下，号召所有国民以"天职"般的责任感为言论自由而奋斗。这一观点不仅和戈公振提出的报纸服务民众的思想遥相呼应，更流露出作者明晰言论自由乃是公民之权利、群众之权利、人民之权利的政治意识。

二、戈公振自由主义思想的特征与动因

如果只是从戈公振自由主义思想内在要素的只言片语来洞悉其特征和动因，应当是件

---

① 戈公振：《中国报学史》，三联书店 2011 年版，第 334 页。
② 同上书，第 333—334 页。
③ 同上书，第 60—61 页。
④ 同上书，第 334 页。

费力不讨好的事情，这就好比从历史的一个横断面来观测整个历史一般，是相当难以完成的工程。此处，我们充分发掘人物思想所处的时代背景和文化背景，试图借此做出深入而细化的分析。

(一) 戈公振自由主义思想的显著特征

总的说来，戈公振先生的自由主义思想是裹挟在五四运动的洪流之中的，而自由主义正是五四运动的一大精神动力，抑或是一面精神旗帜。受自由主义思潮的影响，戈公振的自由主义思想有着明显的时代特征。同时，受其个人性格、文化背景、从事职业的影响，他的自由主义思想又存在不同之处。这些都成为其自由主义的显著特征，淋漓尽致地体现在他的言行之中。

1. 功利主义夙求越位

五四运动不止是一场简单的新文化运动，新文化运动实际上早在 1915 年就已经开始，当时是一场以启蒙为性质的运动。而到了 1919 年五四运动的爆发，运动性质便已由启蒙走向救亡，一大批知识分子开始为国家的生存和发展身体力行地呐喊和奔走，戈公振也不例外。

根据多年的办报经验，戈公振提出报纸乃是社会公器，有着“昌言时弊，指斥政府，评论约法”的天职。报纸是全体国民的喉舌，是国民公共意志的传递器。换言之，无论“好政府”还是“坏政府”，都必须将其严格置于“社会公器”及“社会公人”的批评监督之下。报刊要发挥其新闻舆论和社会舆论的监督功能，其本身必须获得自由，尤其是言论自由的权利。西方自由主义随着五四运动涌入中国，正好成为戈公振得心应手的武器。

不过，细究下来，这种观点带有强烈的工具理性和实用理性色彩，即片面地注重言论自由的工具性价值，而很少顾及西方自由主义所强调的价值合理性。另外，如果说严复等早期自由主义者身上还存在着达尔文主义的渐进思想的话，在戈公振这里，则表现出一种激进色彩，他将言论自由的意义看得太重，认为是“报界切肤之问题”，希望通过团结与努力使言论自由在中国一蹴而就。因此，在很大程度上，言论自由仅仅被戈公振当作一种工具被引入为新闻事业争取权利的运动中，这事实上也表现出戈公振为维护新闻事业独立而努力的急切心情。

2. 理想主义色彩浓厚

胡适在《自由主义》一文中认为：“我们的问题是救国，救这个衰弱的民族，救这半死的文化。在这件大工作的历程中，无论什么文化，凡可以使我们起死回生，返老还童的，都可以采用，都应该充分收受，我们救国建国，正如大匠建屋，只要材料可用，不管材料来自何方。”① 既然拯救民族危亡是压倒一切的目标，在急切的心境中，自由主义好比一根救命稻草，如同济世良方一般被中国知识分子所广泛采纳，成为“德先生”和“赛先生”背后的“李先生”(liberty)。

同样，面对五四运动后的新一轮报业繁荣，在报界历练多年的戈公振没有被这繁花似锦的表面现象冲昏头脑。他的心里还念念不忘北洋军阀统治下报业遭受的摧残，邵飘萍和林白水被害的场景还历历在目，如何让报业能够独立自由地发展的问题一直横亘在他心底。这时，西方自由主义思想出现并成为潮流，这宛如黑暗中的一缕阳光，让戈公振看到

---

① 胡适：《自由主义》，《世界日报》，1948 年 9 月 5 日。

了新闻事业独立自强的希望。他天真地以为一旦获得了言论自由，阻碍报业发展的桎梏便能够土崩瓦解。他设想通过言论自由的努力，将来的新闻事业可以走向更加独立和超然的美妙境地："所以将来社会进步，人民智识和道德的程度日高，报纸虽不必收归国有，却可由公众推举道德家、法律家、学问家和优秀的新闻记者等人，共同主持编辑事务。就是希望这种报纸，真能发挥民治精神，有春秋笔则笔削则削的无上权力，不为任何势力所左右……这也就是我们对于报纸的一种理想。"①

这种理想与戈公振对中国报业的将来表现出的乐观态度十分契合。但从侧面也反映出戈公振对摆脱危机的渴望远远胜过对长期性问题的思考，他的理想无论是在当时，还是在他希望报纸走商业化道路之后，都是不切实际的主观愿望。至于他希望在资本社会中报业将能达到"真正发挥民治精神"，则更是一种自由主义的幻想。

3. 民本主义成分显目

林毓生曾指出："中国接受西方的思想和价值观念，主要是以中国的民族主义为基础的。"② 的确，五四时期的自由主义思潮无不以民族主义精神为动力；而且不单单是五四时期，中国近代以来的所有思潮无不贯穿着民族主义精神。

但是，当五四时期打倒"孔家店"的盲目激情淡去，民族矛盾有所缓和之际，戈公振开始理性地探求西方自由主义的中国化问题，尤其是言论自由权利的归属问题。最终，他自觉地得出结论——拥护言论自由，实亦国民之天职也，广大国民才是言论自由权利的最终享受者，而报纸更是表现国民公共意志的代表。

此刻，惯常的民族主义立场让位于民本主义的理性思考，知识分子的浪漫情怀让位于普罗大众的权利探寻。这种民本主义思想超越了时代的局限性，在传统文化的民本主义思想中汲取了足够的有益成分，促进了言论自由学说的本土化和自我发展的可能性，是一种中国式的思考和改造。它一改近代中国言论自由学说中普通民众基本缺席的局面，纠正了西方自由主义思想在近代中国忽略个体的错误倾向，探寻言论自由由理想变为现实的有效路径。即便是今天看来，这种前瞻性观点依然十分难能可贵。比较来看，这一观点应当也是戈公振自由主义思想中最璀璨夺目之处。

（二）戈公振自由主义思想的深层动因

必须强调的是，戈公振自由主义思想的形成和发展是有着特定的生存土壤和内在动力的，并非是其个人的凭空想象。此处，我们选定"立足新闻本位的忧思"和"双重文化背景的影响"两个维度来追溯戈公振自由主义思想的深层动因。当然，需要指出的是，这两点只是其自由主义思想形成与发展的简单概括，限于篇幅，其余的因素无法详尽地逐一列举并仔细分析。但必须明确的是，其余的因素和以下的两点实际上是一种相互包容、彼此缠绕、互为前提的，是它们的合力成就了戈公振先生的自由主义思想。

1. 立足新闻本位的忧思

自中国新闻学意识启蒙以来，新闻事业与政治往往是同一个意思，"以言报国""以言救国"等表现士大夫气概的豪言壮语就是明证。但是，辛亥革命的胜利，袁世凯的垮台，

① 戈公振：《新闻学》，商务印书馆 1947 年版，第 39 页。

② 〔美〕林毓生：《中国意识的危机：五四时期激烈的反传统主义》，穆善培译，贵州人民出版社 1986 年版，第 14 页。

昔日仕途的废除，西方文化的刺激，给新一代中国知识分子带来了从未有过的心灵上的解放。他们没有必要如同传统文人那样生活在传统观念的包围中，不需要依附于官场、血亲家族或其他群体，开始有了选择的自由和自我责任感。① 正是基于这样的选择自由和自我责任感，报纸政论的主体地位被新闻报道取代，言论和政治开始若即若离，报人开始以“不偏不倚”的眼光打量政治，新闻事业开始逐步跨入“以新闻为本位”的时代。

戈公振无疑是一位时代浪潮中的伟大旗手，他对于从事新闻事业与从事政治事业有着严格的区分，显示出强烈的新闻专业主义意识。他认为，新闻一旦和政治挂钩，便不得不依附于政治，进而也就丧失了言论自由的权利，更不可能成为一般国民公共意志的代表。有人可能误认为这是戈公振对于政治极端不信任的表现，这是不全面的。在戈公振眼里，新闻事业好比自己的生命，是魂之所系，没有任何事物可以取代。对于还新闻于本位的工作，他时刻都摇旗呐喊，身体力行。所以，一旦把握了言论自由这柄锋利的兵刃，他就犹如一名斗士，开始用这武器来防卫与反击。他不愿意看到自己热爱的报业再被蹂躏，不愿意看到自己的同行再遭迫害。

在推进言论自由的过程中，为人谦逊的戈公振酣畅淋漓地挥洒着自己对新闻事业的热情，大有敢为人先的侠士风范。不过，他的大声疾呼、他的悲愤痛斥、他的真诚歌颂，实际上流露出的是他对于新闻本位观的深切忧虑。

2. 双重文化背景的影响

学者黄玉顺指出，五四运动的精神动力既有自由主义，又有民族主义，当时的自由主义者既是个体主义者，又是集体主义者。这是五四运动的一种“精神现象”，很值得人们去深入分析。② 我们可以发现：五四时期民族主义和集体主义的精神背景是受民族文化的影响，而自由主义和个体主义的精神背景则主要是西学东渐的结果。“五四”知识分子几乎人人皆具有双重的文化背景，既从小受诗书礼乐的熏陶，后来又受西方文化的浸润，于是形成了双重精神品格。

这一点在戈公振身上有着清晰的成长痕迹。出生在江苏苏北地区一个小县城的戈公振，自幼就在祖母翟太夫人设立的“弢庵家塾”接受启蒙教育，六岁进入同里杜晴波授课的学塾学习，熟读四书五经。戈公振十四岁进入东台高等学堂读书，待到毕业时，由于学习成绩优秀，“学校给戈公振披红挂彩，用轿吹抬回家”③。青少年时，他还跟随伯父戈铭猷学习并生活，深受传统文化和思想的熏陶。1904 年，学校曾以“巴拿马华工备受洋人凌辱，惨死异乡”为题要求学生作一篇文章，少年戈公振当即写下了“我亦有土，何必力尽海边；家非无坟，突为骨埋山岛”的佳句。这短短二十字已经足够说明民族主义、爱国主义的思想早已铭刻在少年戈公振的心底。1913 年进入上海报界后，他刻苦学习外语，成为“中国全面掌握世界新闻学研究现状（英文、德文、日文著作）的第一人”④。他的《中国报学史》绪论部分，虽仅一万余字，但提及的参考书和文献（中文的不计）就有英文、德文、日文三种，22 部（件）。由此可见，戈公振深受西方新闻理论的影响。他对中国报业的种种病态曾给出文化上的解释：“从社会思想方面观，各种学说，纷纭杂错，目

---

① 陈力丹：《五四时期的中国新闻学》，《新闻战线》，1989 年第 6 期。

② 黄玉顺：《“自由”的歧路——“五四”自由主义的两大脱离》，《学术界》2001 年第 3 期。

③ 洪惟杰：《戈公振年谱》，江苏人民出版社 1990 年版，第 3 页。

④ 陈力丹：《五四时期的中国新闻学》，《新闻战线》1989 年第 6 期。

迷五色，论其学理，无不持之有故，言之成理；然其果适合于我国国情否，果适用于我国今日之人否，是尚不能无所踌躇。身为记者，于此应先下一番研究功夫，以徐待事实之证明，若根据捕风捉影之谈，人云亦云，漫为鼓吹相攻击，其不为通人所齿冷也几希。从科学方面观，可谓最无贡献……今日之报纸，惟搜求不近人情之新奇事物，以博无知读者之一笑。其幼稚诚不堪言矣。”[①] 这种分析显然隐含着西方自由主义的新闻观念。

正是由于文化背景上的双重影响，在接受西方自由主义思想的涤荡后，戈公振身上的自由主义思想呈现出一种冲突与融合相结合的特色。试举一例，在民族危难之际，他对我国没有一家能够担当重任的通讯社表现出极度的担忧，他叹息道：“从新闻权上说，路透社却公然地做了中国的代表。”[②] 继而他提醒国人：“我们要一种觉悟，以国家为前提，由政府和报馆协力合作组织一个大规模足以代表全国的通讯社，一方面以中国真确消息，供给全世界；一方面组织外人在中国宣传。如此，我们的新闻界，方有自立的机会。”[③] 这是典型的民族主义和集体主义思想的表现。此时，他从构建世界传播秩序的角度出发，以国家为中心，将言论自由的权利整体化地赋予了民族这一概念。等到中外矛盾有所缓和，他又主张“还权与民”，认为言论自由的权利属于一般国民，表现出对政治（政府）不完全信任的态度，这时传统的民本主义思想又占据了他的大脑，而追根究底，则是儒家传统“民贵君轻”的文化心理在起作用。

殷海光在分析中西自由主义时，就对这种异地文化染色的现象深刻地论述道：“中国社会里的自由主义与西方自由主义有共同的地方，但二者也有不同的地方。在某一个社会文化里滋长出的观念、思想和学问，传到另外一个社会文化里以后，因受这一个社会文化的作用，而染出不同的色调。”[④] 这样的解释，用来解答由双重文化心理引发戈公振的特定自由主义思想恐怕再合适不过了。

三、戈公振自由主义思想的当代价值

在戈公振先生离开我们已经 80 多年后的今天，我们已经悄然进入 21 世纪，如若重新审视戈公振自由主义思想这一宝贵的精神财产，我们所做的应该不仅是景仰和感叹，重要的是“以史为鉴”，探寻其自由主义思想的当代价值。

如果我们将戈公振生活的年代和当下比较，就会发现一个有趣的现象——学界仍然弥漫着西方自由主义思想。只不过当年强调的是对现实的批判，而今天关心的是对现实的构建。这种现象一方面显示出西方自由主义新闻思想顽强的生命力和富有张力的学术性，另一方面也显示出国内知识分子对言论自由思想的不断探求和学习。当代世界是一个开放的世界，学习并不是一件坏事，只要是有益的学问，我们都应当引进，并在建设社会主义新闻传播事业的系统工程中发挥其作用，关键是我们以一种怎样的态度来对待西方自由主义这一纷繁复杂的思潮。

历史上，我们曾不顾国情，照搬苏联集权模式下的话语框架，结果导致言论自由近乎

① 戈公振：《中国报学史》，三联书店 2011 年版，第 184—185 页。
② 戈公振：《新闻学》，商务印书馆 1947 年版，第 24 页。
③ 戈公振：《中国急需一个代表通信社》，《戈公振纪念文集》，第 199 页。
④ 殷海光：《中国文化的展望》，上海三联书店 2002 年版，第 256 页。

窒息的社会状态。20世纪80年代中后期，某些学者和政治人士又试图采取资产阶级言论自由的形式来构建中国的言论自由框架，却因不顾社会的制度环境而中途流产。[①] 在这样的语境下，我们必须接受这些教训，即如何在学理中有效地吸收西方自由主义的有益成分，又能在现实中真正推进中国特色言论自由话语框架的完善。在这里，我们回望戈公振自由主义思想，或许可以得到答案：我们必须以辩证的态度和科学的方法，将西方自由主义思想作为一个参照系，像戈公振那样对其进行中国式的本土化思考和改造，使之与我们的国情相适应。只有这样，才能走出一条有中国特色的社会主义言论自由之路。到那时，言论自由就不仅是想象中的，而且是可行的；不仅是可期待的理想，而且是可感知的现实。

① 唐海江：《西方自由主义新闻思潮新论》，湖南大学出版社2006年版，第285—286页。

第十章 五四时期新闻本位思想探析
——以戈公振为中心的考察

新闻本位思想是五四新文化运动中新闻学的重要内容，这一思想是中国新闻学创立的主要标志，其最大价值就是推动了中国新闻学科的创立并使之成为一门独立的学科。在这场事关中国新闻学之所以成为新闻学的运动中，涌现出徐宝璜、邵飘萍、任白涛、戈公振等新闻本位思想的旗手，诞生了五四时期标志中国新闻学创立的5部代表作：徐宝璜的《新闻学》（1919年），任白涛的《应用新闻学》（1922年），邵飘萍的《实际应用新闻学》（1923年）、《新闻学总论》（1924年），戈公振的《中国报学史》（1927年）。

其中，戈公振的《中国报学史》作为“五四”新闻学的终结，诸多关于新闻本位思想的阐述表达出同时代新闻学者的共同心声，他此后的一系列著述演讲又进一步丰富和发展了相关学说。在此，本章试图对戈公振新闻本位思想做出专门探讨，并以此为原点勾勒出五四时期新闻学人有关新闻本位思想的原貌。

一、脱离政治——新闻本位思想产生的驱动

辛亥革命之前，缘于现实社会的政治需求，中国近代报人往往将报刊的政治功用放在新闻传播活动的主导地位。无论是早期资产阶级改良派的王韬、郑观应，还是后期资产阶级改良派的康有为、梁启超，抑或是资产阶级革命派的孙中山、于右任，对他们来说“尽管西方新闻学中许多现代名词在他们那里相当齐全，如出版自由、第四种族、舆论监督等，但这些东西早已中国化了，他们逃不脱只在政治方面体验人生，在政治生涯中追求自我价值的命运”①。其中，梁启超的“报馆有益于国事”论说颇具代表性。恰如梁启超本人所说，《时务报》之初衷在于“哀号疾呼，以冀天下之一悟，譬犹见火灾而撞钟，睹入井而怵惕”②，《清议报》则是要“倡民权”“衍哲理”“明朝局”“历国耻”。③ 这样的动机和目的，不仅使得报刊为变法维新起到了不可忽视的作用，而且推动了中国新闻思想史上第

① 陈力丹：《五四时期的中国新闻学》，《新闻战线》，1989年第6期。

② 梁启超：《蒙学报·演义报合叙》，见中国人民大学新闻系主编：《中国近代报刊史参考资料（上）》，中国人民大学新闻系1979年版，第289页。

③ 梁启超：《本报第一百册祝辞并论报馆之责任及本馆之经历》，见张之华主编：《中国新闻事业史文集》，中国人民大学出版社1999年版，第36—45页。

一个思潮——报刊是政治宣传喉舌的思潮。此时，报纸更侧重言论，而非新闻，报纸往往是“言论纸”，而非“新闻纸”。

戈公振进入《时报》时，梁启超和梁启超的弟子、《时报》的创办人狄楚青是他思想启蒙期的精神导师，戈公振自然也会受到维新派思想的影响。但是，作为中国新闻史学的奠基人，他在反思“报纸的命运”时，提出了“用历史的眼光观察”，以“鉴往知来”的观点。最终，在深刻考察了中国新闻事业发展的缓慢历程和悲惨经历后，戈公振对报纸与政治的关系，产生了自己清醒的认识。

在论述我国之所以没有发展出现代新闻事业时，戈公振指出：“我国之有‘官报’，在世界上为最早，何以独不发达？其故盖西人之官报乃与民阅，而我国乃与官阅也……故‘官报’从政治上言之，固可收行政统一之效，但从文化上言之，可谓毫无影响，其最佳结果，亦不过视若掌故，如黄顾二氏之所为耳。进一步言之，官报之唯一目的，为遏止人民干预国政，遂造成人民间一种‘不识不知，顺帝之则’之心理。”① 其批评的锋芒直指政治对报纸发展的干涉。

对于政党报纸，戈公振指出：“报纸既移入政党之手，当然政治的色彩，也就非常浓厚。不过政党得势的时候，经济非常宽裕，所以报纸种种费用的供给，自然不成问题。可是一到政党失势，报馆就要处于非常困难的地位。还有些人没有得势的时候，很肯出钱，利用报馆，一到得势就弃之如敝屣。而且有些人，甚至一旦得势以后，对于报纸加以非常的压迫。所以发行报纸的人常常感着经济不足的痛苦，永远处于风雨飘摇的地位。因此自求出路的觉悟，当然也就会发生。”② 这种政党报刊对政治派系的依附关系，让报界失去了应有的独立性。戈公振认定，报纸一旦落入政党之手，那么必然具有浓厚的政治色彩，命运也自然与政党的命运紧密相联，一荣俱荣，一损俱损。他所描述的这种现象，在民国初年政党报纸群起并迅速陨落的过程中屡见不鲜。这也使戈公振认为报纸应当脱离政治的信念更加坚定。

此外，五四运动带来的思想解放，民国之后新闻传播体制的改善，现代新闻传播教育的兴起，新闻传播技术和中文报纸的进步，这些新时代的新现象也促使戈公振更加认定新闻必须脱离政治的影响。

当时，五四运动的精神领袖陈独秀曾发出这样的概叹：“中国学术不发达之最大原因，莫如学者自身不知学术独立之神圣……妄称‘文以载道’‘代圣贤立言’，以自贬抑……学者不自尊其所学，欲其发达，岂可得乎？”③那么，当戈公振等新闻学人开始对新闻事业重新定位时，脱离政治、回归本位、寻求独立则是大势所趋。故而，戈公振认为“报纸之元素，新闻而已”④，简单且直接地说明新闻于新闻事业的最大意义，即一切新闻活动（当时主要是报纸）都要以新闻本身为起始点、出发点和着眼点，本着对新闻负责的态度，按照新闻活动自身的规律和特点来开展新闻工作。

当然，留日的邵飘萍说得更富有学理。他在《实际应用新闻学》中指出：“世界新闻事业之趋势，基于‘以新闻（news）为本位’之原则，故外交记者之地位有蒸蒸日上之

---

① 戈公振：《中国报学史》，三联书店 2011 年版，第 60—61 页。

② 戈公振：《新闻学》，商务印书馆 1948 年版，第 36 页。

③ 陈独秀：《学术独立》，《独秀文存（卷二）》，贵州教育出版社 2005 年版，第 57 页。

④ 戈公振：《中国报纸进化之概观》，《国闻周报》，1927 年第 4 卷 5 期。

势，虽各国之程度不同，而进步之趋势则一致……其所谓改进之过程，特在新闻增加与否以为断。”① 邵飘萍对于报纸接受津贴，沦为军阀、党派和议会的政治发声工具予以一贯的嘲讽。他在1922年8月4日揭露所谓“报界代表”汪立元等10人为“报纸津贴时谒见元首”一事，向公众披露北京有28家报纸、9家通讯社靠津贴苟活。一周后，他又发表新闻，批评那些接受贿赠的报纸居然对官方将京绥铁路的路权出卖给洋人的丑陋行径装聋作哑。在另外一本《新闻学总论》中，邵飘萍对报纸接受津贴，与政治暧昧不清的行为予以痛斥：“津贴本位之新闻纸，我国在今日尚占多数，新闻之性质殆与广告相混同，既不依真理事实，亦并无宗旨主张，朝秦暮楚，惟以津贴为向背。此则传单印刷物耳。并不能认为新闻纸，与世界新闻事业不啻背道而驰。”②

二、刊载新闻——新闻本位思想的第一要务

什么是报纸？戈公振在考察了中外学术界的多种定义后给出了自己的见解：“报纸者，报告新闻，揭载评论，定期为公众而刊行者也。”③ 由此揭示了报纸的四大特点：公告性、定期性、时宜性和一般性。具体来说，就是公开传递新闻、定期连续刊行、新闻及时而有价值、内容具有一般兴味。

应该说，这一结论已相当全面，代表了当时对报纸特点认识的最高水平，但戈公振不满足于综合分析别人的观点而得来的结论，而是进一步探讨了报纸的本质特征，即他所说的报纸的“原质”。在此之前，国人大多认为报纸是舆论机关，因此，其本质特征是“发表意见”。徐宝璜虽然认为“供给新闻”是报纸的首要功能，但也免不了附带上“制造舆论”的功能。戈公振通过考察报纸的发展史，认为发表意见绝非报纸的本质特征，而是附带而生的特点：“从报纸发达史上研究，发表意见，绝非报纸原质之特色，乃附带而生者也。”④ 这一判断，是中国新闻事业的一个巨大进步，不仅标志着“事实”与“新闻”的分离，更标志着新闻界实现了从“言论本位”向“新闻本位”的过渡。在“言论本位”时代，各种政论文章是报纸的主角，事实的报道与意见的发表常常合二为一于各种评论文章内。在“新闻本位”时代，新闻取代言论文章成为报纸的主角，“事实”的报道与“意见”的阐释互相分离。这一点，徐宝璜最早在《新闻学》中指出：“愚意新闻与意见，应绝对分离。新闻栏中，专登新闻，社论栏中，始发意见，彼此毫不相混。即欲于新闻栏中发表意见，亦应附注于新闻之后，以便辨别。”⑤

戈公振，可以说是站在哲学的高度，明确提出“报纸之原质，质言之，即新闻公布之谓也”⑥，因为比较公告性和定期性这两个特点，公告性是更为原质的特点，毕竟报纸一刻也离不开向公众发布新闻；对于时宜性和一般性这两个特点来说，“二者不能分离而存在，且互相维系而成报纸之特殊形体，故不能不以此特殊形体之自身，作为报纸内容之原质。

① 邵飘萍：《邵飘萍新闻学论集》，肖东发等编，北京大学出版社2008年版，第42页。

② 同上书，第136页。

③ 戈公振：《中国报学史》，三联书店2011年版，第8页。

④ 同上书，第16页。

⑤ 徐宝璜：《徐宝璜新闻学论集》，肖东发等编，北京大学出版社2008年版，第82页。

⑥ 戈公振：《中国报学史》，三联书店2011年版，第14页。

此特殊形体，可名之曰新闻，即新闻为报纸内容之原质”①。值得注意的是，他并不满足于形式化或形而上学地谈论报纸，而是贯穿了一种发展的观点，认为报纸的形式特征相对稳定，反映报纸内容特征的新闻则不断变化，这种变化反过来又带来报纸形式特征的种种变化。总的说来，新闻之变化，不外求适合于社会而已，报纸的形式和内容的变化都是因为“新闻对于社会有一种顺应性”②。“若用社会学之眼光，解释公告性之意义，所谓公告性者，即对于多数民众或者至少对于某特别关系范围，用认识行为，借交通之媒介，如言语文字之类，行价值的决定及意志决定之精神公开是也。所谓新闻之一般性，虽受主观的限制，然既为社会之认识行为价值决定及意志决定，承认由特别的多数人而代表，故即得作为一般的而加以公告。”③ 可以说，在报纸促进社会精神交往这一点上，戈公振比徐宝璜看得更深一些，而他在这里所体现的办报思路，又表现了“五四”以后的知识分子面向社会的精神追求。

邵飘萍对刊载新闻作为新闻本位思想的第一要务解释得比较直白：“报纸之第一任务，在报告读者以最新而又最有兴味、最有关系之各种消息。故构成报纸之最重要原料，厥为新闻”④。顺延“事实”与“意见”相分离的思路，任白涛对新闻记者提出了较高的要求——记者必须是超然的“社会第三者”，“新闻记者必为纯正无垢之自然人，始克完成其光辉赫赫之天职。新闻记者更有一最要之自觉，则社会之第三者是也。彼但将应有之事实，观察之，记载之，批评之。彼之眼中，不许有敌我之区别。彼之心底，不许怀某种之成见。不问如何之时际、场所，其地位、态度，常为超越的、独立的、客观的。”⑤ 任白涛的这种观点，邵飘萍也有同样的表达。从学术史的角度来看，这是西方新闻客观主义的一种中国式表达。不过，新闻记者作为“社会人”，其固有立场、价值观点、社会体验等主观性因素使得客观主义具有天然的局限性。新闻报道作为人类活动的产物，必然难以排斥人的“意志”，很难完全做到“纯客观”。当下各国新闻界也多提倡“客观报道”，很少采用“客观主义”的表述。

从历史的角度来看，“事实”的报道与“意见”的阐释互相分离，并将刊载新闻作为新闻本位思想的第一要务，大大推动了新闻事业的职业化，特别是提升了新闻工作者的社会地位，树立了一种基于新闻事业的职业使命。这种职业使命虽然无法达到任白涛“社会第三者”的要求，但是已经摆脱了“以言报国”“以言救国”“尽报馆之天职”等政治家的豪言壮语，“认识上已颇有西方新教‘天职’（德文 beruf，英文 calling）的意味（在一个特定的劳动领域的终身使命）”⑥。于是，下面这些话便清楚地说明了“天职”在“五四”新闻学人那里的含义：“笔可焚而良心不可夺，身可杀而事实不可改”（任白涛），“盖为舆论殉，为正谊殉，本为光荣之事”（徐宝璜），“宁牺牲一身以为民请命，不愿屈于威武而噤若寒蝉”（徐宝璜），“为尊重一己职业计，则不必低首下心”（戈公振），“在选择职业的时候，如欲入报界，以兴趣为第一要件。既入报界以后，如欲走上成功的路，以人格为第一要件”（戈公振）等。

---

① 戈公振：《中国报学史》，三联书店 2011 年版，第 17 页。

② 同上书，第 19 页。

③ 同上书，第 19—20 页。

④ 邵飘萍：《邵飘萍新闻学论集》，肖东发等编，北京大学出版社 2008 年版，第 15 页。

⑤ 任白涛：《应用新闻学》，上海世纪出版集团 2011 年版，第 8 页。

⑥ 陈力丹：《五四时期的中国新闻学》，《新闻战线》，1989 年第 6 期。

三、服务社会——新闻本位思想的目标理念

相比中国新闻学启蒙阶段的学说，创立阶段的新闻学人将新闻事业的目标理念从“有益国事”转变到“服务社会”的层面。这一转变，改变了新闻与政治的纠缠不清，使新闻更加侧重成为服务社会、服务民众的工具。

戈公振在此方面有过多次论述：

(1) 报纸以报告新闻为原则，和我们的生活息息相关。在组织复杂的社会中，更成为流通消息、交换意志的唯一枢纽。所以要实行民治政体，全在报纸能负起责任去做。①

(2) 报纸之任务，在于传达人类意志情感及各种消息，供给社会民众以日常生活所需要之知识。②

(3) 新闻纸是对社会负责，记者是对报纸负责。③

(4) 新闻纸的目的在于传播公平正确的消息，促进社会的文化，以谋人类的幸福。④

(5) 盖报纸者，人类思想交通之媒介也。夫社会为有机体之组织，报纸之于社会，犹人类维持生命之血，血行停滞，则立陷于死状；思想不交通，则公共意识无由见，而社会不能存在。有报纸，则各个分子之意见与消息，可以互换而融化，而后能共同动作，如身之使臂，臂之使指然。报纸与人生，其关系之密切如此。⑤

(6) 我们现在生存在社会上，日常不可须臾的要件，除水、火、食料、空气外，就允推报纸了。我们皆系组成社会的细胞，对于报纸之重要，千万不可忽视。⑥

戈公振的以上言论，一方面强调了报纸在社会生活中的地位和功能，另一方面提出了新闻必须以服务社会为目的的要旨。用现在流行的话来概括，就是报纸扮演着“社会公器”的角色，即媒体是全体社会成员的公共信息平台，是全民了解自我、他人和社会真相的交流工具，因此必然为全民服务。

“五四”新闻学人们对新闻服务社会的目标理念有着几乎一致的认识。徐宝璜反复强调“报纸的公共化”属性。“所谓公共化者，乃因新闻纸与社会关系愈趋密切而言。”⑦“新闻纸因应社会之需要而有上列四种重要职务，故为社会之公共机关。”⑧“新闻纸者，社会之耳目也。”⑨邵飘萍一再强调报馆是“社会公共机关”，记者是“国民舆论代表”。“此所谓新闻记者……一言蔽之，新闻记者，乃‘社会之公人’也。”⑩“报纸与社会之影响亦可略为说说：(1) 报可作第三者；(2) 可作人民之代表；(3) 补充人民知识之不足够……”⑪ 任白

① 戈公振：《新闻学》，商务印书馆 1947 年版，第 38 页。

② 戈公振：《报纸与电信》，《电信》，第 1 卷第 2 期。

③ 戈公振：《世界新闻事业现状》，《报学月刊》，第 1 卷第 3 期

④ 戈公振：《影戏和新闻事业》，《电影杂志》，1924 年创刊号。

⑤ 戈公振：《中国报学史》，三联书店 2011 年版，自序第 1—2 页。

⑥ 戈公振：《报纸的将来》，载黄天鹏主编：《新闻学演讲集》，现代书局 1931 年版，第 145 页。

⑦ 徐宝璜：《新闻事业之将来》，《报学杂志》，第 1 卷第 2 期。

⑧ 徐宝璜：《新闻纸与社会之需要》，《报学杂志》，第 1 卷第 2 期。

⑨ 徐宝璜：《徐宝璜新闻学论集》，肖东发等编，北京大学出版社 2008 年版，第 82 页。

⑩ 邵飘萍：《邵飘萍新闻学论集》，肖东发等编，北京大学出版社 2008 年版，第 112 页。

⑪ 同上书，第 224 页。

涛的表述也与前者类似，“盖报纸者，社会之耳目也。社会无报纸，则成聋瞶之社会耳。”①“新闻事业特质之第一应述者，则社会之公告机关而已。”“新闻事业则绝对当以公众为本位。新闻社与公众，双方的关系至为密切，故社会利益发展之日，即新闻事业成功之日，亦即新闻权威发扬之日也。”②

种种阐述，都论证了报纸的社会属性，希望报纸能够传递信息、传播文化、沟通社会，最终服务公众、服务社会。这些话语，与此前中国新闻学启蒙阶段的康有为、梁启超、严复等人“通上下、启民智、开风气”的观点相比，有着某种学理上的延续和继承，但是却摆脱了政治家身份的约束。于戈公振等人而言，他们希望报纸的服务对象不是政党，不是政治，更不愿意沦为政党政治的工具。因此，用新闻来服务社会，用新闻来服务公众，用邵飘萍的话来说就是要“报告读者以最新而又最有兴味，最有关系之各种消息”③，就成为新闻本位主义的应有之义。同时，这种务实的理念，也可以促进中国新闻学的创立，推动新闻事业的发展回归到独立的新闻学学科本身。从当下的视角来看，这也与西方传播学提倡的“以受众为本位”，马克思主义新闻观倡导的“以人为本”在精神内核上是一致的，尽管后者对“社会公器”说有所批判。并且，学界的最新观点已经指出当下传播价值的主流观点正在从偏向“宣传引导中心观”转向“服务公众中心观”，“我们甚至可以大胆地说，职业新闻传播领域，正在形成一种新的‘服务观’，一种以人为本、以公众利益为核心的‘服务观’正在形成”④。

四、经济独立——新闻本位思想的职业基础

此前学界有不少文章责备五四运动缺少对“毕先生”（business）的重视，这在对五四运动的总体评价上或许有道理，但对新闻学来说，重视新闻生产的商品化，却是中国新闻学成熟的标志之一。早在 1917 年，姚公鹤在《上海报纸小史》中就注意到商品经济的发达与报业独立的关系问题。徐宝璜、任白涛作为报人的同时又是经济学家，邵飘萍和戈公振均是出色的报纸经营者。因而，《中国报学史》等新闻学著作，大都把广告、发行、经营等设专章专节进行研究，戈公振甚至用定量分析方法具体解剖了上海《申报》、北京《晨报》、天津《益世报》、汉口《中西报》、广州《七十二行商报》等几家中国大报的经营情况。

新闻本位的职业基础在脱离了政治之后，必然有所依赖，这就是经济的独立，报纸的商业化。戈公振等人对报纸经济独立的观点，出发点很简单，“报纸经济独立了，便可不受任何束缚，自由发挥言论和意见了。这样一个变化，就把政治色彩很浓的报纸，转到商家手中”⑤。当报纸接受津贴，或者掌握在政客手中的时候，报纸无法做到新闻本位，更无法寻求自己的独立。民国成立之后报纸勃兴，报业进入营业时期。面对日渐商业化的报馆经营，戈公振仍一针见血地指出：“报馆经济不独立，则言论罕难公而无私。”⑥ 可以毫无

① 任白涛：《应用新闻学》，上海世纪出版集团 2011 年版，第 6 页。
② 任白涛：《应用新闻学》，上海世纪出版集团 2011 年版，第 4 页。
③ 邵飘萍：《邵飘萍新闻学论集》，肖东发等编，北京大学出版社 2008 年版，第 15 页。
④ 杨保军：《我国职业新闻传播观念的几个宏观转向》，《新闻记者》，2014 年第 5 期。
⑤ 戈公振：《新闻纸的商业化》，《电信》，第 2 卷第 2 期。
⑥ 戈公振：《中国报学史》，三联书店 2011 年版，第 22 页。

疑问地得出结论，戈公振认定经济独立是报纸独立的前提。

这不是戈公振一个人的看法。徐宝璜在抨击报界“上焉者为机关报，以全部售于一人或一派，下焉者今甲盛则迎甲，甲衰则迎乙，凡此‘卖身投靠’之种种现象”后，对商业化提出了自己的看法：“新闻社之商业化，乃求其新闻纸发展之一种向上的进化也。”① 在《新闻学》一书中，他讨论了报纸的广告事业，这不止是经营的考虑，徐宝璜从更深层面解释了“新闻社之商业化，乃求其新闻纸发展之一种向上的进化也……广告多，经营可以独立，毋受人津贴，因之言论也不受何方之束缚”②。

20世纪初的中国，尤其是戈公振所服务的上海报界，出现了《申报》《新闻报》《时报》三大中文商业报纸。当时在美国哥伦比亚大学新闻学院攻读硕士学位的汪英宾对这三份报纸评价为：“《申报》是中国传统而保守的知识分子报纸的代表，类似美国的《纽约时报》；《新闻报》是激进型报纸的代表，类似于《纽约论坛报》；而《时报》处于两者之间，既非保守又非激进，类似于《纽约先驱论坛报》。然而，它们都是不党不私的独立报纸。”③无疑，商业化报纸带来的经济独立是三家报纸“不党不私”的有力支撑。特别是《申报》的主持人史量才，随着报纸的影响力逐步扩大，他敢于对政治说“不”。“九一八”事变以后，他积极参加抗日爱国活动，发起上海市民地方维持会并当选会长；抵制国民党上海“新闻检查所”向《申报》的派员指导行为；在邓演达事件中，他以《申报》为阵地揭露国民党当局的阴谋，并对蒋介石发起的“剿共”运动予以抨击。

那么，是不是报纸的经济独立必然来带来新闻本位主义者的期待呢？历史给出的答案和学者们的思考开了一个不大不小的玩笑。

戈公振的发现令人痛心疾首，在经历“癸丑报灾”“杀记者封报馆”之后，新闻界“自好者流，幡然觉悟，改向本身努力，以求经济之独立。然商业色彩大浓，渐失指导舆论之精神，是其病也”④。“商业化报纸，只知赚钱，不问其他，对于国家应尽的义务，观点甚为淡泊。”⑤ 是的，报纸转向了经济的独立，但是指导舆论的精神丧失了，沦为纯粹的营利工具。“报纸已步入资本化的时期中，欲望其代表民众说话，谈何容易，从前报纸脱离政党的支配以后，能够发表比较公正的评论。若照现在资本化下的报纸情况，苟有大资本家希图参加活动，力量必比从前的政党领袖，来得加倍厉害。”⑥ 戈公振的这番言论，进一步指出报刊的过度商业化会使报纸成为资本家操纵舆论的工具，其危害要远远超过军阀、大地主买办家所控制的政党报纸。邵飘萍亦警觉地提醒，“新闻社既为社会公共机关，非但不应有党派色彩，且目的尤不在营利”⑦，“以营业本位为理想的经营方法，未免为偏于资本主义之间接也”⑧。比二人稍微晚一点的黄天鹏也看到报纸商业化运作的流弊：一是过分迎合读者，难以保证新闻之真；二是过分倚赖广告，受广告商左右。⑨

---

① 徐宝璜：《徐宝璜新闻学论集》，肖东发等编，北京大学出版社2008年版，第152—153页。

② 同上书，第101页。

③ 汪英宾：《中国本土报刊的兴起》，王海等译，暨南大学出版社2013年版，第37页。

④ 戈公振：《中国报学史》，三联书店2011年版，第329页。

⑤ 戈公振：《报纸的将来》，载黄天鹏主编：《新闻学演讲集》，现代书局1931年版，第68页。

⑥ 同上书，第69页。

⑦ 邵飘萍：《邵飘萍新闻学论集》，肖东发等编，北京大学出版社2008年版，第136页。

⑧ 同上书，第202页。

⑨ 黄天鹏：《中国新闻事业》，现代书局1932年版，第168页。

出路在哪儿？20 世纪 30 年代的戈公振在长时间的思考后，于《报纸的将来》一文中给出了答案："现在报纸最重要的改进，就是将报纸由私人的机关，变成公共的机关，实行报纸的公有化。"[①]为了证明报纸公有化的重要意义，他举了苏联的例子："苏俄系打倒资本主义的国家，所以不准私人办报，只准团体办报。举凡市民、农人等协会，俱可刊行报刊。这类报纸，虽未能完全代表公共的舆论，但能代表一部分利益——如农人协会报纸，代表农人利益便是——比较商业化资本化的报纸，已好得多了。"[②] 在《新闻学》一书中，他则给出英国《泰晤士报》的例子。他指出该报作为英国舆论的中坚力量，为避免资本家操纵舆论现象的发生，所以聘请英伦银行总裁、牛津神学院院长等社会地位很高的人出任董事，以保持报纸的独立，"使主权不致轻易转移，将私人产业视为公有"，他认为这是报业中"一种很好的模范"[③]。两者对照，戈公振便没有说出苏俄模式与《泰晤士报》模式之间的孰优孰劣。但仔细区分，两种模式还是有区别的，苏俄模式是收归公共团体，《泰晤士报》模式则是分散于少数社会精英而不是全体人民。

在这一时期，戈公振对苏联报业的认识是偏颇的，他认为苏联"自实行共产制度以来，报纸皆归公有，私人不能创办。所以政府有报纸，农业团体有报纸，工业团体有报纸，市民团体有报纸……这种报纸虽不能代表全体人民的意见，却可代表一个阶级的意见，这也是一种办法"[④]。不过，自 1933 年戈公振去苏联访问后，他的看法有了极大的改变。他从苏联发回大量有关社会主义建设成就的报道，其中就有不少有关苏联公有化报纸的记录。对于这些新颖的形式，戈公振大加赞赏。1932 年在欧洲考察期间，戈公振应中意友善协会要求，撰写了《中国之新闻事业》一文，末尾写道："中国之报纸……今则渐有资本化之倾向，但思想已逐渐变化，注意农工利益，其为人民所爱读者，且有社会主义之征兆矣。"[⑤] 苏联公有化报纸的蓬勃发展，加上当时中国新闻业在受众定位上重视工农阶级利益等种种变化，使得戈公振认为中国报业若能效仿苏联的公有报纸发展模式就能够实现推动新闻业的进步，从而让服务社会落到实处。遗憾的是，在当时的中国，报纸的公有化几乎没有实现的可能性，戈公振的理想只能在现实面前化为泡影。

五、言论自由——新闻本位思想的外在环境

尽管经历了民主共和的洗礼，但在当时的中国社会，要落实新闻本位思想谈何容易。其中，横亘在中国新闻学人面前最大的问题有两个：一是能否经济独立，二是能否言论自由。

言论自由，梁启超等人就已提出过。但他们大多是从政治体制、社会文明的角度予以论述，更多的是基于新思想输入和启蒙的层面。武昌起义后，先后成立的各地革命政府，也纷纷出台法律、法规，试图确立、保障言论自由之地位。可是，由于缺乏相应的经济和民主政治之基础，这一自由很快被蜂拥而起的政党所利用，成为相互攻讦的手段。待到袁世凯上台，抓捕报人、镇压报纸成为常态。所谓的"言论自由"，早已名存实亡。正因如

① 戈公振：《报纸的将来》，载黄天鹏主编：《新闻学演讲集》，现代书局 1931 年版，第 71 页。
② 同上书，第 69—70 页。
③ 戈公振：《新闻学》，商务印书馆 1947 年版，第 38—39 页。
④ 同上书，第 39 页。
⑤ 戈公振：《中国之新闻事业》，《新北辰》，1935 年第 11 期。

此，戈公振们对于言论自由，是作为报纸能否能够独立发展的外在环境，即“生存环境”来看待的。所以，戈公振断言，言论自由成为“报界切肤之问题，此问题不解决，则报纸绝无发展之机会”①。

戈公振对于袁世凯之流破坏言论自由的倒行逆施，表示出极大的愤慨，“自洪宪以还，军人柄政，祸乱相寻……封报馆、扣报纸、检阅函电，十余年来，数见不鲜”②，其直接的结果则是导致了“报纸不是阿谀奉承，就是模棱两可。仿佛舆论消沉，人心已死”③。不仅如此，他更居于现代国家政治的角度提醒社会，也包括提醒统治者“盖思想不能发表，徒成空幻，思想者必甚感苦痛，而郁积既久，无所发泄，终必至于横决，国家命运之荣枯系之”④。对于言论自由，戈公振将其视为“文明进步的一个阶梯”，是中国走向文明和进步不可或缺的重要步骤。在上海报学社社刊《言论自由》的发刊词上，戈公振热情洋溢地写道：“言论自由是文明进步的一个阶梯，我们用这个字（词）做报名，就是很明显地表示我们的目的所在。”⑤ 短短几行字，流露出戈公振对言论自由的渴求。

戈公振没有狭隘地将争取言论自由的实现局限在知识分子等少数精英群体身上，而是号召所有国民以“天职”般的责任感为言论自由而奋斗。这一观点不仅和戈公振提出的报纸服务民众的思想遥相呼应，更流露出作者明晰言论自由乃是公民之权利、群众之权利、人民之权利的政治意识。

对于新闻自由的争取，邵飘萍也曾提出类似见解。邵飘萍在考察了西方各国为争取新闻自由而斗争的过程后，他认为这“乃是言论界与政府当局恶战苦斗的历史”。反观中国，他则义无反顾地号召，“今日之动说，新闻界要实现‘法律上相当的自由’就必须以义无反顾的宽大者，乃斯界先哲之捕逮下狱、种种牺牲得之代价”。因为历史和经验告诉他，所谓“法律上相当的自由”，“其自由的范围之大小每与政府的压迫力成反比例。盖从恶战苦斗、多次牺牲而逐渐扩张之结果，以历史所教训于吾人者观之，压迫愈严，则反对愈大，最后之胜利必归于人民”⑥。“最后之胜利必归于人民”是邵飘萍对言论自由的最终渴望，与戈公振号召国民“拥护言论自由”是一致的。

可惜的是，当戈公振写下这些文字的时候，邵飘萍已经死在军阀的枪下，践行了自己为言论自由而牺牲的承诺。戈公振对言论自由的呼唤，作为对五四时期新闻学的总结和传承，实际上也饱含着五四时期新闻人的共同心声。

---

① 戈公振：《中国报学史》，三联书店 2011 年版，第 333 页。

② 同上书，第 333 页。

③ 戈公振：《新闻学》，商务印书馆 1940 年版，第 14 页。

④ 戈公振：《中国报学史》，三联书店 2011 年版，第 334 页。

⑤ 陈镐汶：《戈公振与上海报学社》，《新闻与传播研究》，1990 年第 4 期。

⑥ 邵飘萍：《邵飘萍新闻学论集》，肖东发等编，北京大学出版社 2008 年版，第 164 页。

第十一章

世界的眼光　中国的问题

——重读戈公振先生《新闻学》

长期以来，学界对于戈公振的认识往往局限于《中国报学史》一书。不过，《中国报学史》的书名与具体内容的阐述并不十分吻合，《中国报学史》虽有“学”的内容，即戈公振所说的“已见”，但仅占据了少量的篇幅，差不多只有第一章介绍了报纸的定义、特点与性质，其主体仍是报业史，所以似乎命名为《中国报业史》更为合适。

任白涛就回忆道：“1926 年 2 月，戈公振君到西湖问我借材料，并把此书的油印底稿交我阅看。我匆忙地看了半天半夜，即将大体上的应行修正或增补之处，分条写出，夹入稿中。次日送到他的旅寓，付给茶房而去。他匆忙地返沪之后，来信说：‘归后检书，得指示若干条，当逐条修正……’出版之后，果照他信所说。只是那时我看得太匆忙了，所以忘记同他说《中国报学史》应改为《中国报业史》的事情；因此书内容，纯以中国报业为对象之故。但除书名不妥当和少有说明报业形成之社会的背景，以及书中所叙/堆积的事项还多缺漏之外，此书在贫乏的中国出版界，实不失为一部可读的书。盖著者为此书实费去不少工夫，绝非‘率尔操觚’之作。”①

《中国报学史》堪称戈公振先生的代表之作，更是中国新闻史学奠基性的开山之作，至今仍有着极强的学术影响，后世关于新闻史的研究很少有不受其影响的。不过，除此之外，戈公振先生还编著、翻译了《中国图案集》《新闻学撮要》《新闻学》《从东北到庶联》等书。其中，又以《新闻学》一书影响最大。

一、《新闻学》 概述

《新闻学》原为商务印书馆《万有文库》丛书约稿，是公振先生第一次出国考察欧美和日本等国报业后所著。此前，他已经在上海《时报》工作了 15 年，从普通校对一直做到总编辑，有着丰富的实践经验。同时，他还在上海复旦大学、国民大学等多所大学教授新闻学课程，开中国报史研究之先河，是我国新闻学走向本位时代的著名新闻学教授。

有一种推断认为，《新闻学》成稿于民国 21 年（公元 1932 年）1 月，因为戈公振在该书《序》中的落款日期是“中华民国二十一年元旦”。1932 年“一・二八”淞沪战役中，

① 任白涛：《综合新闻学》，第 66 页。转引自李秀云：《留学生与中国新闻学》，南开大学出版 2009 版，第 45 页。

当时设在上海闸北宝山路的商务印书馆毁于日本军队的炮火，估计戈公振写完原稿之后，还没来得及交给商务印书馆，商务印书馆便遭受战争劫难。戈公振先生病逝后，该书也一直未能付梓，直到其弟戈绍龙 1938 年 12 月返回上海清理先生遗作时，才将书稿交商务印书馆编辑何炳松付印出版。

目前所见的《新闻学》一书一般有三个版本：长沙商务印书馆民国 29 年（1940 年）4 月初版，上海商务印书馆民国 35 年（1946 年）4 月再版本，民国 36 年（1947 年）《新中学文库》本。全书 25,000 字左右，共计 6 章：(1) 报纸的起源；(2) 中国现代报纸的进化；(3) 报馆组织；(4) 通信社；(5) 报业教育；(6) 报纸的运命。

对于本书，《上海新闻志》评述道："本书言简意明，内容充实，述及古今中外著名报纸、新闻之历史及报业情况，并将新闻工作本身提高到新闻学理论的高度。"① 学者胡太春认为："《新闻学》一书，进一步表述了戈公振的资产阶级新闻业史学观点。"②《江苏报刊编辑史》则指出："《新闻学》体现了作者在《中国报学史》之后，学术观点上的升华．特点是他自己在出国考察后，看问题所依的背景更加开阔，既有对国内报业的见解，又有对国外报业情况的熟悉，所以他的学术观点是有其前进的一步，立意更高了。"③ 此三种观点也是目前所见的对戈公振《新闻学》的仅有评价，这也从侧面反映出研究其《新闻学》的必要性和重要性。

现在看来，从政治文化的视角观察，上述的两种观点都稍有偏颇。前者过于简单，仅停留在对文本简单的内容分析，不能揭示戈氏的思想和心理；后者则过分强调阶级范畴，片面遵循阶级主线，不符合当代全面的历史认知。于此，笔者拟对《新闻学》进行细致的打捞和爬梳，用细心和耐心，更用一种当代的立场、视角和眼光，重新发掘《新闻学》这一潜在资源，使"历史既建立在它所经历过而又表现出来的实处，又建立在它所经历过却没有表现出来的空白之上"④。

二、《新闻学》的逐章解读

近代中国新闻学的创立有着一段饶有兴味的历史，而谱写这段历史的主要人物正是以戈公振为代表的一批报刊活动家。他们（诸如徐宝璜、邵飘萍、任白涛、汪英宾）不但是卓越的报刊实践者，更为难得的是，他们能够站在我国新闻学启蒙者和西方学者的肩上进行工作。在继承和发扬本土新闻学启蒙者学说精髓的基础上，他们熟悉西方新闻学基础理论，拥有更宏阔的世界眼光。因此，"西方的新闻学基本理论与中国当时最高水平的新闻实践相结合，是创立时期新闻学的特色"⑤。在某种意义上，结合五四运动和新文化运动的时代背景，中国新闻学的创立可以说是中西文化不期而遇的产物。

这种理论与实践的碰撞、东西方文化的融合都可以在戈公振身上找到踪影。在完成《中国报学史》之时，戈公振已经担任上海《时报》的主编。在这之前，这位从苏北小县城出来的年轻人已在《时报》从事过校对、助编、编辑等几乎所有工作。他在上海报界打

① 《上海新闻志》，上海社会科学院出版社 2000 年版，第 743 页。

② 胡太春：《中国近代新闻思想史》，山西教育出版社 1996 年版，第 313 页。

③ 倪波、穆纬铭：《江苏报刊编辑史》，江苏人民出版社 1993 年版，第 308 页。

④ 葛兆光：《中国思想史（导论 思想史的写法）》，复旦大学出版社 2001 年版，第 83 页。

⑤ 陈力丹：《五四时期的中国新闻学》，《新闻战线》，1989 年第 6 期。

拼了13年，成为国内新闻界的权威之一。他当时虽没有出国，却自学外语，成为我国全面掌握世界新闻学研究现状（可以阅读日文、德文、英文著作）的第一人，这在《中国报学史》中表现得尤为典型。《中国报学史》绪论部分，实际上是新闻理论部分，虽然只有1万多字，但提及的英文、德文和日文参考书籍和文献就有22种。而整个绪论的论证方式、思维结构，则基本是中国文论的传统模式。①

对比之下，经过对国外新闻业的实地考察和在《申报》的工作体会，戈公振先生的《新闻学》一书尽管在篇幅、体例、影响等方面不如《中国报学史》，但全书流露出的对世界新闻业的熟稔程度、对国内新闻业的关切心情、对新闻理论的驾驭能力、对新闻实务的探索热情彰显得更加淋漓尽致。以下将按照《新闻学》的章节顺序逐一品读，解析其中所蕴含的新闻思想。

在《报纸的起源》一章中，戈公振用历史的眼光对报纸的起源进行了纵向的梳理。“由上面记载，就可以知道报纸用历史的眼光观察，已经有口头新闻、手写新闻、木版单面印刷报纸和活版两面印刷报纸等种种变迁。”② 这是传统的西方新闻史分期法，符合人类新闻传播活动进化演变史的观点，至今仍得到广泛承认。

在追溯报纸起源的过程中，戈公振有两点表述很值得回味。在叙述报纸起源的各种传播形态时，除了对报纸的形式变迁作了纵向梳理，他还把中西方的同期传播形式作了对比，颇有比较新闻学的意味。

“书经‘遒人以木铎徇于路’的注解说，‘遒人，宣令之官也，古者将有新令，必以振铎以警众。’……又如古时罗马，有一种摇铃报事的人，名曰Bellman。直到现在，西欧的报纸，很多还用铃做标识。日本卖报的人，还是摇铃以引人注意。可见中外新闻的发端，竟是如出一辙。”③

这种新闻学比较的方法，跳出了专门研究一国新闻学的小圈子，将视野扩展到世界背景下，宛如一座座“桥梁”，空间上的距离和时间上的变化在比较中跃然纸上，让读者从比较中清晰地了解到中外报纸起源的相同与差异。

在说明报纸产生的原因时，他简洁明了地阐述道：“报纸的进化，和社会的进化相平行。”④ 这与他在《中国报学史》中所持“新闻之变化，不外求适合于社会而已”的观点一致。近代以来，报人对报纸认识的模糊和新闻观点的落后，一直是影响中国报业发展的一个原因。⑤ 即便是中国现代化报纸诞生若干年后，人们对报纸的认识还依然习惯于从外观形式来认识，认为报纸就是“用机械或印刷及其他化学材料印刷之文字图画，以一定名称继续发行者”⑥。对此，戈公振没有满足于这种形而上学式谈论报纸的观点，而是始终贯穿了一种发展的观点，认为报纸的形式特征相对稳定，反映报纸内容特征的新闻则不断变化，这种变化反过来又造成报纸形式特征的种种变化。总的来说，这是因为“新闻对于社会有一种顺应性”⑦。这一观点实际上体现了戈公振“报纸要顺应社会变化”的办报思路，

---

① 陈力丹：《五四时期的中国新闻学》，《新闻战线》，1989年第6期。
② 戈公振：《新闻学》，商务印书馆1947年版，第38页。
③ 同上书，第2页。
④ 同上书，第3页。
⑤ 单波：《20世纪中国新闻学与传播学·应用新闻学卷》，复旦大学出版社2001年版，第62页。
⑥ 戈公振：《中国报学史》，三联书店2011年版，第4页。
⑦ 戈公振：《中国报学史》，三联书店2011年版，第19页。

这在《中国报学史》中有大量的论述，此处不再赘述。

另外，“报纸的进化，和社会的进化相平行”也包含了五四时期以后知识分子面向社会的精神追求。报纸之于我国，一直与政治有着紧密的联系。无论是自汉唐以迄清末，以邸报为中心的各类官报，还是康有为、梁启超、孙中山、汪精卫等创办的现代化报纸，无不与政治有着亲密的关系。的确，政治强有力地推动了报纸的发展，但达到一定程度后，它又会阻碍报纸社会功能的发挥。不过，新一代中国的知识分子开始有了选择的自由和自我责任感，在这种背景下，中国报业的政治色彩渐渐褪去，报纸在自觉中迈向新闻本位时代，强调报纸的公共性质，认为报纸是全社会“精神的集合体和联络机关”①。于此，戈公振先生充分强调的报纸进化与社会演化的平行关系则自然在情理之中。

《新闻学》的第二章《中国现代化报纸的进化》实际上是《中国报学史》第二、三、四章的“缩微本”，它勾勒出中国现代化报纸发展的历史线条，即“外报创始时期——民报勃兴时期——报纸经营时期”。并对各个历史时期的初创报纸、著名报纸、代表报纸一一罗列，是典型的中国史学表述方式。

第二章着重论述了中国现代化报纸的发展进程，附带也论证了报纸的强大作用。“后来国民政府所以能于最短期间成立，统一了中国，中华民族虽未能完全脱离外人的束缚，但是自由平等的理想已经深中于人心。设若没有这些报纸，恐怕不能如此的容易成功。”②这一点，孙中山也不吝赞美之词，“此次民国成立，舆论之势力与军队之势力相辅而行，故不曾数月，遂竟全功”③。这和戈公振论述的意思一样，只不过戈氏立足的是媒体功能角度。

在积极论证报纸作用时，戈公振先生对“阅大样、捕记者、检查邮电”等种种遏制言论自由的行径进行了批判，再一次对袁世凯倒行逆施引发的“癸丑报灾”表示愤慨，认为它导致了“报纸不是阿谀惟谨，就是模棱两可。仿佛舆论消沉，人心已死”④。这点端详起来，可见戈先生对言论自由是非常看重的。此前，他甚至表示“言论自由，为报界切肤之问题，此问题不解决，则报纸绝无发展之机会”⑤。推而广之，言论自由思想在中国近代新闻学的创立时期实际上是被广泛认同的。五四时期，自由主义已经作为一种流派开始在中国出现，这时中国的自由主义已经超越了古典自由主义，属于基本和西方接轨的新自由主义。随着新闻本位思想的弥漫和确立，争取言论自由已成为新闻界的共同行动，平时谦逊和蔼的戈公振甚至激昂地发出“宁为玉碎，不为瓦全”的呼喊。而对于迫害言论自由的做法，他异常愤慨，指责道：“今欲假‘赤化’以摧残言论自由，乃无意识之下焉者也！”⑥

我国新闻学界对媒体管理的研究几乎是与新闻学的创立同步的。“我国新闻界‘破天荒’之作”《新闻学》（徐宝璜），“中国新闻学头生儿”《应用新闻学》（任白涛）都有关于媒介管理思想的踪影。戈公振长期在报界工作，对报馆组织了如指掌，而且他翻译的美国学者开乐凯的《新闻学撮要》也是研究报馆组织的重要理论著作，当时的戈公振可谓是报馆组织研究的权威。等到《新闻学》第三章《报馆组织》诞生时，戈先生不仅有了《中国

① 戈公振：《报纸的将来》，载黄天鹏主编：《新闻学演讲集》，现代书局1931年版，第70页。

② 戈公振：《新闻学》，商务印书馆1947年版，第14页。

③ 孙中山：《致武汉报界联合会函》，《孙中山全集》（第2卷），第336页。

④ 戈公振：《新闻学》，商务印书馆1947年版，第14页。

⑤ 戈公振：《中国报学史》，三联书店2011年版，第333页。

⑥ 戈公振：《中国报学史》，三联书店2011年版，第333—334页。

报学史》第六章《报界之现状》的理论积淀，而且提笔时裹挟着他考察美、德、法、日等国多家报馆后的实践反思。他认为“一个大报馆，仿佛是将大学校、银行、印刷厂三者合而为一。所以一定要有一个很好的科学管理法，才能操纵得如臂之使手，手之使指，使彼此权限分明而又能密切合作”①。

在《报馆组织》一章中，他首先对当时报馆普遍的组织结构进行介绍，尔后则重点介绍“照最近的趋势，据多数报学家研究”的报馆组织结构的规划，并对各部门、各职位的分工职责有所提及。当然，这只是一种理想状态，是西方的报业理论。但戈公振的过人之处在于他不仅能用西方新闻理论分析中国报业的现实问题，还能根据实际情况处理现实问题。他理想中的中国报馆，应首先在董事会下设立总管理处来总揽全馆的事务，再在总管理处下辖编辑部、事务部、会计科、稽核科、馆医科。

没有实施，再好的蓝图也只是空谈。幸运的是，戈先生的这一番完美设计在当时上海最著名的《申报》报馆得到了用武之地。1928 年，戈公振甫一回国，马上投入到《申报》总管理处的设计工作，同时被报业大王史量才任命为《申报》总经理助理，与黄炎培、陶行知合称“史量才智囊团”。尽管有学者研究发现，戈公振先生在《申报》的工作时光并不是春风得意，许多建议没有得到最终性的采纳，但他对于报馆组织的科学设计还是得到了实施，有力地推动了《申报》的发展。对此，学者张育仁评价为：“戈公振对《申报》最大的贡献是，他对照西方大众报纸的经营模式，建立起了一套相当完美的科学管理体系。”②

从文理上来看，《新闻学》第四章《通信社》③ 是戈先生全书中论述得最富有层次感、最一目了然的一章。全章共论述了通讯社的使命、通讯社与报馆性质差别、通讯社与报馆之联系、通讯社与报馆收集信息之差别、通讯社的种类、我国应该建立属于自己的通讯社等六个问题。

通讯社是近代报业发展到一定程度的产物，是新闻流通的重要渠道，被称为“消息的总汇”“供应新闻的大动脉”。在戈公振看来，通讯社的责任“就是报告自然的或人为的种种变化”④，“因为电报、电话、无线电报与无线电话的进步，通信社遂成为一种事业了”⑤。在当时的中国，尽管报业已经相当发达，但在通讯社领域，本土的通讯社“究竟规模太小，经济、人才两缺”⑥，所以根本无法与外国通讯社抗衡，偌大的中国几乎成了外国通讯社的天下。

在这种情势下，戈公振是睿智的，也是痛苦的。睿智的他敏锐地认识到通讯社的重要作用。“没有国际通信社，报纸取材的范围，不能遍及全世界。”⑦“通信社的势力，每隐蔽

① 戈公振：《新闻学》，商务印书馆 1947 年版，第 16 页。

② 张育仁：《自由的历险——中国自由主义新闻思想史》，云南出版社 2002 年版，第 304 页。

③ 此处的通信社即现代意义上的通讯社，通信社为当时之称谓。根据文献考证，《通信社》一章实为戈公振在为纪念《大陆报》20 周年时所作《中国急需一个代表通信社》的删节版，限于篇幅，戈氏将文章收入书中时作了文字删减，最大的删减就是将作者对于“中国急需的一个代表通信社”的实施步骤删除掉，此处为完整解读戈公振先生对于通信社的思想，特选取《中国急需一个代表通信社》一文作为研究文本。该文收录于《戈公振纪念文集》（江苏文史资料第 44 集），第 195—202 页。

④ 戈公振：《中国急需一个代表通信社》，《戈公振纪念文集》，第 195 页。

⑤ 同上书，第 195 页。

⑥ 同上书，第 199 页。

⑦ 同上书，第 195 页。

于报馆的后面，不为一般人所认识……惟有通信社，仿佛一个舌人，能传译于各民族间，不受时间和空间的限制。”① 随着国际交往的增多，新闻流通早已超越国界，成为“地球村”中一种精神交往必需品。但单个的报馆依靠自己独立的力量搜集全世界各地的新闻既不现实也不经济，专门的通讯社便应运而生。通讯社以“流通信息”为使命，但它在信息的筛选上却好比一国的代表，会根据自己的利益进行宣传，不利于自己的新闻信息要屏蔽，利于自己的新闻信息要放大。对这种做法，戈公振明察秋毫。正是因为知道了，明晰了，所以痛苦也随之而来了。“从新闻权上说，路透社却公然地做了中国的代表。”②“中国外交失败的原因，缺乏宣传也是其中之一……所以我们不能怪外人的通信社，不能代中国宣传，有时还要反宣传，因为它有它的政策，和它的利益，对于中国，毫不负何种义务和责任。我们只怪我们不觉悟，依赖成性的，不自组织一个代表全国的通信社，连印度、澳洲、加拿大、纽西伦这些殖民地的地位，都够不上。因为他们都有自己的通信社，在其境内占有绝对的优势。”③ 作为一个爱国的中国报人，戈先生是痛心的，所有中国的新闻信息要经由他人之手，任人摆布，地域面积那么大、人口数量那么多的一个泱泱大国在国际上却发不出半点声音，仿佛被人家卡住了“喉咙”。呜呼哀哉！于此，戈公振大声疾呼：“我们要一种觉悟，以国家为前提，由政府和报馆协力合作组织一个大规模足以代表全国的通信社，一方面以中国真确消息，供给全世界；一方面阻止外人在中国宣传。如此，我们新闻界，方有自立的机会。”④

《新闻学》第五章《报业教育》实为戈公振归国后在复旦大学的演讲，原题为《新闻教育的目的》。在这个演讲中，戈公振从世界新闻学教育的全局出发，阐述了新闻教育的必要性、目的、内容，广义新闻学教育等问题。

20 世纪 20 年代，随着徐宝璜《新闻学》、邵飘萍《实际应用新闻学》、戈公振《中国报学史》的问世，中国新闻学不仅确立，而且开始分流成理论新闻学、应用新闻学、历史新闻学三大部分，构架出新闻学粗略的学科体系。既然为“学”，新闻学教育必然要摆上议事日程。

演讲中，戈公振对世界新闻学教育模式进行了全面介绍，并将它们归纳为“美国式、德国式、英国式”三种模式。结合新闻教育的教学内容和培养目的，戈公振对三种新闻教育模式进行了深入比较，“美国的方法，注重职业和职业实习，德国是注重职业的教育，英国是想把两者都顾到。这三种制度的成立，因为大学教育的目的，和对于新闻记者职业的观念不同而发生。美国人是预备做访员或编辑，就是新闻机关大机器里的一分子。所以美国的新闻记者，以为自己是材料的支配人。德国人也是预备做编辑，不过……”⑤。这也是比较新闻学的一个典型之处。可贵的是，作者对于三种新闻学教育模式的比较，没有停留在教学内容表面的差别上，而是追根溯源，挖掘到大学教育目的和职业观念的差异。这种探求原因的能力除了对事实的比较能力，也反映了戈公振先生眼光的深远。

“鉴往知来”是一种典型的用历史眼光观察事物的方法。这种方法被戈公振用来预料报纸的将来，这一方法也贯穿《报纸的运命》全章。在戈公振看来，“譬如欲知道我国报

---

① 戈公振：《中国急需一个代表通信社》，《戈公振纪念文集》，第 201 页。

② 戈公振：《新闻学》，商务印书馆 1947 年版，第 24 页。

③ 戈公振：《中国急需一个代表通信社》，《戈公振纪念文集》，第 199 页。

④ 戈公振：《新闻学》，商务印书馆 1947 年版，第 24—25 页。

⑤ 同上书，第 27 页。

纸将来的运命，只要先将我国报纸与欧美日本先进的报纸比较，就可以预料若干不可避免的变化，一定会发生了"①。确实，历史有其特定的、固有的规律可以遵循，"鉴往知来""由此及彼"都是很好的预测方法，专修过历史学的戈公振先生对这一点自然烂熟于心。

《报纸的运命》一章前部分与第一章《报纸的起源》一样，论述了报纸经历口头新闻、手写新闻、印刷新闻三阶段，但作者观察到历史同时又贯穿着另一条线索，"再从报纸的发行方面，用历史的观察说，最初由私人报告消息，而成为消息公开，继则成为信局的副业，再次就移转于印刷家或出版家之手。今则一部分成为政党所操纵，而大部分成为大企业，独立经营，不受任何势力所支配"②。从全章来看，这一线索的推导也表现出戈公振反对政党报纸，希望报纸走商业化道路，进而自主独立的思想，具有浓厚的自由主义色彩。

在戈公振的眼里，民治精神是民主政治之魂。作为公共意志表达机关的报纸必须承担这传播精神的重担，并且这种传播是不受任何政治力量和经济力量的控制的。这种理想其实是一种超然的新闻专业主义追求，是一种对未来报业的美好期盼。短暂的民国初年报业繁华后，接踵而来的二次革命、"癸丑报灾"、张勋复辟、直皖战事等给予报业沉重而无情的打击，甚至还出现了"萍水相逢百日间"③ 的人间悲歌。联系当时的现实背景，我们或许也可以将这一理想作为对中国报业的良好祝愿。

三、《新闻学》的历史评价

综观《新闻学》全书，似乎很难提炼出该书最突出之特色。客观的原因是收录《新闻学》之"万有文库"系列丛书只相当于一种常识性丛书，读者对象不是专业人士，这就注定了《新闻学》充其量只是一种专业性介绍的入门书籍，而不可能是高深的理论介绍、抑或是深邃的实践评价。这在《新闻学》体例不是非常完整、篇幅未能完全展开等方面可见一斑。主观上的原因是书中诸多"闪光点"不能完全归功于戈公振的个人原创，他只是其中的最杰出代表。书中的许多观点已成为同时代知识分子的共识，仿佛一种集体智慧，成为一种群体的共性。事实上，也正是这些共性般的认识，推动了中国新闻学冲破新闻学的启蒙时代，最终得以创立，成为独立的学科。

如果非要深究，中西方文化的融会贯通应当是《新闻学》最引人注目和最值得反思之处。全书六章之中，除第二章《中国现代化报纸的进化》是专门论述中国报业的。其余各章则都是世界新闻学发展的背景论述，只是有些着力点在世界新闻学共同发展的规律上，有的落脚点在中国新闻学的现实问题上而已。细细回味这段历史，如果我们从世界文化交流的角度看中国新闻学的创立，按照传统的认识，这不过是照搬照抄西方或简单地归结为"西化"。其实，直到五四时期，中国的新闻学才从"东化"转向"西化"。但这时用简单的"东化""西化"无论如何说明不了问题，更揭示不了问题的实质。陈力丹认为，"五四时期的中国新闻学，应当理解为一种文化的涵化（acculturation），它表现为两种文化的渐进的交流和影响"④。戈公振作为对中西新闻传播文化有着深刻理解的代表，在《新闻学》

---

① 戈公振：《新闻学》，商务印书馆 1947 年版，第 34 页。

② 同上书，第 38 页。

③ 指著名进步报人邵飘萍、林白水在不到百日之间先后被害的新闻事件。

④ 陈力丹：《五四时期的中国新闻学》，《新闻战线》，1989 年第 6 期。

中，他擅长以西方的新闻理论分析中国报业的历史、现状和未来，又能在比较中展开研究，并在报纸与社会、与文化、与政治的广泛联系中审视各种传播现象。可以这么说，《新闻学》从外部汲取了足够的有关新闻学的信息，但戈先生却能以我为主，俯视一切，充满自信地进行创作，完全做到了现代新闻学原理与中国的文化传统、中国的新闻工作实践的融会贯通，是一种开放研究态势。另外，本书的融会贯通超越了之前新闻学术研究重实践轻理论的倾向，是一部专门阐述理论新闻学的专著，将近代中国新闻学的理论思辨层次提升到新的高度。从理论体系构建方面来看，近代新闻学往往将理论新闻学和应用新闻杂糅在一起，理论新闻学的基本问题的研究往往分散在应用新闻学各分支学科体系内，或者干脆就成为建构应用新闻学的佐证材料，这种研究妨碍了理论新闻学体系的建构，也导致中国近代新闻学理论层次一直徘徊在低层。

行文至此，大家一般都会揪出书中的一些错漏之处，再将其贴上"时代局限性"的标签，给全书作一番平衡处理，却又不伤痛痒。这种做法，实在美妙。诚然，《新闻学》中有不少瑕疵，乃至错误。但倘若都归结为"时代局限性"，则是大大的不正确，这里面必然包含着作者自身认识的偏差。

或许因为考虑入门类教科书需要浅显易懂的特点，戈公振先生在某些问题上未能深入，试图一笔带过，这也成为本书的不足。

如在论述我国近代报纸产生时，他认为，"我国近代报纸的产生，纯受欧美的影响，其过程和上述的完全相同，所以不必在此赘言"[①]。这是将西方史学观原封不动地搬来观察中国新闻史的发展过程，忽略了中西国情背景的差异，没有考虑到不同媒介环境对特定媒介系统的影响差别，是一种静态的认识观。同样，在论述报纸依靠广告，就能摆脱政党操控，保持"言论自由"时，戈公振也犯了同样的错误。他天真地认为广告是报纸独立的"救命稻草"。然而，媒介环境中各种因素处于一种此消彼长的动态平衡，政治力量逐渐减退，商业力量过分强大后必然也会成为影响报业发展的阻碍。最后，在描绘自己对未来报业的理想蓝图时，他还是忽略了媒介环境的影响，理想主义成分远远大于现实成分，理想主义色彩太浓厚，以至于理想遥远得如同幻想一般，遥不可及。没有任何基础，好比一个飘浮的肥皂泡，看上去很美，但经不住推敲，一点就破。

用现代新闻传播学的观点来评析一部20世纪30年代初的新闻学著作，似乎有点苛求和刁难于前人。此处只是就文论文，别无其他。戈公振先生是我同县老乡，更是我学习的榜样。他治学严谨、做人踏实、为人真诚、爱国忘己，也是吾辈青年和学子的楷模。只可惜先生英年早逝，满腔报国之志未能实现。更可怜他入土后，棺椁惨遭日寇凌辱，遗骸不知所踪。晚辈斗胆作文，也算是对先生在天之灵的一种告慰。

高山仰止，景行行止，戈公振先生的道德文章将与天地同在！

① 戈公振：《新闻学》，商务印书馆1947年版，第10页。

附　录
戈公振文存

1.《报纸与电信》,《电信》, 1930 年第 1 卷第 2 期。
2.《影戏和新闻事业》,《电影杂志》, 1924 年第 1 期。
3.《国际宣传之重要》, 载燕京大学新闻系编:《新闻学研究》, 1932 年。
4.《画报的责任与前途》,《中国摄影学会画报》, 1930 年第 5 卷第 250 期。
5.《记者与体育》,《长沙市新闻记者联合会年刊》, 1933 年第 1、2 期。
6.《休息》,《长沙市新闻记者联合会年刊》, 1933 年第 1—2 期。
7.《智识阶级的责任》,《民力》, 1931 年第 1 卷第 6 期。
8.《新闻教育之目的》,《报学月刊》, 1929 年第 1 卷第 2 期。
9.《复旦大学新闻学会成立演讲词》,《新闻学撮要》, 商务印书馆, 1929 年。
10.《告有志于报业者》,《学生》, 第 12 卷第 7 号。
11.《中国报界应有之觉悟》,《生活》1930 年第 5 卷第 35 期。
12.《伦敦泰晤士报参观记》,《国闻周报》, 1930 年第 7 卷第 41、42 期。
13.《世界报业大观》,《报学月刊》, 1929 年第 1 卷第 1 期。
14.《世界新闻事业现状》,《报学月刊》, 1929 年第 1 卷第 3 期。
15.《我对于观察庶联的态度》,《生活周刊》, 1933 年第 8 卷第 31 期。
16.《芝加哥论坛报的介绍》,《生活》, 1931 年第 6 卷第 34、45 期。
17.《新闻纸的商业化》,《商业月刊》, 1931 年第 2 卷第 2 期。
18.《报纸的将来》, 载黄天鹏编:《新闻学演讲集》, 现代书局, 1931 年。

一、报纸与电信

报纸之任务，在于传达人类意志情感及各种消息，供给社会民众以日常生活所需要之知识；其于人类生活关系之密切，影响社会进化之重大，不言而喻。近世经营报业者，能使其当此任务而日见进步，由于电之应用推广者良多。环顾欧美日本诸邦，报纸有今日之发达，多系电学开明之结果；若无今日磁电应用之巧妙，直谓不能有如今之报纸可也。请一言其详。

报纸之内容，虽非尽属新闻，要以新闻为主体。吾国普通皆称报纸为新闻纸，称报纸事业为新闻事业，即此故也。然则，欲求报纸内容之充实完美而能依其任务以增进社会上一般人之福利，固非特别努力于新闻材料之搜集不可。在昔电之应用尚未发明（或未发达）以前，虽属已有报纸，但其搜集新闻，仅赖信差驿卒之传递，故其所得材料，深受空间时间之限制，既不广远普遍，又不新颖详明。在一短时间内，断不能对各地日常发生之事件，随即收得种种记载。此种情形之下，断难编成一有趣味有价值之日报，可用以传达人类意志情感及各种消息而无所遗憾。是以百余年前之报纸，多系简陋异常，数日或数旬发行一次，其对于人类生活，社会进化之贡献，颇为轻微。

西历一八八零年以后，新电学兴，电之应用，遂于报纸表现显然之功效；电报电话等传递消息之利器，相继发明，报馆从而利用之。盖经一般科学家之探讨，发现电可以变为力，变为光，变为热，变为声……又电可藉金属线而流传，如水之沿水管流动，由甲地输送以至乙地。且电流之速度至大，两秒钟间即能环绕地球一周。电之作用，既系如此迅速流动，当可于瞬息之间，设法曳引之至远近各地，而后再使之变为他种能力，起种种工作。如是遂得藉以传递信息，构成电报，一切消息，片刻即可遍达遐迩矣。报界自得此种利器，千里万里外之各处消息，在昔须经数日数旬数月之时间，费多量之人力，方能传到者，今于一夕之间，已可藉电报之传递而收得，次晨即可披露于报纸，公之社会矣。其后电话又随而发明，传通消息之便利，益见增加。两地之间，口中所发语言之音，可用电线传达。通电话者，如晤谈一室之内，彼此迳相探问消息，电报号码翻译之繁难，得以免去。报馆得此，对于异地新闻消息，不难立刻探询明白；较用电报通信之为易，自属更胜一筹。报纸上之新闻赖以进步者，良足多也。

电报电话之出现，直接影响于报纸之工作，间接能使社会人类生活之关系，变为密切，求知之欲望，日而增高，向之各地景况，群众生活，事实上无明悉之可能者，至是人人日日得而一目瞭然矣。是以社会人类对于报纸之需要，渐感迫切、报纸在社会上之地位，大为增高。日报及短期出版之定期刊物，渐见增多。迨后电报电话之装置，步步改良，终至穷乡僻巷，山川海洋，悉能设电线以通报通话；消息传递之迅速而便利，有一日千里之势；通讯范围，既扩大至于世界各国，复可普遍及于通都大邑。报纸受此等广博之通讯影响，内容之倾向于世界化及社会化者渐行显著；国际新闻，社会新闻，在报纸中皆占一重要地位矣。电之应用于传信传话而后，所予于报纸影响之大有如此。

三十年来，复有无线电报无线电话相继发明，为世应用，报纸乃得更精巧更便利之传递消息利器。盖向所发明之电报电话，必须先用金属通至各地，而复始可互通消息。是以工程浩繁，需费颇巨，且每因高山峻岭，大海汪洋之阻隔，设置电线，尤多困难。故用有线电报电话传通消息，代价固巨，欲求其在各地普遍，亦属不易；益以规模太大，非报馆所得而自备也，今有无线电报出世，电之传导，可迳利用空气传布电浪作用，不复借重金属线。如是无论各地已设电线与否，皆可互通音问，何处设有无线电报机，即何处能收取他处电报机所发之信息，或传信息以至他处。此种通讯设备，费用省而事功大，设置又易，普通报馆每可自置备其收信机或发信机，其遍收各地之新闻消息，可能性遂大为增加。（甚至在海洋中航行之船舶，在天空中飞行之飞机，至是亦可用无线电与报馆随时相通消息）。无线电报发明以后，无线电话复随而发明。吾人语言音声，可借空气传电之作用而遍传各地，与有线电话同一功用。此种无线通报通话发明以来，日益改良，迩者藉电浪之长短，可使各地电机所发之电浪，不相混杂，各地之收音机，得各收其电浪相同之音，是以其应用日见推广，辅助报馆传递消息之功用，大著于世。报纸消息之灵通，影响于社会人类生活之价值，可谓百尺竿头，更进一步。

电报、电话、无线电报、无线电话之发明而为社会所采用，固已深有助于报纸矣。但电之应用进步而有利于报纸者，犹不止此。七八年来，世间更有电机传形与电机摄影等新发明。此项发明，近已设备至不论有线无线，祇凡电力或电浪所能通达之处，即能有一种新式机器，传一处之人物影像，字迹画片，在他处之机器上现出。则向之电力仅能传报事物之消息与声音者，今并事物之本形或真相而亦可传示于异地之人，惟妙惟肖。如电话机旁，添置一传形之电机，则两地通话之时，不惟打电话者之声音言语接之于耳，即其形容笑貌，亦复现之于目，与同处一室，对面晤谈，无丝毫分别。今者并由此种传形方法，进而研究，能使电浪所传之形，在照相乾片上摄下影迹。此种利器出世，当然又予报纸进步以一大助力，盖报纸对于异地之新闻，可藉以作更详明更迅速之披露。以前新闻稿件，犹须根据电报电话而传述，费时费力尚多，今而访员在异地作成之稿件真迹，可用电流送至报馆，即照“传稿”字迹排版手续大省。他如实物情状，前惟有在实地摄成相片，交付邮局传送者，今既可在远处用电摄取，后可将所摄之相由此处电传至他处。由是报馆在昔仅可由电收得文字之新闻，今则更可收得图画之新闻；报纸之新闻记载，不惟用文字描摹，更能用图画示明真相：其进步情形，又开一新局面矣。近日报纸刊载图画之风，颇为盛行，有此电机传形，电机摄影之发明实属大感方便，世界报纸前途，当将起一重大变化也。

电之应用发达，尚不仅为传递文字新闻与图画新闻而已，他如铜铅板及活字之铸造，印刷机件之转动工作，今日昔以利用电力而大见改良，报纸印刷，得以较昔更为迅速精美，是于发行方面，亦能进于良善。新近欧美诸邦，更有应用电力排字者。法以电线联接铅字盘与打字机，则在打字之际，电流通至字盘，盘下机件跳动，自可使字模集合而成板，诚便利也。此种发明，当又予报纸印刷以莫大之便利，将来研究进步，或可使报纸之印刷，尽废人工而代之以电。编辑室随时编稿，随时将排字房及机器房之电流开通，随即印成报纸，随用电力送至发行部。抑有进者，有人理想日后报纸之发行，亦可用电而其发行之迅速，能在半小时内，遍送至全世界各地。是盖以有无线电机摄影之发明，将来机器改良，字稿画片真迹由之遍传世界各地，成为轻便易举家喻户晓之事。则至其时，报馆可不复印刷报纸，只须使各阅户皆置备一无线电话及摄影机，报馆编辑室则将稿件随编随发无线电浪，传出文字或图画，各地阅户随时由无线电机收受新闻若听留声机看影戏然！此理想不难有实现之可能，观乎今日无线电台之报告消息，传递音乐于各地，而可知矣。

电之应用发达，影响于新闻之采访，影响于报纸之印刷，将来更有影响于报纸发行之可能固矣。但据今日之理想，另有影响于新闻记者及阅报者之个人之可能也。阅近日报纸，称美国目下有人新发明一种小无线电话机，可以任人随身携带。此种发明，必可予新闻记者以一种异常灵敏之采访新闻工具，俾其安坐一室之内，而得遍采各地之新闻。六七年前，日本东京举行新闻博览会，会中有一百年后理想中之新闻记者之图画陈列。在此理想记者之头上，即装有无线电讯机件，如今已有小无线电话机发明，谅此理想新闻记者出世之期，当不在远。

观上所述，阅者当可想见今后报界之不可不注意于电之应用——报界之未来命运，固全系乎是也。将来报馆之进步程度，即视其电之应用程度之如何而定。岂特报纸，即今日之社会，一应用电之社会也。历史家分社会之时代，依人类所用之器具。故自原始社会以来，有所谓石器时代、铜器时代、铁器时代、机器时代，而今正迄于电气时代也。然则今后人类之求生存，当非努力于电之应用不可。前年日内瓦举行国际报界专家会议，其议案中关于电之应用者最多，且列于各项议案之首。有新闻电报电话减费之议，有新闻电报电话优先权之议，有废除国际间电报通过税之议，有添设国际间电线电台之议。凡此，无一不在扩充报界对于电之应用上着想。观察此次会议之报告，益见报之与电之应用，关系异常重要。

今日吾国对于电之应用，较之欧美日本诸邦，相去之远，正不可以道里计。国内各地对于无线电报电话之应用，尚属幼稚而未能普遍，遑论电机传形与电机摄影；此后二者，即谓国内尚无应用之者可也。至于有线电报与电话，设备亦属简陋异常，不可稍望欧美日本诸邦之项背。试问国内设有长途电话者，有几处？国内边陲各省重要城邑，已通电报者，更有几处？与蒙古、新疆、青海、西藏相通电报，其困难不甚于与欧美各国乎？即就本部各省及沿海电线而论，有线无线电事业，多借外资创设，多受外人操纵或干涉，鲜有为国人完全自办者，其危险与不便利之情形，思之实可令人心惊。若夫国际电讯，吾国原来绝无设备，完全操之外人之手。国际新闻，遂惟外人马首是瞻，任其操纵而无可奈何。吾国电讯事业，如此幼稚可怜，国内报纸，将何所凭借而企谋进步耶？我国之有报纸远在日本之前，盖以地大物博人众，又非日本可比；而今日报纸事业，进步迟缓，反落日本之后，有由来矣。年来电政当局，有鉴及此，特普设国内国际无线电台，以补不足，多已先后通报，传递渐感便利。今后更望中央及地方政府，为社会进步计，亟起发展电之应用。尤愿吾全国报界与电界为自身进步计，协力以图之。

二、影戏和新闻事业

在现在中国新闻界十分幼稚和影戏界刚刚发芽的时候，我们若是谈论这两样事业的关系，未免犯了不识时务的毛病；但是目前虽不能即望发达，可不能不希望发达于最近的将来。若是这两样事业都相当的发达，关系一定会互相密接了。

那么，影戏和新闻事业怎样发生关系呢？照我们能知道的，新闻纸的目的是在传播公平正确的消息，促进社会的文化，以谋人类的幸福。但是，这样一个目的很不容易达到。因为新闻纸传布消息的时候，往往有许多意外的困难。

譬如战事发生，我们在报纸上，有报告敌军残暴行为的义务，以激起一般人的爱国心。但是新闻纸无论如何记载，太详细则读者必容易疲倦而不高兴，太简单则读者轻轻看过容易忘记，这不可不算作一宗困难。怎样可以免去这个困难呢？

我们若是用影戏来报告，就可以得满意的结果。譬如欧洲大战中，德军攻入法国领土的时候，怎样地破坏法国的城市村庄，怎样地杀戮法国无辜的人民，虽不能得知当时情况，一一制成影戏，但是荒丘废墟、被破坏的城市村庄、男女尸骸、被残杀的人民等种种悲惨的纪念，都会写下来映在影戏的幕上。法国的人民看了这样惨痛的情景，应该怎样的感动，是很容易知道的。就是德国方面为鼓吹爱国热起见，也是利用这影戏，报告战场消息的。

我再举一个例：凡是某地方有天灾（水旱和地震等）的时候，那饿死或震死的难民，报纸上虽可以多多登载画图，以博得一般人的同情心，但终不及影戏活动的表示，使人宛如身历其境。即以本年日本大地震而论，日本大阪的朝日新闻社，得东京受地震的惨状，都摄成影戏，到处映演，发生极大的效力。凡是看了那火烧死的几万死尸，和变成焦土的东京的人，大概都更觉踊跃输将，救助灾民的。

以上两例，是对关于社会道德的问题而言。我现在要更举一例，证明影戏新闻和科学的关系。我们住在中国的人，若要脑中想象非洲内部的事情——厚唇的黑种人，威震百兽的狮王，聪明的巨象，笨重的河马，突兰斯瓦方面的金刚石，美丽的鸵鸟——这许多稀奇的生活，在教科书里，所讲是死板的，在报纸上的游记，也是不能描写逼真。但是利用影戏，就可以将这各种怪异而有趣的生活，都供献在我们眼帘之前了。这不是于科学方面有极大的利益吗?

我还要举一个有趣的例子。譬如远东运动会用影戏所得的中日菲三国选手的竞技情形，观客起若何感想呢? 中国的选手在某项赛跑的时候，那一种战败的情形——第一圈还可以，第二圈就要落后了，第三圈即落后得不成样子了——不是有价值的影戏新闻吗?

从这个例子看起来，就可以知道影戏与新闻纸是怎样的关系密切了。从对文化方面说，是德育智育体育三方面，不都很有重大影响吗?

在我们中国影戏公司和报馆两方面的资本，都很不足惜。但是时势相逼而来，早晚影戏的新闻必定非常地发达，这是我大胆所敢预言的。

倘是中国的新闻界和影戏界都想进步，那么，西人称为秘密地的西藏蒙古，国内战争的种种可悲的纪念品——民国成立以来目兵乱所留下来的广东四川湖南福建等省的破坏的城市——大人先生们的奢侈生活，一定都可以成影戏新闻的好材料的。

英国大新闻家华伦氏（Low Warron）于其新著的《新闻学》中也曾说过，影戏新闻，将占绝大的势力。我们影戏界和新闻界中人，应该快点起来，做这一件事。

三、国际宣传之重要

研究新闻学最要紧的是要有兴趣。再进一步即是责任。我们应该问一下为什么要研究新闻学? 如果以为只读上几本新闻学的书，就可以到社会上去办报，这是很不够的。如同办政治报纸，对于政治学必须有相当的研究；办经济及其他的报纸，对于某种学问亦须有相当的研究。再一件就是：办报纸尽量供给读者消息还不够，应给读者以暗示，引读者到正确的道路上去。不过我国社会纷乱十分，诸事都难办。最近东三省的问题非常重大；不但侵犯我国的土地主权，更危害世界的和平。以往的事且不谈，先说新闻纸应尽的责任，第一是要很确实地记载事实；第二记者对此事须先有研究，知道应该采取什么步骤来应付。

宣传与报纸有连带的关系。我们要知道：在事情未发生前，日人在国际宣传上早有布置。从前日本亦没有通讯社，本国的消息完全靠路透社传递。日人深感觉到外人通讯社操宣传之危机，所以十数年前即着手自己办，起初日人感到自己力量不足，特请路透社的经理帮忙，但不久即发展到完全自立。各大报馆联合组织大规模的通讯社，与外人通讯社彼此交换消息。日本各大报馆肯牺牲金钱和精神来办这事，完全是为了国家的利益。日人报纸每年很有盈余，但他们还觉不足，仍要政府的津贴，以求经济集中，后人才集中发展宣传的事业。

东三省事件以前，日人已有宣传，借口中村事件为宣传的材料。外人对于本国人民非常重视。一个人民的死亡，是十分重大的。中国以前亦一样，对于杀一个人必须十分郑重其事。近数年来却不然了，天灾人祸连年不息，死人无算，人命和猫狗一样。所以此次中村事件在中国看来不大要紧，在日本看来却大不了了。

近来日人对欧美宣传说：中国人如狂似地整日宣传贴标语，要将外人在华利益完全剥夺去，日人在满蒙利益已经完全动摇，无法维持了，外蒙古被苏联拿去中国人倒不开口（实在说起来亦是中国新闻记者的失职，没有把这件大事记载对国人宣传）。日人在国际间宣传的巧妙，真令人五体投地。

中国自己的消息完全靠外人的通讯社来宣传。如路透社绝对不肯宣布得罪日本的消息。现在虽有本国的通讯社，但只能在国内传布消息。上海有国民通讯社，受政府的津贴，但是所发出的电稿大半是不能用的，因为他不是为某部某机关宣传，乃是为某人宣传。在外国报纸如代表政府的机关，对于新闻的记载与宣传，非常慎重。办理这些事的人都是专门人才，不受政府的支配干涉。英国保守党对中国非常轻视，中国的好的事情即消极对之，坏的则积极地尽量宣传，用特号的标题来刊载。所以在外国一般人只知道坏的不知道好。即或有好的事登出来，亦要加在下面评语说：这是背后有人指使。欧战时，路透社确为政府所困制，不能自由宣传，但因为他平日有信用，所以欧战时仍可得人民之信仰。

东三省事件发生后，知识分子一谈起来，即叹气地说：可惜没有一个国际宣传机关。要问他们为何没有，一定说是因为没有钱。实在说来，外交部、财政部、省党部、市党部等等机关，都有宣传机关，每年所花的钱不知有多少，但是它们的效果丝毫没有。中国自己如有通讯社可供给消息，就可以不必买外人的，但今日如果不买新联、路透等社的消息，中国人对于世界的事完全不能知道了。如欲与世界各国交换消息，必须先将自己本国的通讯网弄好。否则新疆有事英人报纸上有，外蒙有事苏俄报纸上有，中国倒一点也没有了，外国一定不肯与中国通讯社交换消息。通讯社弄好以后，外人通讯社就不能不交换了，因为他们的力量一定不能及到中国全部。欧美大报馆的人常常问："如何能得到中国的消息?"可见外国方面是十分需要我们供给的。

除了富翁以外，个人绝没有力量来办国际通讯社。将每年给了外国的钱拿来自己办，同时政府需觉悟国际宣传之重要来帮忙。但政府绝对不能干涉，否则又不能办好了。目下津沪等各大埠的报纸，有几个能尽其责？可以说大半都不配为一新闻记者。所以目前还须造就新闻人才。中国如此大，每大城派一访员，还需要好几千，外国的力量来探访一定是不及的。外国卖消息给中国报纸，同时还卖给外国的报纸，这实在亦是我国经济上的损失，中国如有通讯社，这笔巨款就不致为外国所得。再者，这次事件与世界和平有关系，将本国真确的消息传布全世界上，使全世界都明了真相，不致为外国所蒙蔽。望燕大新闻学系诸君立即开始注重国际宣传这件大事，并且要努力去求其实现。

四、画报的责任与前途

报纸记载新闻，以真实为主。

图画乃最能表现真实者也，故欧美日本各国之报纸，对图画极为重视。不恃持照相而已，且通用电传使时间性更能充分发展。

图画为最妙之有形新闻。任何人能直接了解，不必经过思考，且不限智识高深，即妇人孺子亦能一目了然。

欧美各国发行之报纸，有以图画为主要材料者。大报馆有兼营电影事业者，故一面以新闻刊诸报端，一面新闻电影院亦在开映。良以一种问题发生，有累千万语，而不能道其详者一阅图画即能完全领会，豁然贯通，报纸往往受文字之影响。

国际间常因翻译解释不同而生误会，惟图画则不受文字之束缚，实为国际宣传之好方法。苟吾人对于文化科学种种建设事业能以图画表现之，最易使外人了解。吾国家吾民族之精神，是亦画报界同人于选材时，所应注意及应付之责任也。

画报有确定之宗旨，方有精彩。或注重政治，或注重国际问题，或注重社会生活，或注重文艺与科学。最初能引起阅者之兴趣，继而能增进其智识，最后演进为有益社会国家之刊物。

画报种类至多，有以新闻为主体者，有以美术为主体者，有以讽刺画为主体者，亦有以照相技术为主体者。苟能认识画报之功用，则各有其可以发展之途径，不必模仿，更毋庸嫉妒。

吾国今日之画报，尚在幼稚时代，正宜追踪东西各国之出版物而比较之，以期日新而又日新也。

五、记者与体育

中国体育学校日前宴新闻界，予曾演说《记者与体育的关系》，现在追述如下，十年以前，因工作过多，每觉报馆里的事，使予应付不下。于是就减轻了两三个钟点，哪晓得还是觉得吃力，恰巧那时候青年会开游览会，我因为采访新闻的关系，和郝伯阳先生，说起我的身体不好任不了事的话，他听了，就劝我要注意体育，我就从那天以后，进了青年会的商业体操班了，一天一天地下去，很有兴味，这十年来，身体得了很不少的益处，何以见得呢？就是我自从做体操后，不但精神不减于前，而且身体非常地康健，这不是得着体育的好处吗？

一个人生在世上，最要紧的，就是健康，在我个人的意思，健康关于人生有三个问题。

快乐问题，也就是兴味问题。人的快乐，是由哪里得来的呢？我敢断定说，是从兴味得来。无论什么事业，尤其是新闻事业，我们对它有兴味，就发生快乐，不然，就是觉得它是麻烦是痛苦，更谈不到快乐了。人生的现象到这样，有什么意味，所以我们服务社会，要能胜任而愉快，非要有兴味不可，那我们应怎样才能够发生兴味呢？在我看来，就是身体康健。有好的身体，无论什么事，都可以胜任下去，那兴味也就渐渐地浓厚起来。没有好的身体，那就绝不会发生兴味的。我们只要想一想我们在有病时候的状况，就晓得这话是不差的了。我们看那苦力的车夫，虽是终日劳动，到了晚上睡觉的时候，一睡就困着，这是何等的快乐。再见那只吃不做事的膏粱子弟，走路要坐车子，动不动头痛心痛，到了晚上睡觉，上了床，翻身打滚睡不着，一夜要做了好多的梦，这又是何等不快乐呢?所以身体康健的人，不但身体快乐，而且精神也是快乐的。

经济问题。一个人从初生到老，光阴实在有限得很，我们平均每人活到六十五岁，那么在六十五年里头，我们能做几年事呢？大概除去初生到成童八年，至少还十年读书，十年经验后，中间从三十岁到六十岁，可做事三十年，这三十年是最有价值的。能够在这三十年里努力在事实上，那经济自然丰裕了。不但个人的经济关系，而且社会上也大有影响，我们看看现在的人能不能这样。大半是未到中年的人，身体早就衰老了，所以经济上哪得不穷呢，倘使身体康健，精神饱满，能从事于事业的人，我想他的经济，绝不会竭蹶的吧。

社会问题。社会上衰弱的人，一天多似一天，也就是社会一天腐败一天。何以呢？因为社会是人的结合体，既然他的分子不良，这结合体又如何会好，社会的现象这样下去，岂不是越糟么，所以要得社会事业发展，这是关系个人健康最要紧的、中国人的事业，与外人比较起来，处处相形见绌，也就是为此，中国的体育，仅仅乎学校里面有。社会上就茫然不知，交通的地方还稍好，那些内地就更不必说了。我们再看外人对于体育上是何等的讲究，他们到处有花园、运动场。他们的运动，不仅是在学校里面有，出校以后，做了商人、工人，还是很讲究，不但男子是这样，就是女子也是这样，从这一点看来，可见他们社会上许多伟大的事业，都是从健康的身体、健康的精神得来的。

我们有许多人是在夜间工作的，有许多人是工作没有限制的，有许多人是终年勤劳没有休息机会的。无论如何，总是多用头脑少用身体，所以事业尚未成功，往往身体已经败坏。我希望我们能注意体育，至少要把健康维持起来，求长生是无足道，但是人生兴味不可缺乏。

六、休息

中国新闻记者，生活最苦，除二三纪念日外，终年工作，不得休息，于是无调节精神之机会，无增进学识之可能，因而服务新闻界最久之人，非身体孱弱，即精神麻痹。

欧美报馆，大率每年给雇员以一月之休假，在六月至十月之间，可任择一月，但须得馆中同意，所以有此规定，盖恐雇员同时请假，则将于事务进行，有不便也，此一月之利用，以旅行为最多，如因特别任务，不能间断工作者，则由馆中给以双薪，以酬其劳，此通例也。

星期日休息，在欧美更为寻常之事，英国普通无报，美国则页数且增多，不过此日所出之报，大率为文艺作品，乃预为编成者，至大报用人多，可以轮班休息，即出报亦不成问题，若夫小报，则以是日新闻来源稀少，编辑有一二人已足，常由经理书记主笔等轮流任之，如上星期为经理，下星期则为书记，再下星期则为主笔，数月中只轮一次，即亦不觉其劳。

我国近来公私机关，逢星期日多休息，而报馆独全部服务，在事实上，殊非必需。愿我同业为宝贵生命着想，急起仿行欧美成法也。

七、智识阶级的责任

火已冒穿屋顶，势将燎原了。大家不去截断火路，却好整以暇地讨论火的性质和火的来源。这就是我们现在唯一仰赖的国际联盟，在那里走弯曲的路，今天开会，明天开会，只希望迁延时日，火会自己熄灭，可以卸脱他们所谓维护公理的责任。

中国呢？比国际联盟还要镇静。虽然火已由大门烧进堂屋，但是谁也不肯牺牲，却牢守着自己的房内和箱笼细软。这就是我们现在唯一仰赖的政府，在那里蛤蚌相争，南也开会，北也开会，只等着外人会来救火，自己可以趁火打劫。

外面看看国际联盟是如此，里面看看政府也是如彼，所以我不得不回转头来，看看我们国民的自身，可怜一般老百姓，只知道纳税当差，其他概不过问。商人呢？顾虑太周，觉得到处都是荆棘。青年呢？又看了太易，往往流于轻浮。自东三省事件发生以来，已经两个多月了。有自动抵货的，有自动筹饷的，有组织十人团的，有投效义勇军的，民气不可谓不激昂，但是整个的计划，至今还没有。

我以为当此危急存亡之秋，知识阶级，尤其是舆论界，应该多负一点责任，第一要集合全体的心思才力，寻出一条光明的大道，定一个简而易行的方案，引导国民向同一目标而进。然后，一方面可以助长一般悲观者的胆气，使其不偏于消极，以为一切已临绝境；一方面可以利用乐观者的勇气，使其不受挫折，而至于横决。我相信站在人民前面的人，先要有一致的见解才能领导民众。将力量充分地表现出来。人民的精神能团结，才能实现他的要求，能监督政府，然后才能抵御外侮，这是一定而无疑的。

八、新闻教育之目的

报纸一天发达似一天，近几年来，进步得更快。但是仅从形体上发达，而精神上并没进步。换言之，就是一个很简陋的东西，忽然高升而为科学。二百五十年来，报纸不断的发行，但是对于报纸的目的及方法，并不明了。在十七世纪和十八世纪要希望有一个统系的研究，当然是不可能，到了十九世纪的末叶，二十世纪的初期，才渐渐有人知道这个缺陷。最近五十年来，新闻学忽然大大流行，这是受什么激刺呢，就是新闻记者职业的准备。但是既把新闻学仅仅作为职业上的准备，所以关于报纸的本来性质和它的存在的一种认识，倒被阻碍了。其实就是关于新闻职业的教育的方法，我们又何尝真能知道呢？

我们把各国新闻科的课程一看，就知道和记者职业如何密切。一八九三年，美国宾夕法尼亚大学新闻科，最初所定四种功课：第一是写报纸论说的方法，第二是每日问题和记者对付的方法，第三是报纸历史，第四是编辑及通信员的写作。到了十九世纪初期，哈佛大学才编了一个改良的课程，当时旁的学校都把这个课程认为模范，就是报纸管理法、报纸的生成出版法、报纸道德、报纸历史，并且想将报纸的精神，用文学来表现。现在美国新闻科的课程，固然与前大大不同，就是制度也不一律，有三年毕业的，有四年毕业的，普通是受过试验，就给他一张证书，有些称呼是学士，和普通没有分别，有些有特别称呼，如 Bachelor of Arts in Journalism 或 Bachelor of Science in Journalism，有些因为有进一步的研究，还可得硕士学位。在美国最新而最流行的要算哥伦比亚大学的课程，前后共有四年的研究，前二年是注意普通教育，后二年是专门教育，设若已在报界做过半年以上的人，可以立刻圈入后二年的一班，无论哪一个学生，一定要学一种外国语，普通是法文。后二年的课程是什么呢？第一年有三点钟讲通信法，并且有实地练习，讲义是本埠新闻的形式，教授做编辑主任，学生做编辑员，练习的材料就是城内每天发生的新闻。第二年有六点钟是政治和商业新闻的编辑，有三点钟是心理学，就是读报的兴趣在什么地方。第三年时前二年的功课，还要继续读下去，使得更为完全。第四年课程是注重实地练习，如通信法编辑法，如电报的编辑、标题的作法、短评的写法和通信社对于电报的处置方法，以外还有报纸历史、戏剧批评、书籍评论和星期增刊等。美国新闻科非常注重实地练习，所以每个新闻科，至少有一种报纸，都是由学生办理，教授仅做指导人，爱荷华大学并且每日出报而且是自己印刷。俄克拉何马大学还进一步，竟发行日报一种、周报两种、月报一种、年报一种。

比京大学①新闻学院的课程是报纸历史、法国文学史、音乐史、艺术评论史、法律的原理、出版法、经济学、技术和实地练习，教员是大学教授、文学家、新闻记者、律师。研究两年后，经过试验，给以证书。

法国天主教大学新闻科是规定三年，第一年注意普通教育，第二、三年是在普通教育的完成和职业的及技术的教育的完成，期满给以证书。

波兰华沙大学新闻科的课程，第一年是报纸历史、报纸原理、记者文艺、经济学、国会及政党史，和报纸有关的法律、剧评、印刷技术、图画、波兰语、波兰政治史、波兰通史。第二年是国会的新闻纪事、报纸历史、报纸原理、宣传法、电报及通信法、外交史、经济学原理、十九世纪的波兰印刷物。第三年是波兰印刷物、宣传法、电报及通信事务、外交史、文学批评、波兰政治史、政治史通论，教员是新闻记者、官吏、大学教授。期满先笔试后口试，合格者给以证书，否则留级。

德国莱比锡大学新闻科分为三科：（一）政治的新闻科。功课是历史、国家经济、统计学、地理、行政学、政治及国家学总论、法律、随意科系哲学、文学史、人类学。（二）经济的新闻科。功课是国民经济、统计学、行政学，国家经济的专门讲义，如农业及农业行政学、商业行政、交易所、债权法、金融论、交通论、保险法、法学总论、商业法、汇兑法、海事法、国际公法、破产法等，又如商业经营法、商业算术簿记等，则在商业大学听讲。（三）文艺的新闻科。一类是哲学，尤其是哲学史、心理学、论理学、美学。一类是德国、法国及英国文学史、戏曲史、音乐史。一类是日耳曼言语学总论，文化史、艺术史。这三科共通的课程是报纸历史总论、现代报纸编制及其技术，如报馆的行政。此外，因为实地上职业的准备，又设一个新闻研究院，必将某一种功课读完或已是大学研究生，方许入内。

瑞士伯尔尼大学的新闻科，功课是法典、政治学总论、联邦法、报学史、国家经济原理、历史学总论、法国德国文学及语言的历史、法律的哲学、社会学、瑞士法律史、经济政治学、瑞士史、地理、逻辑、国际公法、出版法、财政学及租税学、统计学总论、心理学、教会法、立法的政治、保险事业、铁路金融、债券银行、交易所、英国文学史、瑞士民法、著作权法、刑法的政治学、人口及人口统计学、政治学、劳动问题、社会政治学、经济统计学、社会统计学。在最后数学期有新闻技术上的模范实习。

伦敦大学新闻科的功课，指定若干为必修科，如英文文体的研究、著作人及记者的练

---

① 即布鲁塞尔自由大学。

习。又有随意科，至少要选四种，且须得主任教授同意，如科学史总论、政治思想史、哲学、英国文学、现代言语、国家学总论、行政学、国民经济学。二年期满，试验及于普通各科。关于报纸方面，只有一篇论文及新闻科教授的评判，这种学生，须于暑假中实行记者工作，能平时兼做记者更佳。

照这些课程看起来，可以分为三种形式：（一）美国式，目的因特别为训练新闻记者而设一个研究所，用大学的或分科的或专门的形式。至于功课，是以记者实用方面为重要，普通教育反在其次，末后受专门试验，而给以一种学位。（二）德国式，在一个现有的大学内经过多年的研究，同时注意新闻学或新闻的科学，有时候也有实习的功课，不过以普通教育为重要，至于毕业试验，就是普通大学试验，有时加进新闻学的课目。（三）英国式，在现有大学的一个分科内，特别给记者以一种研究。普通各科，固然注意，但是实习方面，亦不轻视，毕业试验，是注意普通科目，但是实地练习，也同样考试，合格者给以证书。美国的方法，注意职业的训练，德国的方法，注重职业的教育，英国的方法，想把两方面都做到。这三种制度的成立，因为大学教育目的不同，所以对于记者的职业观念亦不同。美国所希望的记者，是通信员和编辑员，所以他们觉得自己是新闻的支配人。德国希望的记者，不仅是自己作为新闻支配人，且作为制造人看，所以不仅须给读者以消息，并须指导读者。就是除去职业以外，觉得还有一个天职。换一句话说，美国制度比德国制度来得快，得到他的新闻职业，把记者当做可以由学而得的职业。有人说，记者要有艺术家的性质，就是要有天才，当然此话不能否认，但是有天才的人，受了教育以后，能够得到精神上的修养，可以使他要做的事，格外做到有效果。不过有许多人，还是怀疑，记者的大学教育是必要的么？或者仅仅乎有了也好吧，这还在议论纷纷，就是主张必要的人，也发生一个问题，就是这个新闻教育应当怎样办才好呢？新闻教育常为这些问题拖延下去。

一九一三年，德国报界联合会曾发表过关于这个问题的一个宣言，就是记者的职业，是自由的职业，但是需要一个预备教育。新闻职业，是实地知识应用的一种职业，所以必从实地预备。不过理论上也要有普通教育才适宜，新闻专门学校，是不必有，因试验而给以记者资格，也不相当记者的养成。是发行人和编辑人共同的事务，实地训练，只有报馆自身才可能，大学设备新闻科讲座，所聘请的教授，以有实地经验的人为适当。又一九二三年，德国莱比锡大学在许多重要报纸上，征求关于记者职业的群众观念，所得到的答案，普通的记者是不能觉得到的，是天生的记者，特别表现是什么呢？就是要有敏捷的能力，迅速而正确的判断力，能够得到要点的观察力，对于真实的感觉性，有强固的活动性，有极强的适应性，有流畅明了而能普通了解的文章。关于道德方面，要有公正而清廉的性质，有责任心和喜欢责任的心，勤敏有理想，有充满的精神，有自制力，有强的记忆力，有表现能力，有感觉心，有进步的欲望。至于记者如何可以得着他的知识，还是个人研究，还是进大学呢？这是第二问题，不十分重要的，记者要有天才，不是说恭维的话，有天才的人，确是比普通人做事做得好。其实做医生、做律师，甚至于做一个工人，都也要有他的天才呢。同是一样工艺品，何以有的仅能卖普通的价钱，有的就能巧夺天工，藏得博物院里，所以记者的职业，不必是比别的职业是特别天生的，这一种特别性质，并不是记者所特有。当医生、当律师、当工人，不是都要有理解力、判断力、观察力等么？又如正直、勤敏、好责任、求上进的精神，不都是要有么？什么是记者的特有性质呢？是不是仅仅有流畅明了而能普通了解的文章，而即不必受好的科学的训练吗？那么，无论何种职业，无条件而本来有的是什么呢？是知识吗？在前面的答案虽不把知识完全轻视，但是把知识和求知识的方法不作为十分重要。其实凡是有见识的人，一定承认私人研究，除非天才，是不能有好结果的。但是因为天才，是世上最少的，所以因私人研究，而常发生不幸。就是有一类人，对于无论什么都晓得一点，但是没有一样真能正确理解，而且报界的大部分，因为听了人家恭维的话，自己也堕入五里雾中，从未把记者的预备教育认识清楚。《芝加哥论坛报》发行人 W. Reid 氏说 West Point 不能保证造成良好军队，纽约的大学不能为记者给我们一个保证，但是 West Point 可以训练和可以给专门知识到那些天生的军人，不致把天才埋没，就是天生的军人，和他们登在一起，也可以达到相当有价值的地方。在大学教育中，为政治家、经济家、文学家所设的各科，人多以为必要，而对于新闻科，有些新闻界的人，却不以为然，甚至于反对。或者是侧重于经验的一方面，其实走进实际的世界，是有知识的人所能的，不是无知识的人所能的。大学教育，很可省得我们暗中摸索走弯曲的路损失时间，当然理论的知识，要实地练习去补充，但是大学教育，能补充实地知识，也不可不注意的。譬如医生、律师在大学毕业后，也要到医院或法庭去实习，记者毕业后，到报馆去实习，并不是例外。无论何种职业，都是如此的。

我们要知道，记者的大学教育不但是很好，而且是必要的。倘使我们把报纸只作为一个商业团体利益代表，或是一个宗教团体利益的代表，那么，记者只要有最小限度的知识，和最高程度的先入之见就够了，大学教育是不要的。若是我们认报纸是于公众有贡献，那么，在大学教育内，养成有总括的知识，而无偏见的记者，方可以尽这种责任。

有人每每将记者和议员比较，仿佛同是为人民的代表，但是议员是代表政党，只要知道政党的宗旨就行了。当然议员也要有某种专门知识，而且还要经过一种试验，就是选举，倘使他得了大多数的赞同，就可以代表数万人入国会。但是请主笔的人，是由一个报馆主人，或是几个人组织的董事会，并且因报馆的大小，而成为数千人、数万人、数兆人的指导者，而他的资格，却没有证明过。Szemere 氏说，医生药剂师，因为恐怕把人误杀，所以他们要科学的训练，就是当兽医也有如此的规定。但是记者并没证明他知识成熟的程度，却把一个更贵重的生命，就是一个国家或许多国家的生命托付他，是很不合理的。倘使三家村上的茶馆先生，或是一个衙门里的书手，都可做记者、做主笔，于舆论上发生如何不幸，是不证明而知的。国家对于此事，永远取旁观的态度，是不应该的，因为国家是全体国民的代表，应有取缔的义务，报纸对于舆论既能发生影响，对于公众及国家，自己能负这样重大责任的人，应该谨慎的选择材料，并且对于公众及国家负责任，但是这种人资格的证明，只有经过大学的研究和毕业试验，最为妥当。毕业证书，也应该在研究后一定期间内已经实习后，才能发生效力。凡是做新闻记者的，设若都有了高深教育的修养，那么方不致盲目地服从口号，也不致靠着通信社送来的稿子，用他人的意见为意见，他们将来要能看重国家利益比个人或一个团体利益还重要，为国家利益起见，防止报纸不负责任和发生危险的影响。除了上面所说，就是记者必须受新闻教育，就是大学教育，以外没有别法。

若使将来主笔或记者，必须受大学教育，那么要研究什么呢？其实很容易解决，就是他们不可不研究可以帮助他来活动能力的学问。譬如对于政治，记者要研究的，就是政治学。对于商业，记者就是经济学。对于一省或一地方的记者，就是社会学。对于文艺记者，就是文学。所以新闻教育应该包括这几种：（一）理想的政治记者，应该研究的，是历史、地理、法律、国民经济及统计学和外国语。（二）理想的商业记者，应该研究的，是国民经济及统计学、私人经济、地理、重要法律和英语。（三）理想的省报或地方报的记者，应该研究的是历史、地理、国际公法、国民经济及统计学和特殊的法律。（四）理想的文艺记者，应该研究的，是哲学、历史和本国文学。除此以外，对于他们将来服务的报纸的宗旨，当然也要有深切的研究。所以记者不是仅仅在历史方面，研究报纸历史就够了，在国民经济方面，只研究报馆的经济构成就够了，在法律方面，只注意报纸法出版法就够了，应该把报纸的全体的现象分析开来研究，就是不仅把报纸的过去和现在，当为新闻学，要给我们一个报纸的标准和规律。我在国外，看见许多一种专为记者而设的学校，近来国内也有不少，不过他们都是竭力教授，如何可以去得着新闻职业，如果把这些学校作为记者养成所，很不适当，因为他们不给学生以正当教育，只注意职业的养成，不仅是不能使学生得着精神上的知识，而且于他们有害，这种营业色彩不去，理想的记者不会有。有人说优秀的新闻记者不能由学而得，这一句话，不可不注意。譬如一个人，在某个大学新闻科毕业以后，必须经过实地练习的一个阶段，不能直接就走到职业的地位。换一句话说，就是在学校毕业以后，就可将报馆的练习省去，是不可以的。其实无论何种职业，没有等到一个人必须有了成功的证明以后才给他位置，是世界所无的。所以新闻学的主要目的，不是使人学得实用的职业，是给他一种精神上的立脚点，指明他能够站而应该站的地方。

其实新闻学是每个青年都应该研究的，因为每一个人，皆和报纸发生关系，而参与人类团体的生活，现在公众，对于报纸的知识，非常缺乏，比旁的文化事业，还要危险。差不多每一个青年，手里都拿着一份报纸或一本杂志，但是在他们的中间，有谁知道报纸如何发生，如何成立，有何条件，才能存在，报纸的界限是什么，读的方法如何呢？现在的群众，不管报纸的内容的黑白，他就大胆地带到家里去，还要说给别人听，迷信报纸的程度，可算得已极。对于人类和社会国家，发生损害，是不必费力去证明的，倘使我们对于报纸，比较有理解，或者还可以加上批评的态度，那么，我们社会上各人的生活，才不会变成旁的样式。倘使现在每一个国民，都能知道报纸从什么需要而来的，报纸有何种力量，报纸受何种势力的影响，那么，人才可以对于报纸有理解和正当的态度，所以对于报纸的目的、组织及艺术等，是于公众知识有关系的，足称为舆论一分子。就是所谓国民，尤其是官吏、议员、实业家等人，皆应当有这种知识的。凡是一方给报纸以消息，一方从报纸得消息及批评的人们，应该知道报纸上述的各种关系，譬如是音乐，我们先要知道乐器的目的及效能，和它的特性，以后才能正当的去听、去批评，甚至于去演奏。所以我敢说，新闻学是无条件的一种国民必修科，报纸是一国总括的文化现象。差不多政治、经济、社会、文艺各方面，都受它的暗示，我们由报纸而成为团体，如果我们现在没有报纸，社会将成何种现象？简单说起来，一方面知道报纸是一个危险的礼物，一方面又不能少了它。所以照上所述，我们的立脚点，是毫不怀疑，就是新闻教育，不仅仅要竭力提倡，而且应该十分尊重才是。

九、复旦大学新闻学会成立演讲词

我今天很高兴，来参加贵校的新闻学会的成立会。我早已知道诸位研究新闻学是很努力的，又得到良好的教授潘公弼、陈布雷诸先生做指导，未来的成绩，一定是很有可观。我现在所要说的，就是凡是看报的人，都要有报学常识，然后才能知道报纸的正当读法。

至于从事新闻事业的人，因为责任的关系，要有深切的研究，那更是不用说了。读了诸位的宣言，知道对于学识和经验，是同等看待，这种趋向是很妥当的。所以外国有许多学校的周报和日报，不独由学生自己编辑，并且由学生自己印刷和自行发行。德国报纸向来是注重理论的，美国报纸是注重应用的。英国的报纸，是理论和应用二者并重。我想我们研究新闻学，不可拘泥一方面，因为报馆里事务很多，有编辑、营业、发行诸部。贵会同学最好也择其性之所宜，分工研究，所以平日演讲，也不一定要请名记者，就是报馆里的印刷工人，甚至于贩报，都可以请他们来演讲，说不定有很好的资料来供给我们。研究新闻学，可以多看些关于新闻学的书籍，和关于新闻学的杂志，尤要多订几份报看看，外国的报纸，也可以订几份，看看他们是如何经营，以供我国的参考。我们研究新闻学，是要注意常识，及社会上发生的种种现象，因为报纸是社会背景和各方面都有关系的，现在各大学，都有新闻课，但是人数过少，力量薄弱，我很希望贵会诸会员，能通力合作能下一番研究工夫，现在给研究新闻学的人机会最好，以看报的人数日渐增加，就可知道将来的报纸，必定日渐发达，拿中国的新闻纸与土地来比较分配，实在不相称，如日本是一个很小的国家，但是有一报日销一百多万的。法国有日销二百五十万的。所以新闻事业在中国，正如一片荒土，亟待人来开辟，现在灌溉起来，将来必定有无限量的发展，请贵会诸君努力！

十、告有志于报业者

广漠无垠的报界——包括二十一行省、蒙古、青海、西藏和华侨所到的地方——仿佛是新发现的亚美利加洲，正待有志的青年去开发！

我国在世界上是一个开化最早的古国。在民国前4608年，已有文字的纪录可以考证。但是当时文字是写在竹帛上的，竹太重，帛太贵，传达很不容易，人民间流通消息只赖“日中为市”的时候互相口述而已。

到了民国前2000年的汉朝，有人发明造纸的方法，蔡伦是其中的一个有名人物。纸质轻而价廉，于文字流通上，有功最大。于是通信式的新闻，遂从此发轫。

汉朝的诸侯王，在京城均设一个办公处，名之曰邸。邸内的办事人，常将朝廷的一切诏令章奏，报告于诸侯王，这种通信，即是邸报的名称所由来。唐朝藩镇，也做而行之。此是我国官报开始的时期。

这种官报，又称为邸抄，后此的宫门抄、辕门抄、京报和官书局报，都是同样的性质，比欧洲最初在罗马发行的官报（Acta Diurn）要早四百五十余年。

但是一封信或一本书，全赖手写，只能供少数人的浏览，还是不普遍，不便利。到了民国前1318年的隋朝，雕造遗经，是为刻板的开始。五代冯道请棱正九经，刻板印卖。从此文字流通渐广，人民也日进于文明。

不过雕版也很费手续。欲印一部书，非数年或数十年不能竣工。到了民国前870年的宋朝，有人发明活字，毕昇是其中的一个有名人物。这个发明，于印刷界开一新纪元。比西人称为进步的开山始祖，发明活字的德国Gutenberg还要早四百年。

我国有报纸如此之早，但举以与后来的欧美报纸发展的情形相比较，未免进步太迟，这是什么缘故？大凡一件事，没有竞争的，不能十分进步。我国自秦汉以来，都是由一个皇帝统治，附近只有几个小国，但是文化不能与我国相提并论，有许多还是臣服的。人民又屈服于专制政体之下，无言论之自由，安居乐业而外，不知其他。这个情形，不只是报纸的厄运，学术的进步也很受影响的。

海禁既开，外人纷至。民国前97年清朝嘉庆的时候，马六甲澳门已有外人所办中国字的报纸。后来又推广到香港、厦门、宁波、上海、汉口和天津，凡是外人足迹所到的地方，都有报纸了。这是现代报纸的发轫。就我所知，如《选特摘要》《东西洋考》《每月统计传》《遐迩贯珍》《六合丛谈》《中外新报》《香港新闻》《字林日报》等，大半是由教士编辑的。就是现存的《申报》，也是英人F. Major开创的。

当时有极少数的人，因为与外人往来或是头脑较新，已知阅看报纸和研究所谓新学。但是大多数的人，还是醉心科学，不问世事。

迨经过中英之战、中法之战和中日之战，清廷的腐败和无能，完全揭露。当时康南海、孙中山等先后上书，请求举办所谓新政。但清廷不容纳，而且变本加厉，压迫排斥，不遗余力。这一班渴望维新的人，气无可泄，纷纷在清廷权力所不到的地方，创办报纸以谋反抗。其中做开路先锋的是《时务报》《知新报》《清议报》《蒙学报》《工商学报》《苏报》《时务日报》《国闻报》等。中间又经过拳匪之乱，人民因受外力之压迫，恍如大梦初觉，始知世界之大，不懂中国是一个大国，又因报纸之宣传不已，始知君权之外，尚有民权。所以武汉义旗一举，政体立即改变。孙中山曾说过："中国革命成功之易，纯为报纸鼓吹之力。"是一句可信的话。

共和告成以后，言论自由，内地报馆日多一日。适值欧洲大战，因为我国也掺入漩涡，所以报纸渐注意国外的事，又因为德皇退位，武力终不可恃。思想上也发生极大变化，是一件很可纪念的事！

近几年，有数家报馆，因为销路日广，不但在精神上力求振作，就是在物质上也很进步，如建筑房屋、购买大印刷机器和设立铜板部等。一方面又能以科学方法管理营业方面。所以报馆中有以盈余著闻的，这确是一种好现象。

报纸是社会的背景，社会不进步，报纸也不会进步的。如教育不发达，则识字的人少，识字的人既少，则阅报的人亦随之而少；实业不发达，则登广告的人少，登广告的人既少，则报馆之收入亦随之而少；又如交通不便利，则消息和报纸的分布，必不能十分迅速。此皆有连带关系，我不过举一个例，以概其余罢了。

在最近五十年中，我国的报纸，虽不能与欧美并驾齐驱，但进步确是非常的迅速。民国前二十年，全国报馆，不过二十家；民国二年，已增至三百三十家，是二十二年中，已增至十倍。到民国十年又增至八百二十一家，是九年中，又增加两倍。现在照邮局挂号统计，已达千余家了。

最近美国密苏里大学（The University of Missouri）出版的《中国之报业》（The Journalism of China）书中说："中国报业之将来，可以日本报业进步之迅速推之。"又英国路透社总理司爵士（Sir Roderick Jones）到我国游历后，有一段谈话说："中国在二十年内，新闻主义，将有非常的发展。"若是我们自己从我国地大物博人众种种方面想起来，现有的报纸，当然是供不应求。倘尽量的发展上去，又安见得不能与欧美颉颃呢？所以我以为外人对于我国报业的观察，是很有见地的。

我国报纸的销路，比较的以上海的为大。但是这些报纸，只能登载国内外的大事，无论如何销得多，与内地的发展上没有十分的关系。所以我们要内地进步，非推广城外报纸不可。因为城外报纸，能尽量登载一地方或一区域的事，或是提倡，或是指导，或是抨击，如此我国才能平均发展。

现在充新闻记者的人，大半是“半路出家”。他们不过于文学有根底，预先并没有一种坚韧的志愿，要走入报界。所以他们在报界内，多数是没有兴趣的，还有些人，并且不将新闻记者视为职业，更不视为终身职业，而肯在这个事业上去研究去努力。我国报纸进步的迟滞，人才缺乏当也是一个最大的原因。

民国七年，北京大学有见于此，曾设一个新闻学研究会。这是学界和报界发生关系之始。后来北京的平民大学、法政大学、国际大学和燕京大学，上海的约翰大学，厦门的厦门大学和最近上海的南方大学，都添设报学科，以造就此种专门人才。报学在教育上，至此乃渐渐占有地位，为社会所重视。

从历史上观察，自汉唐以来，是官报时期，为皇帝及他的官吏说话；自海禁大开，是外人办报时期，其唯一目的，在传教和通商；自戊戌以来，是华人办报时期，其目的在要求改良政治；欧洲大战以后，是报纸新时代的起点，应为民权与公理而奋斗。

新闻记者的定义，据威廉博士（Dr. W. Williaina）说：“凡是管理、指挥、主持、编辑一种报纸、一种杂志，或别种定期出版物的皆是。”不过报业虽与印刷和发行有关系，但是印刷偏于艺术，只是一种手技；发行偏于买卖，只是一种营业，共性实确不相同。因为报业是专门采集和发表新闻、批评和各种有知识、有教训、有兴趣的讲论。新闻记者既是专门供给社会以有意义的记载，描写人生的种种方面，所以他的天职，是采访事人、律师、教员、法官、新闻买卖人和民权之保障者，但是新闻记者若专以买卖为事，其作为只可称为营业；若专以记载为事，其作为只可称为书记，所以退一步说，报业的最高尚的定义，非手技亦非营业，是一种职业，是一种完全近于文学，解释新闻的职业。

凡是想进报界的人，先要知道新闻记者是一个高尚的职业，而且所负的责任是很重大。此外还有几个条件，也应当注意：

第一是热心，凡是选择这个职业的人，必须有爱这个职业的热心。因为无此种热心的人，对于这个职业，即不能发生兴趣；不能发生兴趣，即不能长久做下去，或做得好。我国报业，方在萌芽。一切设备和待遇是不完善的。一个正直有为的新闻记者，看见本身事业的腐败和社会的冷眼相看，又因为社会不进步，用力很多而得的效果很少，说不定要发生消极的感想。但是真爱这个职业的人，绝不会如此。他最初是喜欢读报，喜欢投稿，喜欢与报界中人往来，和研究社会上的事情。他耳中听得印刷机器的轧轧声音，仿佛是音乐；油墨的气味，在他的鼻孔内，比闻香水还要畅快。他未入报界以前，已经很想写作，既入报界以后，又将他的全副精神用在他的职业上，能战胜一切障碍，再加上与日俱进的经验，他没有不成功的。

第二是文字的清顺。事实上凡是有文字知识的人，都可以学写报纸上所用的稿子，但是若不能将他所见的，随意写得很清楚，那是十分之九，不合选择这个职业。因为在报界内，写稿子是一件最普通的事。与一件问题接触以后，他须能不费思索的将他所得的映象和见解，写出一段很有系统的新闻。若是他遇着一种材料，不能流畅地写出，即使勉强写出，也不似能登载大的报纸上。这种人虽不能说不能做新闻记者，但是与有特别才能的人竞争，是一定要落后的。

第三是身体的强健。报纸的工作，大部分是在夜间，这已与普遍习惯相反。若是遇着一件特别事件，常常要变更他的日常生活，或终日奔走，或饮食不时，为著新闻上竞争，是不可避免的，一方面要眼看耳听，一方面要口诵手写，真是五官并用。身体不强健的人，极经不起这种磨折。所以选择这个职业的人，先要自问身体适合否？否则他即勉强去做，也不能有非常的成功。

第四是高等的教育。受过高等教育的人，未必即适合于报界。但是新闻记者，若受过高等教育，当然于他的成功上有帮助。虽然报界比别的职业要重经验，但是高等教育，是不可轻视的。

现在我引美国大新闻家 F. N. Clark 先生的话，做这一篇文字的结束。他说："无论何种职业要以报界为最重学问的应用；若要在报界中大成功，与其恃教育，还不如恃人。"这几句话，是很可玩味的。

请参看鄙人所编《新闻学摘要》第四部，第二十一、第二十三章。

十一、中国报界应有之觉悟

中国的报纸实在太幼稚，环境也太可怜，但吾人既服务于新闻界，既以生命贡献于新闻事业，则不能不在无可如何之中去奋斗。目前中国报界急需觉悟的有三点：

（一）毋竞争

所谓毋竞争，似与目前报界情形适相矛盾。因为报馆和报馆，记者和记者，为推广销路、招揽广告、刺探新闻，无一不在勾心斗角，互相争胜，但是我以为中国的报纸如与欧美日本比较，尚觉相差太远，我们自己只可携手相扶同向前进，但求目标不错，自有达到之一日，不宜作无谓的竞争，以致互相掣肘。例如上海为全中国舆论界的中心，上海报纸为内地人士所爱读，因此内地报的销路很受上海报的影响，然而内地报之所以不能发展，实因不能认清自己的地位。盖都会报纸最注意的是国际消息、国内大事和该报所在地的新闻，至于内地新闻探取极少。倘使地方报一意模仿都会报，其结果必致失败。反之，都会报而仿效地方报，注重地方新闻，则距离较远之地消息不能灵捷，行销不能普遍，其结果亦必致失败而无疑。以中国疆土之广，决非数家大都会报纸足供国人需求，将来欲求民众能普遍阅报，全赖地方报之扩充与改进。且因交通关系，都会报销至远省往往失其时效，要谋记载之详确，为该地民众作喉舌，事实上是不可能的，故欲代表某一地方的舆论和力谋某一地方的改进，非都会报之所能，而为地方报唯一的责任。过去地方报之不能发达，因编制模仿都市报，材料剪取自都会报，致失阅者之信仰，此后地方报须认清其地位，与都会报异调，而使地方色彩更加浓厚。无论评论纪事，都要与本地有关系。其次每一报要有它的特色，免得各报新闻千篇一律，看了甲报不必再看乙报，我以为一地报纸也要分道扬镳、各寻出路。

上海五家大报各有其历史与环境，将来如经一番改进，必可提高读者的嗜好，而且读了甲报还想读乙报丙报，与现在阅者的心理自然不同了。我们可以先把上海报来讨论。

《申报》已有五十七年的历史，国人尽知其注重普通新闻，以后最好能注意全国全世界的新闻，能代表四万万人民监督政府，并向全世界说话，以为全国舆论的代表，而成为国际性的报纸。

《新闻报》亦有三十余年之历史，平日颇重商业新闻，阅者亦以商界居多，最好此后真能注重经济问题，而谋全国商业的发展，经济问题是现在世界上最大问题。

《时报》向注重文艺妇女及体育，此后仍可向此方面发挥，不必见异思迁。

《时事新报》素注重新思潮，如过去之学灯，颇为教育界及青年所推重，将来应重视教育与科学及青年修养。

《民国日报》尽人知其为党的机关报，自当向政治方面走。

这五大报既各有其可努力之途径，正不必互相模仿，互相嫉妒。且各报既各有特色，以后阅者读一种报不能满足其欲望，而仍须再读他报，以作参考，因此各报销路并不见少，反可日增。就外国报纸来说，如甲报主急进，乙报主缓进，他如保守党、自由党、工党等各有其机关报，亦即各有其特色。因其立场不同，而观察点亦互异，论断亦然，所以他们记载的方法、编辑的目标、立论的宗旨，完全不是一律的。因此，读者绝不会感到“千篇一律”的枯燥。又如党报自然以党务为前提，但其他材料并非不注意，且须在不知不觉之间为党宣传，不必显露其色彩，久而久之，自然博得阅者的同情，无形中潜移默化，养成其潜势力，左右读者意旨，养成一个读者的团体，然后才能指导民众，代表舆论。如果办报而无一定宗旨与特色，则人云亦云，是非不辨，不但难使阅者起信仰心，抑且失却报纸之功效与意义。

（二）要合作

中国报纸目前不但宜毋竞争，且须协力合作。譬如因检查新闻，言论不能自由而消失报纸之功效，倘能联合向当局抗争，自易达到目的。设只一报单独行动，也许有危险，一致进行，决无意外，无论当局态度如何强硬，总不能把各报一律处分的，所以新闻之受检查不能全归咎于当局的摧残，也是各报消极的结果。又如报馆采购纸料，近因金涨而价格日昂，果能各报馆联合购买，招人投标，则价格不致受垄断。像法国报纸的产额求过于供，只好仰给于外，全国报界联合起来招外国纸商投标，结果可得七五折，其他油墨及印刷材料等等均可照此办法。我国报馆向购洋纸，如能组织消费合作社，必可减少佣金及无谓之消耗。记者探访新闻也有许多可以合作的地方，如普遍新闻尽可由通讯社供给。外勤记者专门探访特别新闻，各出其经验，以特种消息报告于读者，当然不致雷同。发电报也可以合作，如中央政府的会议记录，公布的命令，及现在总司令部发表的军讯，诸如此类的材料，可由一家报馆的记者拍发，供给各报馆，既可省去电费，又可免除双方翻电码的麻烦。这剩下来的钱多下来的时间，尽可多发一点重要消息。又上海各报采用路透社、电通社、联合社等电稿，也可照此办法。又如特派记者驻在各国，要是一家报不能担负，合数报之力亦非难事。西藏、青海、甘肃、蒙古诸地，谁都知道是边疆要域，遇事发生，外报记者信口雌黄，造作谣言，尽其操纵之能事，但何以中国报馆不派员常驻其地，随时报告确实消息，代表边疆人民发表意见呢？说起来总是为了经济问题，倘使联合各报馆合作去做，又何尝是难事呢？这种重要地方我们自己不注意，反让给英日俄各国记者代我探听消息，言之实可痛心。

（三）勿安于环境

现在中国的报纸和记者真使人瞧不起，新闻登载之权几乎操诸当政军人掌握之中，他们要你登你就登，要你不登就不登，而报界中人反安之若素，宁非怪事？阅者以为报纸不敢讲话，看了亦无多大兴趣。报纸本应监督政府，而反为政府所监督，指导社会，反为社会所指导。大权旁落，以至于此！说者谓此乃政治不良，社会腐败，实则报纸自身抛弃天职，与人以不信任。以前苏州报界对于言论自由不是有一度的抗争么？结果是胜利的。杭州也是一样的争得言论自由，现在全国各地新闻受检查的还不止一处，因为办报不能认清地位与不能团结的缘故，长此以往，诚堪忧虑。至于民众不喜看报的理由：第一是报纸不能负起责任来代表人民讲话，记载又是千篇一律，无甚精彩，对人民生活上切要的问题置之不理，而每天大登特登的是不尽不实的军政消息，人民因为报纸与自己日常生活为无关紧要，似乎离开了民众，所以并不以为看报是必需的工作。第二，报上的文字太深，多数人看不懂。中国人识字者仅百分之二十，不识字的倒有百分之八十，在百分之二十当中受过中等教育以上的究竟很少，报纸如能为大多数人着想而改为语体文，看报的人一定大增。

我们苟以世界的眼光来观察，则中国报纸最有希望，因为中国地大物博人众，将来教育普及，交通利便，政治澄清的时候，百业猛进，报纸自然很有希望了。如日本、英国皆是岛国，不过抵中国一大省的面积，但是报纸日销百万的很多。中国的报纸拿它们做比例，要销五百万至一千万，不是难事，只在我们自身努力。在畸形的现状之下，新闻记者处境十分恶劣，上有政治的压迫，下无民众的帮助，报馆无优厚的待遇，社会无相当的认识，吾人唯有自己策励，研究学问，以待机会之来。我们宁可有学问而未能即得应用的机会，却不可机会到了而无学问去应付，方今科学昌明，新兴的一定战胜陈腐的。譬如无线电之传达，飞机之运输，电传照相之迅速，吾们不必怀疑与观望，赶快的利用科学以帮助报纸的发展，效法欧美，务期并驾前驱。

新闻记者除学问外，尤须注意人格的修养。第一要有兴趣。记者的工作是五官四肢并用的，寝食无定时，风雨所不避，其待遇又是很薄弱的，如其不能忍耐和不感兴趣的人，绝不能肩此重负。其实无论何种职业，设若自己不感兴趣，没有走上成功之路的机会。第二是要节用。现在新闻记者所得薪水很薄，目前惟有自己减轻负担，少受经济压迫，庶不致受外界的诱惑，而后方能保持记者的人格。

十二、伦敦泰晤士报社参观记

世之言报纸者，必称泰晤士。抑若其文字势力充塞宇宙间，褒则荣于华衮，贬则严于斧钺，举足为报纸典型，不徒有悠久之历史而已。

一九二七年三月，国际联盟行政会，在日内瓦开会。予由巴黎往观。时国民革命军，崛起南方，占湘赣，夺汉口英租界，声势赫然，举世震惊。英人尤甚，急派大军至沪，且驻屯至租界以外。予愤其违反国际公法。访赴会之英外相张伯伦爵士（Sir Austin Chamberlain），提出抗议。适泰晤士外交主笔韦廉博士（Dr. William），亦与爵士偕来。同寓湖旅社，博士以熟谙东方问题著闻。因夏奇峰氏之绍介，曾与畅谈中英纠纷症结所在，博士以为闻所未闻，请续谈一日，并约互相为文，载于彼此报上，冀中英人士早得相当了解。

斯岁十月予以参与国际报界专家会议事竣，便道游英伦。舍馆既定，即致书韦廉博士，道愿参观泰晤士意，旋得复函欢迎。

泰晤士馆屋在维多利亚街，居浮街（Fleet Street）之东端。浮街为报馆集中区域，其地位在伦敦，若上海之望平街。十二月二十四日，予与郑鸣球博士，如约前往。郑氏系留英学生会长，亦愿藉此机会参观者。至则先在客室中少候，即由韦廉博士引至其个人办事室中小憩，室不甚大，彼与其助手各据一桌，另有大桌一，系备展阅书报者，临窗有橱一，储关于东方书籍颇富，并有剪报若干盒，后观各主笔室，均如此布置。博士寒暄后，谈及中国时局，慨然谓不图变幻如斯之速，信为东方之谜。盖斯时宁汉分裂，正大诛共产党也。次详述该馆组织，计分五部，即（一）编辑部；（二）经理部；（三）广告部；（四）印刷部；（五）出版部。雇佣全体职工凡千五百人。

编辑部以主笔为之领袖，而辅之以内政、外交、财政、体育、法律、议会诸主笔。每日午后，例有会议，由主笔及各专家，讨论明日之报，应有若干页，应以若干地位，给予某问题，及交换对于某某问题之意见而制成社论。其最重要之任务，则在各同事间，须能密切合作。

副主笔室为此部重要机关，一切新闻，均由此去取而增损之。盖新闻来源不一，有电报，有书函，有投自本埠，有寄自海外；又或有手写者，有打字者，有照相者，有印刷者；又或有标点讹误者，有文字欠雅驯者，有字极漶漫者；有纸极脆薄者，甚或有事太离奇及例违法律者；均非加以耙梳及引申而使成一标准形式不可。其功用若漏斗然，遗粗留精，然后经过打字机，使每行字数与一栏所容者适相等，乃付诸手民，如是不特原稿清晰易排而已，且一览而知其所占地位之多寡。

新闻经过校对而成清样，即逐条陆续分送所属主笔，作最后之订正，然后组成大版，以备印刷。设事后又有稿递到，则由夜班主笔，权其轻重，有必要时，得抽出较次新闻，以增入之，名曰改版。

语云："新闻贵新鲜，有如蔬菜鱼肉之不可陈腐，而储蓄御冬之计，亦不可不为之备。"此观于泰晤士之参考室，而益易领会其意义者。此室储外间不易觅得之文件与书报，如公文、密约、军用地图及可为法令之印刷物之类，以备编辑部随时取用。其尤宝贵者，则藏以玻橱，蒙以铁网，防范甚周，故非馆中重要职员，不得擅入。占此室地位之半，有二巨柜，分立左右者，则为剪报，一以事为纲，一以人为纲。每一剪报，必注明时期及报纸名称，各自独立，夹以厚纸，装以纸盒，以 ABC 为顺序，检查至便。博士为使予明瞭起见，请予自取一盒开视，予乃取蒋介石一盒，则凡关于蒋之家庭出身言行及世人对于彼之评论，几至巨细靡遗，使予惊叹靡已，至于如孙中山、威尔逊等，则盒之纸色不同，另储一隅，亦见管理匠心。吾人读泰晤士每遇重要事变，尝见其新闻中附有地图，此种地图，非必每次新绘，实印有样册，可于此室觅得者。若夫普通书籍，则藏于俱乐部，不仅资馆员检查而已。且供公众阅览，其规模之宏大，更可想见。

与编辑部为邻者，则为电信室与采访室。电信室中，排列收电机多架，不劳信差走送，而电自能经过邮政局而传至馆中。又有一种交换式收电机，若打字机然，可自动收电，而一次打成纸稿五六份，省时节费，具见科学妙用。至体育主笔，尚另有专用收电机，盖欧人正当消遣皆寄托于运动也。采访室则工作人员甚多，有专任国会消息者，有专任皇室消息者，有专任法庭消息者，有专任社交及游艺消息者。外埠则英伦三岛，每一城市必有访员一人或二人，国外则巴黎有分馆及专属通信员六人，外此世界各大城，几无不有其通信员足迹，且皆为优秀之士也。

访员之任用，大率经过考试，最初在馆中服务，以后则因其才能，逐渐遣至远方。博士谓泰晤士之通信员，均妙选富有学识、经验与声望之士。每能不避艰难，务得一事真相，故彼等行踪所至，常为当地政府所注意。而发生出人意料之事，如在一九〇三年之苏俄，一九二六年之土耳其，均被驱逐出境。又如在印度有被枪击者，在汤吉尔有被匪绑者，在立司本有被监禁者。

博士又谓通信员传来消息，未必完全揭载，盖有若干消息，常能从他方可以证明其不确，或事诚有之，而足妨害两国交谊及国际和平者，亦在删削之列，不过馆中并不以此为虚糜电费，且鼓励通信员继续报告，因著社论时，引为参考资料，则有更深切之观察也。

通信员之寄递新闻照片及其他材料，其法不一，有以牦牛驼载者；有用急足走报者；有用汽车飞机运输者；有由水线陆线传报者。伦敦与欧洲大陆间，则用自动电话，每晚可收受八万至十万字，又有所谓加紧急电者，正午发一问至远东通信员，午茶时即可得复。故自牦牛以至无线电，今虽同时并用，但科学上之进化，在新闻史上，已不知造成几许奇异事迹。

泰晤士不以报告新闻谓已尽其职务，对于公众意见，亦极尊重，故每日所得致主笔之投函，常在二百通以上，但还选择甚严，其能全部发表者，平均不过十通至十二通，余则发表一部分，然亦不逾此数。此时频有人访博士，予以谈话为时过长，乃握手言辞，约期再度造访。一九二八年三月二日，予与郑鸣球博士，再往泰晤士报馆参观，盖事前曾得其经理施密氏（W. Smith）函，谓遵韦廉博士嘱，特寄上参观证。但来时可不拘时日耳。

至则示门者以证，即有一馆员出而招待，先参观广告部，导者谓此部临街近前门，系为便利顾客出入，又此部人员，不啻专备顾客咨询，代为策划，即广告必如何登载而后可以省费有效，及不违反法律或侵犯个人或团体之利益。

泰晤士之广告收入，以小广告为大宗，而取费则以地位及性质为别，最低为车夫找寻职业，每行六字二先令，至少二行，以后每行一先令，最高为私人消息，登于有宫门钞一页者，每行六字六十三先令，至少五行，以后每行十三先令六便士，两相比较，后者超过前者三十余倍，由此可知，凡属奢侈一类之广告，取价宜昂，属于生计者，不妨从轻。

次由编辑部经有名之 Printing House Square 方场内至印刷部，导者谓编辑部之日间工作者居二楼，夜间工作者在楼下，取其与排字室接近，不使有一分一秒之浪费，两间装有空气压榨桶，传递稿件，尤为便捷。

印刷部中人，平均每日须工作九小时，在此时间内，几无一息之停，因遍历铸字铙版印刷诸室，觉其设备与我国报馆无大差异，所不同者，即吾人排字以手，彼等用 Intertype，Linotype，Monotype 等机械耳，排字室有一领袖，专司分配稿件，彼在收发之顷，必在一格纸上作一记号，此格纸系表明报之栏数与行数者，故收到一稿件，即将其所占地位在格上划去，故稿件已有若干，或尚缺若干，可立报告于编辑部。

校对室与排字室为邻，桌作一长条，每一小样上端余纸，排有第几页第几栏字样，下端余纸，则由校对员签字，其手续有条不紊。

导者为表明其工作迅速，书一予等参观该馆之新闻，交与一排字者，顷刻已铸成铅字，印出小样矣，当时郑君语予，英文字母只二十六枚，故十余人即可排百余页之报纸。中国文字，诚有改良之必要。

泰晤士在印刷上颇有贡献，至现所用者，普通之美国 R. Hae 印机耳，机共三架，每架一小时可印二万六千份，通例晚间十一时半，先印外埠版，由十二时半之夜车运出，故次晨在北方之爱丁堡、格拉斯哥等地亦得同时读泰晤士，自上午一时半起，续印伦敦版，有重要消息后至。有时尚须加入，直至四时半为止，故在伦敦与在外埠所读之报纸，其内容常略有增减。

在以上诸室内，到处见有漆版一方，左书页数，右书时间，故一工作已否告竣，阅漆版即知，此不仅备稽查，且含有警告意，使群守法定时间，亦为一种重要设置。

伦敦报纸竞争颇烈，各有其巧妙宣传方法，泰晤士除自摄成影片，四处演映外，每日必有招贴，遍布于通衢，将最重要新闻，以诱惑式之短语介绍之，使行人注目，盖欧人普通习惯，仅直接订阅与其主张相同之报纸，其他则临时购买，故招贴为不可少。

泰晤士所用之纸，系帝国造纸公司所供给，盖该报系其股东之一也，纸之消耗，在报馆为大宗，为防垄断计，非自设纸厂即与纸厂有特约，此在欧洲，已为当然之事。普通所用之纸，日久即发黄而脆裂，故泰晤士每日必印佳纸者若干，名曰 Royal Edition——其第一、二份则呈英皇，余则送英国博物院及世界大图书馆收藏，备作历史参考，据云可保存五百年。泰晤士用纸皆大幅，每日常在二十四页以上，重要新闻目录、索引、社论及特别通信，均排于中央一页，故翻阅极便，其内容以性质言，可分为论说、诗歌、图画、通信四类，以编制言，属于法律及军事者在第四页，属于体育者在第五页，属于国会者在第六页，属于拍卖及地产者在第七页，属于无线电者在第八页，属于英伦三岛者在第九页，属于音乐者在第十页，属于帝国及外国者在第十一页，属于政治者在第十二页，属于教育者在第十四页，属于游艺者在第十五页，属于美术教务及遗嘱者在第十七页，属于财政者在第十八页至二十一页，属于航务者在第二十二页，其广告则以类排于新闻之下或其左右，亦有一索引，且有所谓"广告新闻"者乃带经营色彩之记载也。

董事长室及会议室不常开，予等亦曾入内参观，见四壁满悬画像，皆有功于该报者，又参观消费合作社，其设备若小茶馆，烟酒茶点无一不备，其资本完全出自工人，房屋由馆供给，导者谓此种设备，不但为工人节省金钱，亦为馆中节省时间，于双方均有利益。泰晤士亦与世界大报纸携手，联合采访新闻，如裴尔德南极探险之消息，即与纽约泰晤士同用。大阪朝日新闻社，派飞机将日皇加冕照片付西北利亚火车寄英之类皆是。故朝日新闻社有事务所在泰晤士屋内，纽约泰晤士之事务所，则与泰晤士为邻，凡泰晤士所有一切稿件，彼等均可恣意取用，因彼此无竞争关系，在人才经济上，两可节省，诚有合作之必要也。

泰晤士在伦敦城内有分事务所二，在近郊有代派所数十，皆接受广告及订报，其在 Regent Street 之分事务所，又云社会服务部，专备读者有所咨询，如今日大风雨，英法间飞机开行否，或明日伦敦市长就任之行列，何时经过圣保罗教堂，彼等均详为答复，因报馆为各种消息所聚萃，知之独早也。

出版部在前门之左，若一独立机关，因泰晤士除日报外，又发行《泰晤士周刊》（内容为日报中之社论与新闻，加以图解，备寄往海外）。《文学周刊》《教育周刊》《商业及工程周刊》《法律周刊》《商务二日刊》及《索引季刊》等，此外出版之书籍亦不少，如《欧战文牍》《战史及战时百科全书》《瀛寰图志》等，均极有价值。又每遇重要纪念，则有增刊，如一年大事述评，埃及介绍，伦敦市之今昔，财政、商务、汽车、卫生各种年报之类皆不另取费，凡照片之见于泰晤士者，读者亦可指名加印，其价较普通报馆为昂，是皆该报事业之一部分也。

泰晤士不仅用其伟大之势力于灌输知识，更相机用以别营善举，其晚近常引以自豪者，即为红十字会募金，其数殆逾十六兆镑，用于大战时同盟军伤兵之救济，及捐集四十五万镑，用于惠司敏寺及圣保罗教室，使此等古代建筑，永免于倾圮之忧。

泰晤士现董事长为艾士东少将 Majar Aston，主笔为唐森氏（S. Dawson），导者谈及艾氏，谓曾环游世界一周，唐氏曾旅行三万五千英里，即经理亦曾旅行三万英里，意谓一馆之领袖人物，必须见多识广，非惟熟谙馆内事务而已。

以泰晤士之销数言，则不逭《每日邮报》（*Daily Mail*）远甚，以物质上之设备，与德、美大报较，亦殊有逊色，然以立论谨严，取材维精，读者非智识阶级即外交界，故在国际间，不失其领袖报纸之地位，此固由近世纪来，英国国运昌隆，有一言而左右世界政局之观，但苟读关于泰晤士之纪述，则自创刊以迄今兹，继续不断的努力，岂容忽视，爰不惮觌缕，再从历史上加以绍介，俾世之治新闻掌故者，知所考镜焉。

一、泰晤士报社之沿革

泰晤士报馆在 Blackfriar 之 Printing House Square 及 Play House Yard 凡此地名均有其历史之意义。Blackfriar 之得名，因其地本为 Dominican 派缁衣之教寺。寺建于十三世纪之末叶，在泰晤士河畔，规模宏壮，且富史迹。十四世纪之初，爱德华第二临幸召集会议。一五一一年查利士第五驻跸于此。一五二三年亨利第八复于此寺召集有名之黑议会。Black Parliament 后此十五年，寺遭解散。寺僧乃离此广厦，舍其巨产而他徙。一八五五年改建泰晤士报印刷所时，曾发现寺中教堂遗迹。迨寺宇既分租及割让，作种种之用。绀宇梵宫，乃一变而为商肆住所，形成热闹繁华之小都市。于此置产者，有威廉姆莎士比亚焉。其地当伊丽莎白之朝，曾先后有两著名之盖有屋顶之剧场，所谓新式之黑僧剧场是也。其成立较晚者莎氏剧团，伊丽莎白女皇曾临幸其地。皇家教堂之歌童，于此奏曲献艺。莎氏后虽不复自献身手，然所参加之剧团，犹于此贡献其杰作。而伊丽莎白时代之戏剧大家，如 Ben Jonson Marston Fletcher Massinger 之作品，亦会于此扮演。今于 Printing House Square 立碑为此两剧场纪念，Printing House Square 之北，则名以 Play House Yard 即泰晤士印刷所在之地也。

一六六六年其地遭大火劫，后一年于此建王家印务局 The King's Printing House，因有今名。（当时名 Printing House Yard，卜居于此者有名雕塑家 William Faithhorne，其所作 Charlesvl，John Milton 及 Oliver Cromwell 等之造象，为收藏家所珍视。）在此新印务局中，皇家印务员 John Bill 出版伦敦公报 The London Gazette，此为当时唯一之报纸者，凡十三年，继之者为 John Baskett 有名之“醋”圣经印刷人也。圣经之以“醋”名，盖因第二十章圣勒克福音之首行有葡萄园之设喻语，The Parable of Vineyard 一语误植为 The Parable of Vinegar。此哄传一时之 Baskett 鲁鱼亥豕集，乃一优美之雏形印刷品，于一七一六年至一七一七年分两卷发行。一七三七年印务局毁于火后，不久在改建泰晤士报馆工程中，发现半已被毁之 Baskett 所印公祷文颇多。一七七零年印务局它迁，屋遂旷废不用者垂十四年，迨一七八四年乃归于琼华尔透第一（John Walter I）。至此其地遂与此氏族发生永久之关系，华氏即泰晤士之创办人也。后此频加扩充改造，一八七四年及一九二零年之工程尤著，今已据有全区及若干临近之建筑。现在之“泰晤士报馆”建筑，系以缘有黑色图案之红砖（砖均以掘自华氏所有 Bear Wood 地面之泥制之），及 Cornish 之花冈石构成。在 Play House Yard 入市车道之北，有宅踞其西，自一七八四年以迄前兹未久，本为华氏私宅，今亦供报馆办公及其他有关系之作用矣。

二、印刷技术之发展

琼华尔透第一（一七三八—一八一三）初为伦敦煤商，继业海上保险。美法之战，尽丧其资。一七八二年之顷，遂致破产。约在此时，氏与名 Henry Johnson 者稔。Johnson 曾有成语活字印刷之发明，获有专利之权。所谓成语活字印刷者，盖合字模于一盒，以代替各个分列字母之法也。华氏购得其专利权，加以改良，创立印刷所于 Printing House Square 始仅承印书籍，而用此以印书籍，结果未佳。此项发明，曾呈乔治第三御览，顾未得其维护。华氏之为此，因美使富兰克林列名赞助之故。为扩充营业计，因思发明报纸，似可藉此以招徕杂件之印刷。遂于一七八五年创刊小报，名以 Daily Register，简称 The Register，定价每期二便士半。努力进行，至九百三十九期后，价增为三便士。斯时其粗体之表题 Royal Arms 两字，不排于上方，而置于下高处，以罗马字模排“The Times”两字，后之以此名报。实由此误会，上所述之变易，时为一七八八年元旦，乃星期二也。

泰晤士之报史与其印刷之历史，关系极为密切。华氏于一七八八年三月二十五日所发行之泰晤士报中，力言消息之当正确及迅速。而消息之正确与迅速，固显然大有赖于用机器以印刷之设备也。成语活字印刷术，虽旋即废弃，但华氏之广揽杂件印刷，实命定其为印刷界之前驱，亦尤其为新闻事业之先进矣。子琼华尔透第二（一七七六—一八四七）克绍箕裘，学于 Merchant Taolor's School 及 Oxford 于一七九七年及一七九八年间入泰晤士报馆，一八〇三年任经理之职。次年不顾馆中印工之反对，于工人 Thomas Martyn 之发明活动印机，加以鼓励。一八一〇年身当印工，激烈罢工之中，顾不为屈服，于某星期六之晨，揭帖通告。不数小时招得来自一处分部之少数学徒，及一部分渴欲受雇不问条件之下级工人。彼决意于“人能尽力，无不可成”之信条，树一足纪念之范则，躬自操作于铅字盘印刷机之间。不稍辍，凡三十六小时，星期一之晨，彼罢工者方忻然集合，以庆华氏之被制。蓦睹出自此发行者之手之报纸，整齐合式，一如常时，不禁惊讶失望，莫可言宣。如是此新闻继续出版，不赖其前时各工人之助者，凡五阅目。后此二十三年，又有一轶事可述。时华氏已为 Berkshite 之国会议员，一日法国有要闻至，时为上午十时，馆中空无一人在。氏将文件译就，亲入排字间，卸去外衣，排印稿件。迨下午一时，此泰晤士号外，乃发现于伦敦市中矣。一八一四年十一月二十九日泰晤士对读者有如下之宣言：“今日之本报，谨以自有印刷术以来。关于其改进方面最大之实际结果，供献于公众，读者现手之一编，为同时印成之数千纸泰晤士报之一，于昨夜印自机器者。”

此其所谓机器，不过一初次用蒸汽转动之印轴，为今之 Hoe 及 Goss 机之胚胎。由一工作于伦敦之萨克逊人 Roenig 所发明，此机器及使用之者，均秘密介绍入泰晤士报馆。缘馆中印工，曾恫吓将不利于 Koemig 及其制作也，于其应用成功之晨，华氏乃入印刷间告彼顽梗者，以本报今已用蒸汽印刷。

至所夸示之同时印成数千纸一语，实则当时之《泰晤士报》。虽仅为四面之小张，然每小时 Koenig 机亦仅能出一千至一千一百张。但此机之采用，为以泰晤士为先驱之悠远之报纸发达史之初期耳。华氏以印刷及机器两部之责任，付诸长于发明之 Aplegath 及 Cawper 第一次之 Aplegath 机，每小时能印四千至五千张，于一八二七年装置应用，一八二九年一月二十九日报始从二十四栏四面之纸扩充为四十八栏八面双叠之纸。一八四八年 Aplegath 始制旋转机，此于每小时中可印至万份，一八五七年始辅以初见之 Hoe 氏机一架。两者均继续用至一八六三年，方代以开印刷新纪元之 Walter 印机。Walter 印机之特点有二：其一以具有全页之弧形铅版，代付于印轴仅有一栏之移动模型；其二以长达数里之纸卷，代须经两次手续，以逐一放入回旋机之纸张。此机经 Walter IV，John C. Macdoneoe——当时泰晤士经理及总工师 Calvert 之逐渐改良，盖完全发明及制造自馆中者。一八七二年此机之一，输入美国，由一泰晤士报馆之工程师，于五日中装置之。Walter 印机在 Printing House Square 继续应用，每小时印至二万四千张。迨现今应用最广之八重印机（Hoe 及 Goss）出，始取而代之焉。在 Printing House Square 所完成之 Kastevhemm 排字机，及其附件，后此以一泰晤士旧职员所发明之 Wick 回转铅字机补充之，今则又以自动铸字机及组合铸字机代之矣。

三、泰晤士与新闻业

世界最良之印机初不能自出良好之报纸。泰晤士从有良好之机器，便无价值足称之材料供给之。则此新闻纸之史实，于今或已成陈迹，故其真实之沿革，仍当求之于其内容之记载。诸如政治、商业、工艺、文学、美术、社会、生活，公私纲纪之申诉，以及新闻纸价值所在之正确新闻。今试就其一百三十年史实中人物事迹之尤著者，作简短之记述。

一七八八年三月二十五日泰晤士有如左之宣言：

对于政治商业各界，以及时下社会所发生之事件，作忠实之记述。此为新闻纸必然之职守。今能注意及此者有几？此可就我日报界之现状证之。不事宣传，无所偏私，以及登载启牖人心之消息，及正当之娱乐者甚少，大多纯以子虚乌有之事，充其篇幅。对于不孚公意的人事，滥进谀辞。尤可訾者，绝不根据事实，牺牲无辜者之私人名誉，或于彼引得公众之同情者之职业身份，恣意中伤。报纸之发行，当关心于恶俗之纠正，此为本报经营者之信条。发行以来，曾求公正之赞助，幸不为社会所弃，顾将得更大之拥护。今本报将国内第一流学者之担任通信，愈臻进步，各部咸庆得人，使本报愿反复述及此诸人之姓氏者，敢言本报推行之广。当益为并世诸刊物所莫及也。

议会辩论之记录，当力求正确，以期满足公众好知之心。本报访员人格高洁，自不能颠倒是非，以供政党之利用，或甘作政府之傀儡。至若各国内外之政闻，则因本报采访之有法，无虞不能供给读者以最可信托及迅捷之消息。商业为国家繁荣之根源，本报出版之初，期于此即有卓越之成绩。因最近之努力，此后当益能供给充分之消息。

时代之风尚，凡确有迹象可寻者，本报向采有力之描写。凡上流社会发生之事实，不问其为流行之绮习，或过时之道德，当一如其本相记述之。

关于政治舞台之人物，及各个冀得舆情倾向者之报告。当本向日之态度，不以怨毒，有所偏颇。不因好恶无常而为所左右，前者认为出于狭量之反动，后者则甚应惩斥也。

猥言隐语，本报不容一字进入。渎人聪明。及辱及无辜之言词，并所严拒。

私信本此态度，本报敢求公众之亲护，盖以群彦之赞助，所企求之报偿，当能充分获得也。

此为亲办者自述之新闻政策，从报纸之形式与习惯，经过种种更改，此则保留至今，未有变易也。

其初晨报之与泰晤士竞争者仅三，*The Morning Chronicle*，*The Morning Post* 及 *The Morning Herald* 是也。迨 *The Daily News* 成立，此业始见扩大。泰晤士非在初始时即告成功，其时新闻事业，迄受报税及印花税之阻碍。泰晤士今日之繁荣，实由其独立之精神。华尔透第一之经营其报纸也，其特立独行之表现，盖非一遭。一七八九年因蒙讥刺王子之嫌，被判罚锾五十镑，监禁于 Newgate 一年，枷示一小时，并具七年之自新甘结。华氏于禁锢中，对诸王子续为讯言，于是判纳更重之罚金，并增禁锢期限一年。一八〇五年，因报中（时由其子 Walter II 主持）攻击 Lord Melville 之海军行政，结果印刷品之邮税优待，遂遭剥夺。Melville 虽经鞫讯，旋即开释，惟不复任职。但 Pitt 政府对泰晤士犹有未甘，政府所登广告，既遭撤消。国外快讯，亦在海口被阻。因政府专员在 Cravesend 没收外国船员卖于泰晤士之信件也。

事有更增懊恼者。先是泰晤士第一次派遣 Henry Robinson 为战地通信员，先至德，继至 Peninsula 企盼其战讯报告颇殷。但华尔透第二卒战胜政府，彼组织其独有之流通信息，方法用轻舟往来英法间，自各地渔人之手，获得法报。又雇用运私之船，输送包裹，用此方法，报中刊布之国外新闻，转早于政府接得之官报数日。此举有两重意义：一以见泰晤士强毅之独立精神，决心以任何代价，宣传真理，发表意见；同时表示其竭力企图打破政府垄断海外消息之权。事之类此者，在华尔透第二主持泰晤士之长时期中，至少尚有一事足述。法国当 Gvlrot 内阁时代，曾向泰晤士有所提议，但被拒绝。阴谋阻挠其东方通信，其时英人适多瞩目于此。华氏乃秘密绘出一绝不接触法境之路线，遣人至苏彝士守候来自印度之邮件，由是使者乘骆驼约行二百里，至 Alexandria 以邮件载于航行附近 Trieste 海口之船。自此更取道 Ostend 至 Dover 乃由守候于此之专车，运至伦敦焉。华氏复不以其首先聘用所谓特别通信员为满足，且规划种种方法，以期讯息之无或迟误。

在此采访国外新闻之奋斗时期中，并不忽视国内消息。泰晤士为最先且唯一刊登议会辩论实录者，而于作奸犯科者之考查，亦绝不轻视。

华尔透氏终生（卒于一八四七年）主持泰晤士，卒使不仅成为一地之权威。一八〇三年初任职时，泰晤士与其竞争之三晨报销数之多少，大约相称。一八一五年泰晤士销至五千份。一八三七年维多利亚女皇临朝时，达一万份。视其他三报销行之总数，少一万五千份。一八四一年增至二万份，已多于三报销数之总数。一八四七年华氏作古时，销数为二万九千份。而其他三报则总数仅为一万二千份，此销数之增加，未受价格增加之影响，盖一七九六年之报价，为四便士半。一七九七年增至六便士，一八〇九年为六便士半，一八一五年则为七便士，一八三六年减为五便士。其后来之减价，盖有其新原因，其流行之广，仅足窥见泰晤士威权之一斑。华尔透第二之目的，在不倚赖政府，不倚赖党派，甚至不倚赖投稿者及广告。当其生时，因泰晤士为不党之组织，获得盛誉。左倾中心 Left Centre 一语，曾借以描写其地位，但终未曾降服于任何一派。攻击奴隶贸易，拥护改革诏敕，又于其所载 George Meredith 之《十字路口之 Diana》说部中，渲染以浪漫之色彩（虽著者否认此故事为事实）。卒以启动类限止令（Corn Law）之渐，仅须参考其对于国事稳健之态度，便可知其为非急进之机关。其努（力）之一部分，由于无人能预言其将作何语，唯知其必有所忠告——善道及精确而已。因之政治领袖及两党，咸欲引为后盾。试翻编次之泰晤士陈报，其中显有不少要闻，为彼当局者所供给，盖欲利用此感动舆情之利器也。泰晤士言论之力量，因华尔透第二厉行秘密之制而大增。彼既首创特约通信，又实行社论，此为以前未有之特色。社论系以发挥泰晤士之意见，而不具以某某之姓名。华尔透第二始终实行此匿名之规章。今之泰晤士虽似稍逾法度，顾犹匿名如故，华氏以不少秘密，社会之特征，及几许阁议之性质，应用于所初造之组织，秘密为其主要之原素。团结及自抑为其不败之条件，使投稿者有时适为私交。但在报馆中仍期勿相识。至少有一投稿者。除华氏个人外，未以姓氏或面目为主笔者所知。而 Sir Robert Peel 曾以泰晤士维护政府之故，致书记者道谢。亦谓今致书于彼所未稔之人云云。此时之主笔则为 Thomas Branes，此人后曾受勋爵，任 Malia 审判长，富于保守派观念，任职约五年而乞退。Barnes 于一八一七年继其任至终其生（一八四一）。其人为一学者，而富才能。当其任编辑期间，有一至感兴味之事发生，即暴露发源巴黎之国际伪造犯之诡异之组织是也。时为一八四〇年。侦察此案之费用，逾五千镑。在当时关系泰晤士之预算，固为巨数矣。伦敦市民感激之余，立即酬资如此数，但华氏不受，乃用以作 Christs Hospital 及 City of London 两名校之泰晤士奖学金。Branes 任职之末年，由本为巴黎通信员之 Edward Sterling 辅之。Carlyle 曾为作传之 John Sterling 父也。传中 Captain Whirlwind 即指其人。泰晤士之一度以“雷神（The Thunderer）”著称。或即由其笔锋犀利之论说致之。

一八一四年继 Branes 任编辑之职者为 J. T. Delane 乃一二十九岁之青年，于毕业牛津大学后，曾在馆中服务数日。父为爱尔兰望族时任馆中经理也。华尔透第二斯时，显未因年高而失其勇气，因交通方法之进步，教育事业之扩充，民治精神之发扬，报纸之努力愈增。Delane 以毛羽未丰之青年，进而主持此世界最有势力之报纸，竟能胜此重任，享此荣誉。其人美礼仪，谙世故，擅交际，喜闻歌聆曲，与要人游，名马珍馐及畋猎之乐，均所爱好。彼十九岁时，即发表其入世之金箴。日事可委诸人者，勿以自任。彼盖有其选拔与指挥之天才也。初任笔政之十年中，除提议穀类限止令之宣言外。初无显著之事迹，迨至一八五〇至一八六〇年之时艰，时已有完善之印机，资其应用，为之翊赞者。有华尔透第三（于一八四七年继任父职），名经理 Mowhroy Morris 及 John Macdonald Delane 认识其时机已至，Crimean 之役遣，Dr（后称 Sir）William Howard Russell 往任通信。其人为政府所疾视，而为舆论所称颂。当印度士兵暴动，美国政争，及普奥普法两役，先后任战地通信。所至均克显其战争通讯之长才。而其在 Crimea 之工作，尤能确树其声誉。彼不仅于战争之描写，为前所未有，于 Crimea 冬令之严寒，被蔑视军队之遭遇，及其忍受之英勇。会声会影，更用其细密之知识，及不摇之勇气，批评战地之英军司令，及国内之行政。凡所论列，富有刺激之性，效力乃弥浓厚。Delane 本喜作汗漫游——一八五六年美国总统选举氏曾往观光——至是乃亲往战地募金，以济伤病，此举为一九一四至一九一九红十字募金之先驱。因泰晤士言论之影响 Plorence Nightingale 乃出发至 Scutari 政府卒亦觉悟其蔑视出征军队之罪恶。

翌年又发生一事件，英人感觉泰晤士能坚持其一种主张。此于其地位影响，颇非浅显，即印花税之废除是也。当时泰晤士之财力，纳税本已裕馀，但勿认征税及于新闻，乃对知识教育真理公意善良之风俗善良之政治征税，必须立予废止。结果印花税遂以取消，而报价亦于一八五五年由五便士降至四便士。一八六一年报税之撤除，更减至三便士。于是此不列颠民意代表机关，及国内外新闻之有力媒介物（按即指泰晤士），所享有无异专利之权，遂尔打破。不数年间因各项税律之废止，引起不少廉价之竞争者。但销行之数仍继续增加，一八六四年达六万六千份，因 Delane 此时仍总持枢纽。而大力者华尔透第三为其后盾也。华氏之改良印机，已见前章，其对于建筑之兴趣，则可于其 Bear Wood 及泰晤士报馆工程征之。一八七七年 Delane 退休，继之主笔者为 Thomas Chenary 牛津之阿拉伯文教授也，任期中因巴黎访员 De Blowits 之新闻供给而名大著。De Blowits 于一八七三年继 Laurence Oliplíont 之任。自其潜得诸法外长 Duc Decores 之消息泄露，德法间之战争，因而消弭，一八七八年设法传出严守秘密之柏林议会消息。至若候车易帽（公文藏之帽里），与其用以资泰晤士发表人所不能得之新闻（如签字前之柏林条约全文等）诸方法。以及俾士麦之如何佯索之会议桌下，及其他种种轶闻。见于此著名新闻家传记中者，均为人所乐道。泰晤士之特色，实在其决心以任何代价，获得新鲜及正确之消息也。

Chenary 卒于一八八四年。继之者为牛津大学万灵学院 All Saints College Oxford 校友。George Earle Buckle 入主笔政时年二十九，一九一二年八月去职。任期几三十年。去职后仍被延修 Lord Eaconsfield 传记，以竟已故职员 W. F. Monypeney 未竟之作，其时富拉叟华尔透 Arthur Fraser Walter 已继其父华尔透第三为泰晤士主人。今之报主则其子华尔透第五 John Walter V. 及少佐艾司东爵士 Major the Hon. J. J. Aslion 也。办泰晤士者，盖为今之华氏之高祖矣。在此过程中，泰晤士之经营，已有显著之变异，所以适应近世新闻事业进展之需要及机会，俾与并进或为之先导也，一九〇八年有新组织之公司收买此报及印刷事业。已故之 Lord Northclifte 为其主要股东。一九一二年 Puckle 去职，继之者为又一万灵学院校友 Geofirey Daw Son，曾任 Lord Milner 之秘书，及 Johannesbury Star 之主笔。一九一九年 Dawson 去职前，国外通讯员及国外新闻编辑 H. Wickliam Steed 继其事。一九二二年Lord Northclifte作古，华尔透第五及艾司东爵士购得支配之股权，Geoffery Dauson再主笔政。一九二四年成立董事会，专以保障泰晤士支配股权将来之移易。现任重要公职者，举之如左：（一）最高民事法院院长；（二）牛津大学万灵学院院长；（三）王家学会主席；（四）注册会计师总会会长；（五）英国银行总裁。

董事会按照则例得准许或否认任何移转之提议，此其维持泰晤士至善之传流方法，及其对于政治方面之独立，谓为维持私人利益。无宁谓之为国。且得尽其合理之能力，以消灭私人之野心及权利之证明也。

附北岩爵士小传

北岩爵士，近代报业之奇才也。一九二一年十一月，来游我国，日报公会同人在新闻报馆开会欢迎，故予与爵士有一面谊，其伟岸之容貌，与精劲之言论，至今脑中犹能想象。爵士生平以能操纵泰晤士为心，经久始达目的，因而在英报界之霸业以成。卒在欧战中建树奇勋，此予述泰晤士小史而愿以北岩爵士小传附之也。北岩为爱尔兰之杜柏林人，一八六五年七月十五日生，原名威廉，姓哈士华（Alfred Charles William Harmsworth），后因袭爵，乃称北岩，其父系名律师，善辞令，精文字，常投稿于杜柏林周刊，及欧美各报。其母为苏格兰大家女，聪颖明慧，读书甚富，于音乐尤有特长。生子女十四人，北岩其长也，北岩事母至孝，终身不离其左右，故彼之成就，以得母教为多，一八八八年与商人米纳氏之女（Mary Elizabeth Milner）结婚。

北岩十一岁入司丹福中学，肄业二年，继入西汉伯司地中学。在校发起一小报，初全用于手写。后改排活字，皆北岩自为之。至今其报尚有存者，同时又投稿于当地之一日报。虽所得报酬甚微，然彼在学生时代，已能表现其新闻记者之天才，父母欲北岩入剑桥大学，北岩漠然置之。因特聘一教授在家攻读。

北岩幼时嗜运动，除各种球戏外，又喜驾驶自行车，北岩之记者生活，与日俱进，常为自由车新闻地球报与童报之访员，又与同学游览欧洲各国，以广见闻，沿途作文寄各报，尽皆披露，尤为伦敦画报主人所办之“青年”所赏识，聘其为副主笔，每星期薪水一镑有半，青年系一教育报，发刊未久即停，故北岩接管泰晤士后，特创教育周刊。

北岩此时在报界渐露头角，晨报与圣杰门日报之主人皆乐为友。一八八二年北岩移家居伦敦，仍以投稿为生，其知友中有北非洲探险家华德及大小说家贲潘顿。晨报用彼之稿甚多，每栏酬以二镑，北岩在小说方面，喜读施各脱、狄更斯等著。又因常阅法文报，而精研法文。

一八八五年受伊里福一发行家之聘，襄理中原日报之事，于是北岩得知办报之营业手续，能为其设法推广销路，其主人愿与合伙，北岩时才弱冠耳。

北岩积资千磅后，仍回伦敦，刊行二小书，一名生活千法，一名铁路大全。一八八七年自创一发行机关。翌年六月三日，刊行一小报名曰答案（Answers），销路甚畅，未久收併该小报，为联合报纸公司（Associated Newspapers Ltd ）之基础。其二弟哈若（Herald）后称罗石美爵士（Lord Rothermere），善经商，亦投资若干，今能继其兄业。北岩乃得以全部精神，用于编辑方面。投稿皆一时知名之士。首相葛兰与邱奇尔等，皆称道之。每年盈余五万镑。一八九二年答案销数每周达一百万份，一八九四年八月北岩收併晚报（Evening News），此报乃保守党费三十万镑创办者，以折本而改组。北岩力加整顿，并赖其弟之襄助，第一年即盈利一万四千镑。是年北岩曾派一团体，往游北极。

一八九六年五月四日，北岩创办《每日邮报》（*Daily Mail*），每份只取价半便士。电报极多，且皆名人执笔，英国报界空气为之一新。及南非洲波尔（Foer）之战，已能日销六十万份。一九〇九年在孟却斯特同日出报，又在巴黎出附刊，每夜由电报传伦敦总馆消息。英报纸之有地方版，实自此始，今《每日邮报》之销数，已超过二百万份矣。一九〇三年北岩又创办《每日镜报》（*Daily Mirror*），系以图书为主体之小报，专备妇女阅览者，英报界之有妇女报，亦以此为嚆矢。一九一四年此报移归其弟办理。

一九〇五年北岩得男爵衔，翌年与其弟合资在纽芬兰岛之探险河滨，拓地三千方里。利用大瀑布水力，设立造纸厂，装有二万三千匹马力之透平电机。并造轻便铁道，以达海口。其规模之宏大，居世界第二位。

北岩不以此而满足，其处心积虑，在能操纵泰晤士，直至一九〇八年始达目的，彼接办泰晤士，进行非常秘密，对外毫无动静，直至南非战后，通国舆论丕变。北岩知时机已熟，仍聘旧主人华尔透为董事长，凡为董事，皆为有给职，修理房屋，添置新式印机，加聘编辑及访员，由斯泰晤士内容改观，使读者耳目一新。北岩仍抱定独立宗旨，遇事必与各主笔会商，毫不专执，但当重要关节，有发表其主张之必要者，则不稍假借焉。

泰晤士之组织，至斯乃称完备。各部由专门家主持之，而北岩自总其成。对于编辑方面，且实行增加薪水，减少工作时间之政策。泰晤士经此改革后，销数较前增至四倍以上。

北岩之国际见解，在南非战前，主张联德，及一九〇〇年后，知德甚恨英，在竭力扩张海军，乃改变主张，鼓吹联法俄而亲美。尝大声疾呼，警告国人以德人之野心，不以裁减英国海军为然。

北岩早知飞行之前途，一九〇一年由《每日邮报》悬赏，有能由伦敦飞至孟却斯特者，奖一万镑。一九一〇年始有人得之，是年又第二次悬赏，亦一万镑。一九一〇年第三次悬赏一万镑，为飞渡大西洋，必英人驾驶英国制造之飞机，北岩第一次在国会演说，即主张政府应拨巨币，提倡飞行。北岩又注意潜艇，会亲自入水二次。

欧战时，北岩亲至前敌任访员者十余次。一九一六年三月四日，凡尔登之战，北岩与裴丹元帅会商守法。知德决难攻破，遂通告各国，北岩又会至瑞士慰问被俘英兵。其夫人则创办医院，自充看护。所募红十字会经费，亦由夫人保管。

一九一五年春因军火缺乏，北岩力攻陆军大臣吉青纳（Kitcliener），政府取缔无效，于是由艾士葵（Asquith）组织内阁，但北岩素主张强迫从军，翌年艾士葵亦被攻而倒，由乔治（Lloyb George）继之。乔治邀北岩入阁，彼恐言论受牵制，未允。一九一七年美国参战，任为驻美大使，亦未往，及陆军部派委员团赴美，始往与其政府周旋，以巩固英美感情，及归国，英皇嘉其功，升授子爵。

是年冬，乔治劝北岩任航空部大臣，仍坚辞。及一九一八年二月，政府设敌国宣传局，邀为局长。北岩始就之。先后游说德奥，均著奇效。德政府恨北岩入骨髓，竟派飞机在其居所上掷炸弹。

一九二一年七月北岩周游世界，所到之处，备受欢迎。在澳洲有“白人澳洲”之主张，在印度识破甘地宣传之危险，在日本警告世人，以日本之野心在控制中国，在近东预料土耳其人将再活动，在埃及希望开放，在犹太鼓吹和平。又此行间接关系于太平洋会议，亦匪鲜尠。

北岩喜作文，每日书千字。其笔法整齐而简括，发表于报纸者，皆切实可行。平居每日上午六时即起，工作直至晚九时始休息。生平喜读法文书籍，尤注意德国事。其秘书有知德文者，日必将德报要闻告之。其处世接物和蔼公允，故极为职员所爱戴。

北岩游戏之事有二，即击考而夫球与驾驶汽车。自辟一球场，每日操练之，有时亦以钓鱼取乐。

北岩体素弱，一八八四年自白里司托乘自行车至伦敦，途遇大雨，且未进食，因得肺炎症。中经大战之劳顿。一九一八年冬患喉症失音，曾至法静养。一九二三年夏得心脏内膜炎症，毒已入血，百医罔效。病约二月，因狂热而体日弱，延至八月十四日，在其伦敦住宅内逝世，即在惠司敏寺行丧礼。

噩耗甫传，英皇、伦敦市长、法总统、比首相、澳洲总督、美大使等，均致唁词。坎拿大报纸誉为英国报界之时圣，桑梓之爱尔兰又失一人才。法比报纸，谓北岩为该国之友人，乃办报人才中最有实力者。美报则谓世界从此，失一大人物，应为全球所哀悼云。

十三、世界报业大观

我这次赴欧美日本，考察政治经济社会状况，顺便也很注意新闻事业。在英国曾参观路透电报总社《伦敦时报》《每日邮报》及《每日镜报》，在法国曾参观《小巴黎人报》《时报》及《刚毅报》，在德国曾参观马奢乌尔斯坦二报纸公司及华尔夫电报社，在比利时曾参观《晚报》，在瑞士曾参观《日内瓦报》，在意国曾参观《意大利晚报》及《意大利新闻报》，在美国曾参观《纽约时报》《芝加哥报》《旧金山报》及合中通信社，在日本曾参观大阪《每日新闻》、大阪《朝日新闻》、福冈《日日新闻》及日本电报通信社。又在一九二七年的秋天，曾应国际联盟的邀请，参与国际报界专家会议；一九二八年的夏天，参观德国世界报纸博览会，得了不少新的印象。就是他们资本雄厚，所以设备很完美，人才众多，所以材料很精审。又因为人民知识程度高，无论何种阶级，都视看报为一日大事。真有“人非水火不生活”的同样感想。

一国报纸，可以代表一国的国民性，如英之庄重、美之博大、德之端正、法之轻快、意之豪爽、日本之短小精干，各有各的精色。就是同在一个地方的报纸，也可以发现它的特殊性，有以政治方面见长的，有以经济方面见长的，有以社会或文艺方面见长的，又有以评论公正胜人的，有以消息翔实胜人的，有以图书新颖而明晰胜人的，各有它的爱读之人，不能说谁是优、谁是劣。又如世界新闻界，也各有各的势力范围，不相冲突，如代表国家的通信社为一起，纯粹商业式的通信社在一起，大报馆又为一起，所以代表国家的通信社，如英之路透社、法之哈发、意之司蒂芬尼、德之华尔夫、美之联合、日本之联合等，组成为一个团体。纯粹商业式的通信社，如英之中央、德之大陆、美之合众、日本之电通等，组成为一个团体。大报馆如伦敦泰晤士、纽约泰晤士、大阪朝日新闻等，又组成一个团体，常年的彼此交换消息，和进行他种宜于合作的事业。又从新闻教育一方面为言，也可以寻出它的不同的目标：一种是美国式，注重应用；一种是德国式，注重理论；一种是英国式，把理论和应用都注重，也是各有各的见解。不过现在有一个很好的现象，就是大家都公认新闻教育，不但是很好，而且是必要的了，不但是想做记者的人应该研究，凡是自认为舆论一分子的人，都应该研究的。据我所观察，世界报纸进化的趋势，综括起来，大约可分为三种：第一是平民化，第二是专门化，第三是合作化，这皆是于我国报纸改良上很可以取法的。同时我们报纸目前的最重要的工作，就是关于内政和外交方面，我也想说几句话，供读者研究和指教。

现在先说平民化，一个国家，无论教育如何发达，比较起来，总是受过高等教育的人少，受过普通教育的人多。所以报纸要扩张它的势力，就是销数多，必须从人多的方面，就是为受过普通教育的人着想。最容易解决这个问题的，就是文字不可太深，因为文字太深了，只有受过高深教育的人能看，而受过普通教育的人不能看。换一句话说，设若编一张文字浅近的报，受过普通教育的人能看，受过高等教育的人更能看，那是很显明的。现在各国的报纸，因为看清了这一点，总是向通俗的一方面走，有全用口语的，有绝对不用古字的，有减少引用外国成语的，总要使这张报所登载的，能够家喻户晓。如销数超过百万的英国的《每日邮报》、法国的《小巴黎人报》、美国的《美利坚人报》、日本的《朝日新闻》和《每日新闻》都是因这个缘故而成功的。我国教育程度不必说，是极端幼稚的，我国的文字，又是极端繁难的，我们为促进报纸发展和国家进步着想，不可不有这种觉悟，就是赶快改用白话，要有初等小学卒业的人或程度相当的人，就能够有报读。我们要知道，报纸是给人日常生活必需的知识，不是传之不朽的名作，用不着把全部精神，消耗在咬文嚼字的方面。我还要进一步说，改用白话，还是一种过渡办法，因为我国字的数目太多了，日常所用的就是加以限制，还有三四千字，要人人能识得三四千字，还不知要多少时候，所以我们最好把注音字母这一类的方法，赶快提倡起来，如日本报纸一样，把假名排在汉字的旁边，只要读熟了十个字母，遇着不认识的字，就能读出字的音，认出字的义，那是简便得多了。像新兴的土耳其，已决定从一九三一年起，教科书一律改用罗马字，大总统开玛尔，为这个问题，特亲到全国各处，演说废除亚拉伯字的理由。我们是不必怀疑的，我相信中国报纸销数少，与其说是教育不发达；不如说是文字太深，我们还是等教育普及以后，才去推广报纸的销路呢？还是设法推广报纸销路，去帮助教育普及呢？哪一方面要紧，哪一方面有利，我们报界，要聪明地去打算打算才好。我前面说过，报纸只给人日常生活必需的知识，所以要求学问，应该是在书本内，研究专门学术的人们，自有星期增刊和杂志，供他们的需要，日报不负这一种责任。何况我国报纸上，很少见有可以供学术上研究的文字。我敢说，有家报纸，先能从这方面改革，就是改用白话，它将来一定在群众里面，最占势力。

什么是专门化呢？因为世界的事物，一天复杂似一天，一个人能做各样工作而且做得好，是绝对没有的，各国报纸的内部，都分部很多，每个部分，大都是专门家主持。即如我参观的几家大报馆，不但有外交主笔，而且有专管中国问题的人，中国发生大事，明天报上就会有论说发表，中国人的照片，或是关于国民党的专著和剪报，能在五分钟内取出来，以外还请许多专门家做顾问，遇了特别问题，就请他们作文。所以我国报馆要改良，譬如是编辑部，至少要把内政和外交，政治、经济和社会各事分分开，才能减少对于各种问题模糊印象似是而非的弊端。他们所用的人，一定是于政治、经济、社会或文艺方面，已有研究而经过自己训练的。现在且进步到关于航空事，简直请个飞行家去写，关于气象的，简直请个天文家去写，关于公共卫生的事，简直请个医药家去写。至于派到外国去的人，那更不必说，不但文笔好、交游广、经验丰富，而且一定是于某方面有特殊的研究。譬如派到日内瓦去的通信员，一定是于国际联盟知道很深切，派到英美日三国减军会议去的，一定是于海军知道很深切，我记得我在伦敦皇家大学，听一个《泰晤士报》的通信员演说《大战的开端》，他是于复杂的巴尔干问题，最有研究的，那天许多外交界要人也去听，据说大战后罗马尼亚外交，常常请他指教。又如现在《柏林日报》驻莫斯科的通信员，是于俄国最有研究的，所以每一篇文章登出来，各国大报纸，都争先转载，他们的地位，比外交官还要高，因为他们不只是知道一个事实的原委，而且推测得很得当。由此看来，要做一个好记者，知识固然愈丰富愈好，但是还要有一种特长。至于营业部和印刷部，也是同样的向专门一方面走，有些事情非普通人所能做。譬如最大最快的轮转机，非有机械知识的人不能管，新流行的电传照相机，非有电气知识的人不能管，送报载客的飞机，非有航空的知识不能管。一件事业要进步，却也非分工不可。现在横在我们面前的问题太多了，中日、中英的交涉，满洲、西藏、蒙古的地位，皆是我们应该分头研究的。譬如英国报王拉斯克立夫，预料英德总有开战的一天，所以几年前就搜集关于德国军事设备上的材料，后来大战果然发生，军事当局反去向他借阅。又如日本海军记者川岛清治郎所著《日美一战论》预想若干年后的太平洋大战，把双方的环境和军力，一一加以比较，读了也很动目惊心。他们不但注意国内，而且注意国外；不但注意现在，而且注意将来。我想这个公理，一定是颠扑不破，就是报纸是舆论的指导者，所以记者的知识，至少要比常人加一等。不然，对于某个问题，自己尚且不明了，如何可以指导人呢！德国新闻学教授都格氏说："我们不希望造就一个凡事皆能的记者，而情愿得一个专门家，就是政治家、历史家或文学家，也是这个意思。"其实将来没有一种特长的报馆和记者，在竞争剧烈的社会中，可以断言是没有他们的地位的。

现在要说合作化了，报馆和报馆、记者和记者，彼此竞争当然很激烈。但是于全体有关系的方面，没有不合作的，所以有报馆公会、报馆主人协会和某种记者俱乐部等，讨论超过个人或一个报馆的问题。各国大报馆内，差不多都有消费合作社，开设饭店茶酒店和烟纸店等，资本是出于职员或工人，房屋是由报馆供给，连本带利一进一出结算起来，常比外间便宜一半或四分之一。又如欧洲有若干国家，没有造纸厂，非向国外买不可，他们就合组一个买纸机关，大宗的向外国厂家购买，然后分给各报馆，结果也可比寻常便宜四分之一。我想我国也不出报纸，很可照此方法做，何必把大好的金钱，断送于外人呢！又如日本报纸，在三年前，是各自购用外国消息，后来觉得损失太大，就合组一个联合通信社，这个不但可以省钱，而且可以阻止外人宣传。我们现在的情形和三年前的日本是一样的，我希望大家觉悟，也能有这种组织。国内除了几个重要地方，要自己特派访员，其余如僻远省份，及蒙古、西藏、青海等处，就可合派一个访员；国外如伦敦、日内瓦、纽约、东京、莫斯科等处，也可同样办理，不能天天打电报，遇了和中国有关的事再打也可以，没有能力打电报，就是通信也可以，总比没有好得多。这种地方，大家无竞争可言，何必出了钱，要代外人宣传呢。如鄙人在前所说的大通信社、大报馆，均是最有势力的；尚且互相结合，一方面减少糜费，一方面使他们的事业格外发展。又如鄙人去年所参与的国际报界专家会议，竟联合全世界的大通信社和大报馆，向各国政府要求减少电费和记者的便利，合作效力的伟大，更可想而知。这个是要大家把眼光放大些，把个人利益放后些。其实鲁滨孙漂流荒岛的生活，不是人人都可以如此的。

我们的报纸，也是非常有希望，只可惜也像睡（着）一般，还没有到醒觉时期，我记得我在布鲁塞尔的时候，参观《比京夜报》，问到他的销数，他的经理说，我们国小，不能和你们比，每天只销三十六万。他的意思，中国这种大的地方，一个报纸，起码总要销一二百万。我们设若拿人口来比例，日本的报纸尚且每天销一百多万，我们每天至少销五百万，才说得过去。但是现在是如何情形呢，争来争去，还是在上海附近，最大的目的，就是多登几个广告，以外的愿望，一点没有，未来的计划，一点没有。人家拿世界全局来作他们的报纸的方针，我们报纸是拿上海租界的眼光去应付全世界的问题；人家是用电线传递照相，我们还未知道图书的价值，人家用飞机送报、送原稿、送照片，我们还靠着脚夫和邮差。说起竞争来哪里配得上。唉！我常想有什么方法，可以教世界不要走得快，等等我们一摇二摆的报界的先生们，又有什么方法，可以教科学不要进步，等到我们要用的时候才发明。我是人微言轻，所以我很愿大家把我以上所说的，就是顺着世界报纸的三大趋势来促进我国的报纸。

十四、世界新闻事业现状

在最近，世界新闻纸多以经济、社会、科学为出发点，这是各国学者所公认的。新闻纸究竟是什么呢？有以经济为出发点者，有以文学为出发点者，有以政治或军事为出发点者，其出发点虽不一，而其为文化传达之枢纽则一也。近数年来，各国新闻学校设立甚少，而这些新闻学校不曾有一个学校能造出一个理想的新闻学校，不曾有一个学校能造出一个理想的新闻记者，中国方面则更谈不到。有几人对于外交、政治、经济及其他，有深刻之认识。世界各国的报纸，皆可窥出其国民性，足以代表其一国之精神，其国民心理，认定某种报纸，可以代表国家，若西方各国之报纸，不仅对其本国政治，具有左右之能力，即对于外交上，亦有莫大之影响。为什么他们具有这样伟大的力量，实因为业新闻的人，对于各种学识，较政府中人或许研究得深刻。其国内通信社，势力所及，更不仅在国内。其势力大者，能弥漫于全世界，随时可左右一切。如英之路透、意之斯梯分、法之阿发、德之联合、俄之服尔夫，皆其例也。惟中国报业，已有六十年历史，现尚无可以代表国家之精神者。举国报纸其社论短评不过为讨论形质，而对于外交、政治、社会种种问题，而确能立方案为根本之解决者，则甚少见。至于通信社亦无可代表国家者，除了军事新闻以外，关于社会新闻殊少记载。关于国际方面及国内消息，有抄自外国通信稿者，此类新闻稿，难免有作用在内，当然少有真确的消息。本国的新闻，反受外国通信社的操纵，这样一来，外交上能不受影响吗？所以现在应当组织一个能代表国家的联合通信社，关于本国的消息，须经过该社的认可，方能发布于全国，若徒然地消极地抵制，没代替的通信社，要想脱离外人的羁绊，是万分不可能的事。我的意思，把中国分成几部分，上海代表东部，广东代表南部，北平代表北部，沈阳代表东三省，库伦代表蒙古，日喀则代表西藏，把这各部分集中于一个通信机关，然后加入世界联合通信社大团体，方能免外人的操纵。中国报纸以与他国较，相差远甚。欧美各国每一报纸，至少能销报三十万至五十万，中国报纸销数最多的不过十几万，统计全国报纸亦不过一百万左右。上海报纸眼光无地域关系，颇注意世界的消息，关于内地消息较少。北平方面报纸，关于内地消息，很可多载。如若发行报纸，能适合于中下级人，或女人，或小孩看，是很有发展的。平沪新闻界，如能联合起来，则费少而功倍。我国新闻事业之不发达，是因为人才缺乏。新闻纸是对社会负责，记者是对报纸负责。因此，记者学识的好坏，关系社会匪浅，现在惟有预备将来新闻的人才，造成代表国家的报纸和通信机关，那么，此项人才，必须对政治、外交、经济等各种学问，有深刻的认识。一方面，社会上对于记者的人格，也会发生相当的崇仰。

十五、我对于观察庶联的态度

韬奋吾兄：

在我到莫斯科以后，你要求我常常通信，我在想庶联的最近情形，尤其是在满洲问题纠缠之下，国人应该密切注意的，起初我受着此种鼓励，颇有一些勇气，但历时稍久，又觉下笔为难。

广泛地说，到庶联来考察，第一，要能无成见，譬如平日因为笃信某种主义，早存了是丹非素之心，尤其是政治家、资本家、宗教家和有阶级观念的人，很容易因个人利害关系，自始即对庶联不怀好感，如果有这种情形，则行踪所至，满眼纯为错误，而见不到一毫是处。

第二，要不为习惯所囿，譬如平时享受物质文明，养尊而处优，一见黑面包，便不由得食不下咽，或是放荡形骸，从未受过法律拘束，今则事事皆有限制，仿佛自由突被剥夺，如果不能跳出这种旧的环境，即难领略这新国精神的所在。

第三，要勿以一地一时或一事的情形来肯定或否定一切，因为俄国地方极大，民族又极复杂，东亚与西欧风土不同，城市和乡村情景各别，尤其是最近的一二年中，俄国进步颇快，随时在变化与改良之中，此地如此，或许他地不如此，今日如此，或许明日不如此。所以在此若无长时期的居住和很普遍的旅行，即难得着全般的真相。

第四，要有专门学识，最好更能精通俄国语文，因为关于庶联的各国文书籍，无论在此地出版或在欧美出版，难免不带偏见和一些宣传性质，如欲深知庶联内情，非与俄人接近及多读俄文书籍不可，传译必多隔膜，而且庶联现行制度，多半是创见，政治学家是一种看法，经济学家是一种看法，社会学家又是一种看法，设若自己没有一种专门研究，即难加以抉择和批评。

浅薄如我，匆忙如我，对于上述情形，是否能做到，而且此次系过路性质，事前毫无准备，走马看花，势所不免，不过我愿将亲目所睹与亲耳所闻作一忠实的报告，有时或附加己见，不幸我生长于贫弱的中国，此时自然还先要为自己设想，所以有时讲到人家的长处，是希望我们效法，有时讲到人家的缺点，是希望我们避免，至于庶联在此世界上，自有它的立场，用不着别人来捧，也用不着别人来攻击。

此信请你在《生活》上发表，因为此时说话很难，不得不写这一点，免得他人误会，尤其是贵刊，我想你一定赞成的。专此敬颂。

撰安。

弟公振上

六月十三日于列宁格勒。

十六、芝加哥坛报的介绍

近世纪来，皇帝贵族和僧侣的权，一天一天地削弱了，由国会起而代之。现在国会又有日暮途穷的景象了，取而代之的是谁？是报纸。

《上海日报》工会和青年会，最近曾先后开映美国《芝加哥坛报》[1] 的影片，各报馆和通信社的编辑先生和工友们都踊跃往观，甚至实业部长和许多商业家，也惠然肯来，可见现代新闻事业的发皇，很足以引起社会的注意。

这本影片，是为一个报馆宣传。所以前半部工作摄得太详，后半部太略，未免美中不

① 著者注：《芝加哥坛报》就是目前新闻界熟知的《芝加哥论坛报》，为尊重原文和当时的通行称法，此处仍称《芝加哥坛报》。

足，而且开映的时候，又没有人从旁加以详确的说明，所以有许多人看了觉得索然无味，或竟是莫名其妙。

一九二七年的秋初，在我周行世界的途中，曾经过芝加哥到该报馆去参观过。我为求国人对于欧美新闻事业的进步有相当的认识，所以我不辞天热，来为该报介绍一下。

《芝加哥坛报》创刊于一八四七年，最初每日只销四百份，经过八十余年的奋斗，现在每日平均要销八十六万二千份。星期日因为有画报和许多增刊的关系，平均每次要销到一百二十五万份，在美国中部的言论界是很有势力的。

坛报自建的馆屋，在密锡根大街，高凡三十四层，建筑费达华币三千万，除自用十四层外，余均租出作商业机关。这所大屋，不仅在当地是最高，而且富有美术上的价值，因为图样是仿照欧洲诸大寺院的形式绘成的。不但如此，他们还收集各国有历史价值的砖石做房屋的点缀。其取自我国的，有长城的砖，有颐和园的石，有紫禁城的砖，有河南古冢中掘得的石，举此一端，内容的华美，也就可想而知了。

坛报的大门，要占房屋的二层，雕刻得非常精致。入门为问事处和许多电梯，这许多电梯，因房屋高的关系，仿佛火车一样，有快车慢车的分别。慢车是每层一停，快车是每十层才一停，或是直开到屋顶。

这所大屋，在地面下还有六层，现在先从地下说起，上二层是印刷部，上层放机器，下层放报纸，凡有铁柱的地方，均有小洞可供工人上下察看。再下四层，一半是纸栈房，一半是火炉间，还有一条隧道，是专备火车运纸进来用的。

印刷部的机器，计有印普通报纸用的七十二架，印滑稽画报用的彩色印机四架，印星期画报的影写版机二十八架，排列仿佛一条长蛇，真是壮观。

在地面上一层是邮件室，由印刷部将报纸从机器运上来，到此就包的包，扎的扎，计账的计账，点数的点数，贴签条的贴签条。然后交与后门口等候的汽车，或是送到各卖报的站，或是送往火车和飞机转运到外埠去。

由扶梯上第二层，中央是接待室，向左则为推广部，向右则为营业部和发行部，因为这几部与外界来往甚繁，所以一进门，就可以觉得，对于顾客非常便当。附属的有几间印刷室。

更上第三层则为排字房和纸版房，排字均用机械，每天所用字模，常在五十万以上。校对们则坐排字房的中央。

第四层中央是编辑部，此部将二层屋作一屋用，所以非常宽大，编辑者坐于中央，坐在他旁边的是夜间编辑部和组版编辑，其前则为本埠编辑，其后则为电报编辑，围绕着本埠编辑坐的都是访员，此外有海电编辑、经济编辑、财政编辑、地产编辑、交易所编辑、农业编辑、宗教编辑、音乐编辑、戏剧编辑、社交编辑，政治访员、女子访员、特别访员等，都坐得稍远，工作紧时不愧是一报的大本营。在此部临近的是运动部，尚有照相制版部，星期增刊部和美术部也在这一层，使彼此易于联络。

坛报馆高三十四层，前已说过。第五层为直接订报邮寄和书籍装订室，左方同上下二层皆为稽核室。自第七层起，屋之面积，缩小一半而成塔形。第八层为国内广告部，专招揽和接洽各地广告，第九层为本埠广告部，专招揽和接洽芝加哥的广告，附有广告绘图画和打样室。第十层为分类广告部，此种分类广告，极为欧美报纸所重视，虽然地位小，日期短，但是有招请职工的，有出租房屋的，有拍卖家具的，与日常生活极有关系，和新闻有同等价值。此部中有听电话的女子很多，凡与该报订有契约的，欲登载此种广告，可由电话中传达。芝加哥之分类广告，以坛报为最多，占百分之六十五而强，故该报常以此自眩于人。

第十一层为通信社，创始于一九一八年，内有电报、长途电话和无线电的装置，是国内外新闻的总汇，该报在纽约、华盛顿和罗山，皆有常驻通信员。余则全美国和坎拿大之一千五百城市中，皆有访员。在国外则各大都会如伦敦、巴黎、罗马、柏林、里加、东京和我国上海及北平，皆有特派员，所以该报搜集新闻的范围很广，除了联合社以外很少用其他通信社的稿子。而且自己所得的消息和特约撰述的论文，还供给国内外其他的报纸，名曰“Tribune Service”，所以每年海电支出，在华币二百五十万元以上，临近此部的是购料室。

第十二层为总经理和会计室。

第十五层有小室，为股票顾问处，专管该报股票买卖和过户等事。

第二十五层为总主笔室和论说作者室，临近为图书馆，占地很大，藏书甚富，专供馆员参考之用。

第三十层为讽刺画室。

该报所用职工，凡三千余人，女子也占着一部分，因为该报颇注意女子问题，且聘有女编辑和许多女作家。

该报最上层，形如皇冠，名曰“Tribune Tower”，终年开放，只需纳美金半元，即可登临游览。塔高四百五十六尺，四周有走廊，罗列雕刻很多，俯视则芝加哥各大建筑，俱在足下，塔顶装有望远镜，天朗气清的时候，四十里以内的景物，可以看得清楚，最美丽的是密锡根湖，风帆点点，碧浪滔滔，令人留连不欲去。

该报除在芝加哥有此瑰丽奇伟的总馆外，在纽约、波士顿、阿泰兰托、西雅图、旧金山和罗山均自建有分馆，专备收受广告、推销报纸和采集新闻之用。

该报每日发行之报纸，常在四十八页以上，即日需白纸二百八十五吨。星期日所发行的，常在一百六十四页以上，此日即需白纸一千三百吨。所以该报在纽约省圣劳伦斯河上游的 Thorold、Ontario 和 Tonawanda 三个地方，设有造纸厂。在谢尔特湾，拥有造纸原料的森林二千五百六十五万方里，从森林到纸厂，从纸厂到报馆，均有自备之轮船和火车，从事运输工作。其实欧美大报馆，不是自设有纸厂，就是和纸厂有关系，一方面要使原料来源不断，一方面要用比较廉价的纸。像我国报馆，都用外国纸，不肯联合起来自己设立造纸厂，所以平时要受人家抬价的影响；设若遇了战事，来源断绝，其危机何堪设想？

坛报不但在美国很有地位，在世界上也很有声誉，因为他们在巴黎又发行一种欧洲版，附有柏林增刊，使欧洲大陆上有英文报纸可读，又和各轮船公司携手，在轮船上发行一种海洋版，使旅客也有报可读。这种报纸共有二十四种之多，大都是预先在岸上印好，只留一部分空白，在船上印入每日所接到的无线电，其有轮船上不备印刷机，而只由该报供给消息的，也有六十五船艘之多。这种特殊报纸，恐怕是我们在国内前所未闻前所未见的吧！

坛报的发达，固然要先归功于他们的努力，不过芝加哥是美国交通的中心，地位也极有关系。所以我常想我国有志新闻事业的人们，不要一定注意上海，汉口也是将来很有希望的，因为粤汉、川汉两条铁路接通以后，汉口市面的兴盛，说不定要架上海而上之，有远见的人们，可早向该地发展去。

关于《芝加哥坛报》的组织，就可以推想到欧美报纸发达的情形，若是回想到我国报纸的现状，恐怕总括全体来算，也配不上和坛报一家相提并论。写完这篇小小的文章，却不禁引起我无限的感触！

民国二十年七月二十七日。

十七、新闻纸的商业化

电信和报纸的关系，是非常密切，鄙人前在贵校电信杂志上，已经说过了，今天再把新闻纸的商业化来谈谈。

上古时候，民智未开，交通工具非常简单。因有山川的险阻，人民有老死不相往来的。后来人民为了自己及生活上的发展，慢慢地就想到人类互相的必要了。像罗宾生（Robinson）漂流荒岛，自耕自织，何等的困难，后来要不是遇着了两个土人去帮助他，他那时一定是活不了的。所以人们既不能离群而独存，就要互通声气，苟有所闻便彼此报告。这种口头的新闻就是新闻纸的起源了。到现在瑞士国的小乡村，尚有每逢礼拜祷告散会后，把关于公众及个人的事件报告使大家知道。十六世纪时巴黎十字街口，常有人报告当日新闻和市价，又似我国先前的节期庙会，这都是一种人类相互需要的表示，等到需要繁了，就觉得口头传话有二大缺点：第一是不能保留证据，说过就完了；第二是说话的音浪传不到远的地方去，不像现在科学发达，用了扩音器便可把话放得很响，要是用了无线电播音机，更能把一种声音同时送到各处远的地方去，那不必说真是传布消息的利器了。在罗马兴盛时代，比起初仅将元老院宣布的议决案和政事消息，写在石膏板上公布，后来社会上普通新闻也同样的传布，并且有人把它抄下来或者加了批评再寄给他人。这种现象就可证明罗马的民众对新闻的报告，此时已由客观的眼光转移到主观的地步，从官家报告转变到私人报告，这就是后来民报的先声。

我国同时也有大同小异的情形。诸侯藩镇常派专人在京师探听朝廷消息，有所得，就用快马传报，名曰邸报，这是我国最初之报纸。不过这种报告，多似书信的格式，并且限于私人的传递。后来虽因社会的需要，把这种报告加入地方新闻，慢慢儿的公开出来，然因手抄的困难，求过于供，所以除了少数的贵族外，一般人仍旧得不到这样的报告。不久，木版印刷术发明了，国中要发生了重大事情，什么战事啊，灾荒啊，才去利用它来宣传，仿佛现在的发行号外。因当时人民还没有看报的习惯，故非有重大事情，不去用它的。等到后来人民智识渐开，交通日渐便利，新闻事业也跟了蒸蒸日上，我国报纸，因为由驿塘传递，所以他们常翻印邸报出售。

欧洲各国呢？本亦由邮局兼办，后来报纸的需要渐紧，邮局不能专司其事，遂由印刷出版家并营报纸作为副业。但是编辑访员都须专门的人才，一面是无利可图，一面是支出繁重。此时政治家因报纸在民间之势力很大，一纸风行，势偏各地，遂起而利用。

我国民国元年报纸的多数也在政治家的手中。办报的人受政党的津贴，当然尽力为政党效劳，但是这般政党得到了相当目的后，或者失败了，就不再顾及报纸的命运了。报纸为了经济关系，常在风雨飘摇之中。报界同人为求言论自由、经济独立起见，遂不得不利用广告，为经济的援助。现在各报的收入，百分之八九十是广告费的资助，否则，几个铜子一份的报纸怎么能够去维持它的成本呢？报纸经济独立了，便可不受任何束缚，自由发挥言论和意见了。这样一个变化就把政治色彩很浓的报纸转到商家的手中了。

近来科学发达日新月异，电气通信，飞航交通都同报纸息息相关，从前欧美交通要费九十多天，中美要六个月。因此，报纸的传递不便极了。现在呢，英美间可直接通话，惜乎电费贵得厉害，亚美间每字要花一元七角多，所以交通便利了，报纸销数也容易增大，销数大了，一切设备规模就不能不扩大，什么高速度印刷机，利用飞航传递等，均须极大的资本才能举办，那么报纸也就商业化了。

在欧美的报馆，最大的多自备造纸厂及电气通信等传递利器。统计它的资本，有多至二万万二千万元的，我国最大的资本仅二百万罢了。有人以为报纸是民主的代表，受资本家的支配很不好，专登广告替资本家宣传，遂认为报纸的商业化是不当了，那么让公家来办罢，现在俄国的报纸就是这样的办法，经费有政府负担，派人担任记者、访事员等，好比公务人员差不多，像我国的党报，但是报纸的内容总是偏袒官方，毫无生气。又如让社会来办，或慈善家来办，结果也未必能满意，所以新闻家研究的结果，比较来说还是商人办为宜，因为报纸不像那自来水公司的水，电灯公司的电，有使人民不能不用之势，报纸要是办不好，人民尽可鄙弃不看。

报纸为自身计，一定要主持公道，为民意发挥，使群众欢迎，那么销数就增加了，销数大就能吸登广告，维持自身的经济，后来生活程度日高，大商业无利可图确是不少。就说报馆，欧战后，商业不振，纸张飞涨，工人要求加工资。同时，销数大了，人才的搜罗也是必需，要是没有充分的经济援助，实不能希望进步。德国的报纸有鉴于此，就想出报纸还要合理化，因此可以省去一切浪费。

什么叫做合理化呢？譬如上海有五家报馆，南京要开国民会议，五报馆只须派一人前往列席，起稿后电知上海一家报馆，再行分送各处，不是经济上要省去不少么，所以各报馆遇到无须竞争的新闻，尽可照合理化的法子去探取材料，各国亦都采取此法。讲到外国报纸业发展的状况，我国真是望尘莫及了。

美国现有五十多家大报公司，英德也有很多的，如赫斯特氏，在各省均有出版的报纸，英国罗叔美氏在各地方也都有很占势力的报纸，德国的马奢公司，它能供给社会一切所需要的报纸，还有史汀莱氏除了办理报纸外，建造纸厂、飞机、轮船、火车都有，所以外国报纸状况已经发达到极点了。

外国最好的电报机一次可自动打成五张，电话能自动地记录，并且传真、电报亦已见诸实用，将来新闻事业必有更大的进步了。我国电报事业比较幼稚，最初一条电线仅不过吴淞到上海，专门报告轮船进出口罢了，报纸遇了要事，间或用它通消息。现在的报纸、电报，消息已经多过地方通信了。我们希望不久要完全是电报或电话传来的消息，报纸和社会问题大众都知道，所以新闻事业也不只是报馆里的人才应该研究的，民众对报纸之起源、沿革及报馆的组织都应有相当的认识，它的言论怎么、记载如何，也应天天去监督它，使得它要处处合乎正轨，造福给社会。电信与新闻业的关系最属至要。所以鄙人就盼望彼此要互相扶助，共谋发展，这才是今天有讨论的主要目的呵。

十八、报纸的将来

这个题目看起来很大，而所讨论的范围亦很广，绝非短时间内所能发挥尽致。但是我想世界上无论何种事物，苟用科学的眼光，去详细分析，一定得有结果，况且这个题目系普通常认为社会人士所必须知道的，所以就值得我们讨论。

报纸的进化，先有口头新闻，次木版新闻，次铅印新闻等。最初有人类时，穴居野处，茹毛饮血，地广人稀，交通阻滞，言语、风俗、习惯完全隔膜，有至老死不相往来者。此时固用不到什么文字，对于新闻，更不需要。后来为保持家族自己的繁荣与利益，逐水草而居，共营公共生活，遂不得不应用新闻，以沟通声气了。

古代的新闻，不过在骨头上刻字，以留记号而已。声音只能记忆，不能保存，为帮助记忆，才发生文字。自营共同生活之后，遂利用公共言语，以交换彼此之间的意见。除了言语之外，还用“手示”以表现意志而帮助言语所不及。现代的声音扩大器、无线电话等，可以将音浪传播远地，如最近伦敦海缩会议开幕时，英王所致之开幕词，用无线电播及全世界，科学发达可谓登峰造极。这些播音的设备，在古代亦有之。例如许多野蛮人把骨头凿空，遇有急变时，发出声音以召集援者，可以说一种藉以传播消息的作用。至中古时代的烽火，作用亦如是。中国的烽火，危急时昼则举烟、夜则举火；欧洲的烽火，则以所举次数之多寡，表示事情之大小。迨后经过了不少的改良，遂变成今日电报之符号。烽火与电报，亦皆系用以传布消息的方法。

最先期的报纸，完全以音韵表示新闻。后来渐改用纸质，便当得多，可藉文字作言语的记录，及未来之参考。在中国未有纸以前的新闻，俱用简或用缣书就，是时已有“县书”日将重要的消息，在公共地方传布，而所谓“致书”及“倚书”，则系传送新闻与人阅读的。我们于此就可知新闻此时已入公布时期了。

报纸存在的要紧条件，系公布，公布的意思，是将以前的传布消息的私涵，变成公信，消息完全公开，使大多数人知道。然而这时传布工具的简或缣，一则质量太重，一则价值甚昂，报纸因此，遂不能普遍的传布，和迅速的进步，到了有纸之后，质量轻而价贱，不及缣之贵及简之重，于是报纸遂日益发达了。

人群辐辏俗事纷繁之中，因借重文字之故，报纸才能发达。譬如一国的领袖，一人之行动言语，往往影响及全国人民。所以一方面无数人民注意他个人的行动，另一方面他又宣布自己的行政方针，俾人民知所适从，为求一已意志之发表起见，官报遂应运而生。各方诸侯驻居京都的代表，又常转传天子一切命令、大事，于是继官报之后的，又有邸报的出现。欧洲最早的公报，为罗马全盛时期，所贴于公众地方的 Acta Diarna；我国的官报发行为期甚早。

秦朝首统一中国全部，惜为期甚暂。到了汉朝，疆域益大，西及西域，东及朝鲜，南至两粤，北至匈奴。汉因幅员广大之故，不得不刊行一种传布朝廷大事要政之官报。同时，驻京各地诸侯，亦设邸府京师，沟通朝廷消息，遂生邸报。这时用消息刻在石膏上，然后才用纸张印出，故发行甚缓。

最初时的邸报，将朝廷消息。完整抄录，后改抄重要一段，最后又任意增删，于是官报除了邸报之外，又分出一大支派，而成民报。

官报 ⎰ 邸报
　　 ⎱ 民报

无论何人，求知的欲望很高，是与生俱来的习惯，他们目视官报不能满足他们的需求，不得不加进社会材料。盖当国家升平时，邦国大事，为数无多，加进生动活泼的社会记事，亦可引起读者的兴趣。到了最后，民报的势力大盛。起始只用客观方法去记录官报，后来改用主观见解去分官报、民报内容，益见丰富。民报后分两支一为社会，一属商业。

- 官报
  - 邸报
  - 民报
    - 社会
    - 商业

当时马民斯等处，俱为交通便利商贾云集之巨埠，就有些人专以报告“商情”为业，刊行专以传布商业消息之报纸，称为 Gazette，给以相当代价，就有报纸可阅，其性质又变为：

- 官报
  - 邸报
  - 民报
    - 社会
    - 商业
      - 预定
      - 买卖

这个时候，人们大都注意政治新闻。但政治新闻，常常没有什么精彩可言，眼前变乱如麻的中国之政治新闻，则甚惹动读者的留意。若在国家升平时，恰恰相反。如在行议会制的国外，议会闭幕或重大问题解决后，关于政治新闻，亦没有什么趣味。于是政治消息之外，又将文艺及运动等加进去，报纸内容，益形繁复。

最初办报的人，不喜欢将报纸作为营业，看报的人为数又不多，故须有私人供给金钱，方能支持。但凡以巨量金钱供给报纸者，必含有政治的意味在其中，因而发生政党报纸。专门替一党鼓吹宣传，以冀握到政权。假如政权已经得到，或局面改变时，又往往将报纸摒弃不问，直到选举失败时，又重行借重报纸。最显明的现象，如当英国大选时，全国各地，刊行报纸，为数甚多，大概多议论而少新闻，到了大选结果，此类报纸，遂归乌有。所以有人想报纸之朝联络甲政党，夕联络乙政党，太觉勉强，终非长久之计，故渐由政党报纸，演进为商业化的报纸了。初时想将报纸宣布意见之余，另寻维持报纸生命的经济力，后来末一种日益发达，遂完全脱离政党，而有独立报纸和自由报纸之名。前者不受人们支配，后者不受人们干预，纯粹商业化之报纸，于以变成有如下图：

- 官报
  - 邸报
  - 民报
    - 社会
    - 商业
      - 预定
      - 买卖
        - 因经济不能维持，演成政党报纸
          - 自由报纸
          - 独立报纸
            - 商业化报纸

商业化之报纸，只知赚钱，不问其他，对于国家应尽的义务，观念至为淡泊。最近上海各大报，便是一例。有许多人说：“政党报纸的言论与新闻，俱有偏于一方之嫌，而商业化的报纸，其目的专在营利，两皆不佳。”就有人主张联合许多专以办报为目的的人，自己发行报纸，然而此议固善，但经济力常不能充裕，致消息太少，内容简陋，且此类办报人们，各执一见，远不如商业化之报纸，没有什么了不得之脾气的可言。因此，阻碍丛生，此种裨益甚薄之举，遂不克及早实现。

现在的报纸已达到商业化的最高点，与现代的资本主义，发达到最高点，恰成为一平行线。商业化的报纸，第一要广告多，第二要费用少。其中的第一项绝不成问题，第二项因须购置巨机器，以省人工的经费，非有多量资本不能办。因为如此，就有人集合许多报馆，组成托拉斯，除报纸营业以外，还能供给社会上人们一切日用材料，以为副业。故现在的报馆日进于精密化之境界了。

我记忆起当旅行欧美时，在德国参观一大报馆，印刷所大于上海宝山路的商务印书馆总工厂，馆中用飞机运输报纸，甚快而便。此外，还有一间大报馆，名叫“斯登那”，自备有火车、轮船、飞机，资本的力量，可谓宏大达于极点。报纸已步入资本化的时期中，欲望其代表民众说话，谈何容易，从前报纸脱离政党的支配以后，能够发表比较公正的评论。若照现在资本化下的报纸情况，苟有大资本家希图参加政治活动，力量必比以前的政党领袖，来得加倍利害。

眼前的资本主义，行将沦于崩溃之域，代替而兴起者为团体化，报纸亦不能例外。苏俄系打倒资本主义的国家，所以不准私人办报，只准团体办报。举凡市民、农人等协会，俱可刊行报纸。这类报纸，虽未能完全代表公共的舆论，但能代表一部分的利益，如农人协会报纸，代表农人利益等便是。比较商业化、资本化的报纸，已好得多了。苏俄除各团体所发行的报纸外，另有政府的机关报，完全替政府说话。

究竟报纸到什么时候，才适合我们的需要和真正代表舆论呢？这个问题，确实很难圆满答复。例如民主政治精神丰富的国家，一省有代表一省的报纸，一县有代表一县的报纸，报纸的言论新闻，随所代表的势力而异，欲求一完全适合我们的报纸，的确不易。

我们现在生存在社会上，日常不可须臾或离的要件，除水、火、食料、空气外，就允推报纸了。我们皆系组成社会的细胞，对于报纸之重要，千万不可忽视。自来水、电灯，现已逐渐收归公有，报纸所登载之利害轻重，可以转移民众的观听，一如自来水内含不适宜于饮料的成分，则全体人民，个个有中毒的危险，报纸亦然。故报纸收归公有，确为刻不容缓之举。

为维持社会公共秩序之故，才有立法、行政、司法三权分立执行。我们既为社会之一分子故必须遵守法律。如我们乘车在马路行走的时候，绿灯表示推动，红灯表示停止，我们苟可任意乱走，不顾一切，则社会秩序绝不能维持。故法律是引人讨厌的事，但为维持社会之公共秩序起见，不能不如此遵守，个人如是，报纸又何独不然。

大凡一个主笔的权力，比一个采访员的权力大得多。故主笔等报馆主要人物，须由社会公推顶优秀的法律家、新闻家出来主持。还有人说：“报纸仍恐由他们操纵与把持，言论与新闻，仍不免有偏袒之弊。”但是这是很难免的，不过比较资本化下的报纸已公正得多了。

一间报馆所刊行的报纸最要紧的，首推新闻。新闻如用科学的方法去整理，成绩定有可观。不过这种设备，到什么时候才能实现，还是一个问题。现在报纸最重要的改进，就是将报纸由私人的机关，变为公共的机关，实行报纸的公有化。我相信在不久之将来，公意能够表现，智识能够普及，司法能够独立。则报纸的公有化，终有实现的一天。

总之报纸之进化，与社会人士的程度，很有密切的关系。“言论自由”一语，人人口头上充分欢迎，然无论什么人断不欢迎别人讲他的坏话，故亦可以说人人心头上呈现不欢迎的。所以社会中各人的成见，很难消灭，言论自由的实现，须在大家有了修养功夫、智识普及和人格高尚之后，虽以文明称于世的欧美，亦未能完全实现言论自由的。

言论自由从严格上说，既未能实现，所以我们到社会中办报，第一要件，便不能不依照潮流，以迎合社会的群众心理，尤不能不彻底明白报纸进化的情况。

中国的报纸，现在已达到商业化的境域，资本化亦将形成，想不久定可变为团体化。但公有化的实现期，仍是遥遥无涯的。根据上述，我们就可以晓得，自有人类以迄于现代的报纸之进化，及未来的状态，可以列表如左：

- 官报
  - 邸报
  - 民报
    - 社会
    - 商业
      - 预定
      - 买卖
        - 因经济不能维持，演为政党报纸
          - 自由报纸
          - 独立报纸
            - 商业化报纸——资本化报纸——团体化报纸——公有化报纸

参考文献

一、戈公振相关著述

戈公振：《新闻学》，商务印书馆 1947 年版。

戈公振：《中国报学史》，三联书店 2011 年版。

戈公振：《从东北到庶联》，湖南人民出版社 1984 年版。

〔美〕开乐凯：《新闻学撮要》，戈公振编译，商务印书馆 1929 年版。

戈公振：《中国新闻事业之将来》，《东方》杂志，第 20 卷第 15 号（1923 年 8 月）。

戈公振：《告有志于报业者》，《学生》杂志，第 12 卷第 7 号。

戈公振：《报馆剪报室之研究》，《新闻学名论集》，黄天鹏编。

戈公振：《中国华文报纸第一种》，《新闻学刊》，黄天鹏编。

戈公振：《国际报界专家大会之先声》，《东方杂志》，第 24 卷进第 14 号（1927 年 7 月）。

戈公振：《英京读书记（续）》，《国闻周报》，第五卷第二期、第十期（1928 年 1 月）。

戈公振：《国际报界专家会议记略》，《新闻学撮要》，商务印书馆 1929 年版。

戈公振：《纪世界报纸博览会》，《新闻学撮要》，商务印书馆 1929 年版。

戈公振：《世界报纸的三大趋势》，《新闻学撮要》，商务印书馆 1929 年版。

戈公振：《一个有代表的通讯社》，《新闻学刊》，黄天鹏编。

戈公振：《新闻所有权（草案）》，《新闻名论集》，黄天鹏编。

戈公振：《中国新闻事业之进化》，《国立劳动大学月刊》第一卷第一号（1930 年）。

戈公振：《报纸之过去、现在与将来》《欧美的合作新闻事业》，《民国日报》1930 年 7 月 7 日第二张。

戈公振：《致史先生建议》，《戈公振年谱》，江苏人民出版社 1990 年 10 月版。

戈公振：《为杜超彬〈新闻工作政策〉一书作序》，《新闻工作政策》，复旦大学新闻会 1931 年版。

戈公振：《发刊的希望》，《记者周刊》发刊词，1931 年 5 月 18 日。

戈公振：《新闻学泛论》，《新闻学演讲集》，载黄天鹏编，现代书局 1931 年版。

戈公振：《报纸的将来》，《新闻学演讲集》，载黄天鹏编，现代书局 1931 年版。

戈公振：《报纸文章之要诀》，《国闻周报》，1927 年第 4 卷第 6 期。

戈公振:《中国报纸进化之概观》,《国闻周报》,1927 年第 4 卷第 5 期。
戈公振:《芝加哥坛报的介绍(上、下)》,《生活》杂志,1931 年第 6 卷第 34、45 期。
戈公振:《伦敦泰晤士报参观记(一)》,《国闻周报》,1930 年第 7 卷第 41 期。
戈公振:《到东北调查后》,《生活周刊》,第 7 卷第 30 期。
戈公振:《途中的中国代表团》,《生活周刊》,第 7 卷第 48 期。
戈公振:《我对于观察庶联之态度》,《生活周刊》,第 8 卷第 31 期。
戈公振:《新闻学教育之目的》,《报学月刊》,第 1 卷第 2 期。
戈公振:《影戏与新闻事业》,《电影杂志》,创刊号 1924 年。
戈公振:《中国报界应有之觉悟》,《生活》第 5 卷第 36 期。
戈公振:《报纸与电信》,《电信交通部电信学校校刊》,第 1 卷。
戈公振:《中国报界应有之觉悟》,《生活》第 5 卷第 37 期。
戈公振:《世界报业大观》,《报学月刊》,第 1 卷第 1 期。
戈公振:《世界新闻业现状》,《报学月刊》,第 1 卷第 3 期。
戈公振:《新闻纸的商业化》,《电信》第 2 卷第 2 期。
戈公振:《中国之新闻事业》,《新北辰》,1935 年第 11 期。
戈公振:《中国报纸进化之概观》,《国闻周报》,第 4 卷第 5 期(1927 年)。

二、著作类

《戈公振纪念文集》,《江苏文史资料》编辑部,1991 年。
《戈公振诞辰一百周年纪念文集》,江苏省新闻工作者协会、盐城市新闻工作者协会、东台市人民政府编辑出版。
《东台文史资料》(第三辑),江苏省东台县政协文史资料研究委员会编。
洪惟杰:《戈公振年谱》,江苏人民出版社 1990 年版。
黄天鹏:《新闻学演讲集》,上海现代书局 1931 年版。
白瑞华:《中国报纸(1800—1912》,王海译,暨南大学出版社 2011 年版。
汪英宾:《中国本土报刊的兴起》,王亮等译,暨南大学出版社 2013 年版
邵飘萍:《邵飘萍新闻学论集》,肖东发等编,北京大学出版社 2008 年版。
徐宝璜:《徐宝璜新闻学论集》,肖东发等编,北京大学出版社 2008 年版。
任白涛:《应用新闻学》,上海世纪出版集团 2011 年版。
顾执中:《报人生涯》,江苏古籍出版社 1991 年版。
胡政之:《胡政之文集》,天津人民出版社,2007 年版。
陶菊隐:《记者生活三十年》,中华书局 1984 年版。
方汉奇:《中国新闻事业通史》,中国人民大学出版社 1992 年版。
方汉奇:《中国新闻事业编年史》,福建人民出版社 2000 年版。
童兵、林涵:《20 世纪中国新闻学与传播学·理论新闻学卷》,复旦大学出版社 2001 年版。
宁树藩:《宁树藩文集》,汕头大学出版社 2003 年版。
刘建明等:《中国媒介批评史》,福建人民出版社 2011 年版。
许正林:《传播理念的核心与边界》,三联书店 2009 年版。
伍素心:《中国摄影史话》,辽宁美术出版社,1984 年版。
张育仁:《自由的历险——中国自由主义新闻思想史》,云南出版社 2002 年版。

马光仁：《中国近代新闻法制史》，上海社会科学院出版社 2007 年版。

朱兆龙：《戈公振时评》，南京大学出版社 2013 年版。

唐海江：《西方自由主义新闻思潮新论》，湖南大学出版社 2006 年版。

《上海新闻志》，上海社会科学院出版社 2000 年版。

胡太春：《中国近代新闻思想史》，山西教育出版社 1996 年版。

单波：《20 世纪中国新闻学与传播学应用新闻学卷》，复旦大学出版社 2001 年版。

张育仁：《自由的历险——中国自由主义新闻思想史》，云南出版社 2002 年版。

丁淦林、商娜红：《聚焦与扫描：20 世纪中国新闻学与传播学研究》新华出版社 2005 年版。

李建新：《中国新闻教育史论》，新华出版社 2003 年版。

胡太春：《中国报业经营管理史》，山西教育出版社 1998 年版。

李彬：《中国新闻社会史》，清华大学出版社 2008 年版。

陈昌凤：《中国新闻传播史》，北京大学出版社 2007 年版。

三、论文类

陆定一：《我们对于新闻学的基本观点》，《解放日报》，1943 年 9 月 1 日。

方汉奇：《谈邸报》，《新闻业务》，1956 年第 7 期。

宁树藩：《戈公振的〈中国报学史〉》，《新闻业务》，1962 年第 12 期。

宁树藩：《怀念汪英宾教授——兼论他的〈中国本土报刊的兴起〉》，《新闻大学》，1997 年春。

戈宝权：《戈公振与新闻摄影》，《大众摄影》，1981 年第 2 期。

戈宝权：《谈戈公振和他的〈中国报学史〉——写在〈中国报学史〉重印本的卷首》，《新闻研究资料》，1985 年第 4 期。

王凤超：《新闻名将戈公振》，《新闻研究资料》，1980 年第 4 期。

戈宝权：《戈公振和新闻事业》，《新闻战线》，1980 年第 11 期。

戈宝权：《邹韬奋、戈公振与生活日报》，《新闻研究资料》，1980 年第 1 期。

戈宝权：《邹韬奋和戈公振——回忆两位新闻前辈之间的深厚友谊》，《新闻战线》，1979 年第 4 期。

胡愈之：《在戈公振先生纪念会上的讲话》，《新闻研究资料》，1986 年第 1 期。

王凤超：《新闻名将戈公振》，《新闻与传播研究》，1980 年第 4 期。

王中：《新闻学的第二课题》，《新闻大学》，1982 年第 4 期。

谢冰岩、王凤超：《新闻学者戈公振》，《新闻研究资料》，第 34 期，1986 年 8 月。

陈汶镐：《戈公振与上海报学社》，《新闻与传播研究》，1990 年第 4 期。

陈力丹：《五四时期的中国新闻学》，《新闻战线》1989 年第 6 期。

陈力丹：《陆定一〈我们对于新闻学的基本观点〉思维模式对后世的影响》，《湖南大众传媒职业技术学院学报》，2004 年第 3 期。

陈力丹：《新启蒙与陆定一的〈我们对于新闻学的基本观点〉》，《现代传播》，2004 年第 1 期。

丁未：《论中国新闻事业的三种角色定位》，《新闻与传播研究》，2000 年第 1 期。

刘海龙：《中国新闻理论研究的范式危机》，《南京社会科学》，2013 年第 10 期。

吴廷俊、阳海洪：《新闻史研究者要加强史学修养——论中国新闻史研究如何走出

“学术内卷化”状态》,《新闻大学》,2007 年第 3 期。
田秋生:《重写中国新闻史:必要性及其路径》,《西南民族大学学报》,2006 年第 6 期。
李彬、刘宪阁:《如何想象,怎样激活?——1949 年以来中国新闻事业史研究的现状、路径及内容》,《中国媒体发展研究报告》,2010 卷。
李彬:《对新闻史研究方法的思考与建议》,《新闻大学》,1996 年第 4 期。
李彬:《“新新闻史”:关于新闻史研究的一点设想》,《新闻大学》,2007 年第 1 期。
李开军:《戈公振〈中国报学史〉分期观点探源》,《国际新闻界》,2010 年第 2 期。
黄春平:《汉代邸报问题辨析——兼论戈公振的“邸报说”》,《中国社会科学院研究生院学报》,2009 年第 4 期。
张伟:《戈公振和〈中国报学史〉的故事》,《新民晚报》,2012 年 7 月 15 日。
史雅娟:《戈公振报业经营理念检视》,《新闻知识》,2009 年第 9 期。
吴翔:《戈公振:近代新闻法制研究第一人》,《传媒》,2012 年第 3 期。
唐小兵:《清议、舆论与宣传——清末民初的报人与社会》,《华东师范大学学报(哲学社会科学版)》,2010 年第 6 期。
黄玉顺:《“自由”的歧路——“五四”自由主义的两大脱离》,《学术界》2001 年第 3 期。
杨保军:《我国职业新闻传播观念的几个宏观转向》,《新闻记者》,2014 年第 5 期。
宋三平、张振亭:《论戈公振与上海〈时报〉“专刊”》,《南昌大学学报》,2013 年第 6 期。
高海波:《论戈公振的传播思想》,《国际新闻界》,2013 年第 4 期。
王明亮、刘佩:《戈公振参与两次国际间新闻会议故事重探》,《国际新闻界》,2011 年第 10 期。
靖鸣、袁志红:《言论自由是实现现代化的枢纽——戈公振的新闻自由与民主思想研究》,《新闻与写作》,2008 年第 12 期。
靖鸣、袁志红:《戈公振国民媒介教育思想及其现实意义》,《盐城师范学院学报(人文社会科学版),2006 年第 2 期。
蔡斐:《世界的眼光 中国的问题——重读戈公振先生〈新闻学〉》,《国际新闻界》,2010 年第 8 期。
蔡斐、陈玲霖:《戈公振新闻法制思想探析》,《青年记者》,2009 年第 36 期。
蔡斐:《戈公振自由主义思想剖析》,《盐城工学院学报(社会科学版)》,2008 年第 1 期。
蔡斐:《戈公振新闻教育思想研究》,《青年记者》,2007 年第 20 期。.
吴翔:《戈公振:近代新闻法制研究第一人》,《传媒观察》,2012 年第 3 期。
吴翔:《戈公振〈中国报学史〉的八个版本》,《求索》,2010 年第 10 期。
吴翔:《戈公振在何时当总编辑——从戈公振〈时报〉新闻活动的考订看民国报人转型》,《青年记者》,2013 年第 9 期。
蒋忠波:《论戈公振的新闻编辑思想及其现代意义》,《编辑之友》,2010 年第 3 期。
史雅娟:《戈公振报业经营理念检视》,《新闻知识》,2009 年第 9 期。
罗建军:《戈公振报业经营思想论略》,《绵阳师范学院学报》,2007 年第 4 期。

程可石：《现代新闻学的创始人——戈公振论》，《盐城工学院学报（社会科学版）》，2005年第1期。

史嫒嫒：《从戈公振到方汉奇——在中国新闻史研究的两座高峰之间》，《新闻爱好者》，2001年第5期。

李佳贺：《戈公振新闻思想研究》，湘潭大学2012年硕士研究生学位论文。

冯舒：《戈公振新闻思想研究》，吉林大学2013年硕士研究生学位论文。

刘敏：《戈公振与报纸“图画周刊”研究》，南昌大学2014年硕士研究生学位论文。

后　记

通常情况下，我很少愿意写“后记”之类的文字，总觉得有点矫情。但对于本书，还是有几个事情必须交代一下。

一是为什么写这个题目。最直接的理由为我是江苏东台人。记得小时候某次去东台县城，坐在父亲的自行车上，过了鼓楼，在老大街上看见青砖青瓦的戈公振故居，于是就记住了戈公振这个名字。或许也是这样的缘故，我高考时填报了西南政法大学的新闻学专业，其后虽然读了法学的博士，但还是回归到新闻学的教学岗位上。既是新闻学的后辈，又是东台的同乡，对新闻史有共同的兴趣，这种种联系，仿佛一种天然的使命，要求我要将戈公振新闻思想的研究继续下去。

二是怎么写这个题目。学界对戈公振的研究，前后断断续续，未成系统。我是2005年读研时萌生出写作此书的念头的。后来读博，找到苏报案这样一个新闻学与法学的交叉题目，一直做到现在，戈公振的研究也就一直搁置下来。幸运的是，2006年后，学界每年都有关于戈公振的最新研究成果出现，开阔了我的视野，也提供了多元的研究维度，加上这些年对史料持之以恒的搜集，都为系统完成《戈公振新闻思想研究》夯实了基础。

老实说，本书的写作一直处于写写停停的状态，期间琐碎的事情太多，很多时候并不能静下心来，甚至有时候东奔西走，累得不愿意再翻阅那些竖排版的繁体字。2013年，在翻阅到《戈公振自由主义思想剖析》时，我突然发现这篇2008年的旧作竟然把“黄远生”写成了“黄天鹏”。另一篇旧作《戈公振新闻教育思想研究》则把1929年时任私立中国公学校长的胡适写成了北京大学的校长，真是无地自容。想想戈公振先生，一辈子兢兢业业，直至生命的最后时刻还想着校正《中国报学史》的错漏。于是决定，还是把这个一直以来的研究情结认认真真地完成。

写作过程中，除了埋头写作，我得到了许多前辈、同乡与同仁的关心指导，他们是周勇教授、赵中颉教授、周巍峙先生、周七月先生、梅俊先生、朱兆龙先生、程可石先生、王志昆研究员、袁佳红研究员……说句老实话，我有时候真不知道该如何表达对他们的感谢。当然，必须感谢的还有我的家人，特别是我的女儿蔡若以小朋友，她的降临与成长，让我也不断成熟与进步，这本书，就算爸爸送给你两周岁的礼物吧。

从全书来看，我对戈公振各个维度的新闻思想作了或详或略的探讨，这确实是由于学力所限。有些领域确实是我不熟悉的，不敢多写，还有些部分，更多是梳理学界现有的评价或阐释，个人的研判结论不是很多。这不是偷懒，只是想更多地展示戈公振原本的论述，以及中国新闻学界的理解。有些方面，如“戈公振传播思想研究”，学界已有成熟的论述，此处更无须赘述。我能做的，仅仅是一些归纳和总结，还未能做到提升的程度。或许若干年后，我会在戈公振新闻思想的研究领域做得更好一些。

可以啰嗦一句，全书不厌其烦地在附录中整理了戈公振《报纸与电信》《影戏和新闻事业》《国际宣传之重要》等18篇文章，目的是希望读者能够通过这些不易读到的文字，来完整地勾勒戈公振新闻思想的各个面向，而不是局限在对《中国报学史》一书的了解上。当然，在这个浮躁的年代，有多少人，哪怕是新闻传播学专业的人，能够好好读一下《中国报学史》呢?

做历史是一件枯燥的事情，但是，如果你自己觉得有兴趣，那就比什么都快乐。2014年，我进入西南大学历史学博士后流动站，开始了历史学阶段的再教育，也坚定了我将历史学作为终生兴趣的决心。无数次，我阅读着戈公振先生的文字与演讲，似乎就在和他对话。可惜由于历史久远，公振先生的很多见解，我未能透彻领会，更不能流畅表达，这也成为写作本书的最大遗憾。

要说的就这么多，谢谢大家!

蔡　斐

2016年2月18日于山城重庆

图书在版编目（CIP）数据

戈公振新闻思想研究/蔡斐著. —北京：中国传媒大学出版社，2017.10
（新闻传播学丛书 / 李珮主编）
ISBN 978-7-5657-2107-6

Ⅰ.①戈…　Ⅱ.①蔡…　Ⅲ.①戈公振（1890—1935）—新闻思想—研究　Ⅳ.①G210

中国版本图书馆 CIP 数据核字（2017）第 199077 号

新闻传播学丛书
戈公振新闻思想研究
GEGONGZHEN XINWEN SIXIANG YANJIU

著　　者	蔡　斐
策划编辑	姜颖昳　司马兰
责任编辑	姜颖昳　司马兰
特约编辑	魏　征
排　　版	楠竹文化
装帧设计	拓美设计
责任印制	阳金洲
出版发行	中国传媒大学出版社
社　　址	北京市朝阳区定福庄东街 1 号　　邮编：100024
电　　话	86-10-64450532 或 65450528　　传真：010-65779405
网　　址	http://www.cucp.com.cn
经　　销	全国新华书店
印　　刷	三河市东方印刷有限公司
开　　本	787mm×1092mm　1/16
印　　张	9.75
字　　数	245 千字
印　　次	2017 年 10 月第 1 版　2017 年 10 月第 1 次印刷
书　　号	ISBN 978-7-5657-2107-6/G·2107　　**定　　价**　49.00 元